Sociologia do Negro Brasileiro

SOCIOLOGIA DO NEGRO BRASILEIRO

CLÓVIS MOURA

PERSPECTIVA

PALAVRASNEGRAS

INSTITUTO **AMMA** PSIQUE E NEGRITUDE
Cleber Santos Vieira
Clélia Prestes
Deivison Faustino (Nkosi)
Dennis de Oliveira
Fabiana Villas Boas

Coordenação de texto Luiz Henrique Soares e Elen Durando
Edição de texto Marcio Honorio de Godoy
Revisão Luiz Henrique Soares
Projeto gráfico e capa Sergio Kon
Editoração A Máquina de Ideias/Sergio Kon
Produção Ricardo W. Neves e Sergio Kon

Dados Internacionais de Catalogação na Publicação (CIP)
(Câmara Brasileira do Livro, SP, Brasil)

Moura, Clóvis, 1925-2003
     Sociologia do negro brasileiro / Clóvis Moura. -- 2. ed.
-- São Paulo : Perspectiva, 2019. -- (Palavras negras)

     Bibliografia.
     ISBN 978-85-273-1158-8

     1. Brasil - Relações raciais 2. Negros - Brasil - Condições
sociais 3. Negros - Brasil - Segregação. I. Título. II. Série.

19-27807   CDD-305.896081

Índices para catálogo sistemático:

1. Negros no Brasil : Sociologia 305.896081
Cibele Maria Dias - Bibliotecária - CRB-8/9427

2ª edição – 3ª reimpressão

Direitos reservados à

EDITORA PERSPECTIVA LTDA.

Av. Brigadeiro Luís Antônio, 3025
01401-000 São Paulo SP Brasil
Telefax: (11) 3885-8388
www.editoraperspectiva.com.br

2020

O negro construiu um país para outros;
o negro construiu um país para os brancos.

JOAQUIM NABUCO

Sumário

Apresentação: Reposicionando Conceitualmente o
Negro Brasileiro no Olhar de um Intelectual Negro
[*Dennis de Oliveira*]
9

Prefácio: Um Rosário de Lutas – Clóvis Moura e o
Centenário da Abolição
[*Cleber Santos Vieira*]
15

Introdução
29

I. TEORIAS À PROCURA DE UMA PRÁTICA

1   Os Estudos Sobre o Negro Como Reflexo da
Estrutura da Sociedade Brasileira
39

Pensamento Social Subordinado [39]; O Racismo e a Ideologia do
Autoritarismo [43]; Repete-se na Literatura a Imagem Estereotipada
do Pensamento Social [50]; O Dilema e as Alternativas [55]

2   Sincretismo, Assimilação, Acomodação, Aculturação
e Luta de Classes
59

Antropologia e Neocolonialismo [59]; Do "Primitivismo Fetichista"
à "Pureza" do Cristianismo [63]; Assimilação Para Acabar Com

a Cultura Colonizada [69]; Aculturação Substitui a Luta de Classes [73]; Da Rebeldia do Negro "Bárbaro" à "Democracia Racial" [83]

3 Miscigenação e Democracia Racial: Mito e Realidade
89

Negação da Identidade Étnica [89]; Etnologização da História e Escamoteação da Realidade Social [92]; Estratégia do Imobilismo Social [100]; O Brasil Teria de Ser Branco e Capitalista [109]; Entrega de Mercadoria Que Não Podia Ser Devolvida [119]; Das *Ordenações do Reino* à Atualidade: O Negro Discriminado [131]

4 O Negro Como Grupo Específico ou Diferenciado em uma Sociedade de Capitalismo Dependente
139

O Negro Como Cobaia Sociológica [139]; Grupos Específicos e Diferenciados [148]; Grupos Específicos *Versus* Sociedade Global [159]; Um Símbolo Libertário: Exu [164]; Fatores de Resistência [173]; Um Exemplo de Degradação [179]

II. A DINÂMICA NEGRA E O RACISMO BRANCO

1 Sociologia da República de Palmares
189

Preferiram "a Liberdade Entre as Feras Que a Sujeição Entre os Homens" [189]; Uma Economia de Abundância [193]; Como os Palmarinos se Comunicavam? [198]; Evolução da Economia Palmarina [202]; Organização Familiar: Poligamia e Poliandria [208] Religião Sem Casta Sacerdotal [212]; Administração e Estratificação na República [214]; Palmares: Uma Nação em Formação? [217]

2   O Negro Visto Contra o Espelho de Dois Analistas
221

Um Fluxo Permanente de Estudos Sobre o Negro [221]; Quando o
Detalhe Quer Superar o Conjunto [228]; Da Visão Apaixonada à
Rigidez Cientificista [231]

3   A Imprensa Negra em São Paulo
241

Razões da Existência de uma Imprensa Negra [241];
Uma Trajetória de Heroísmo [243]; Do Negro Bem-Comportado à
Descoberta da "Raça" [249]; Do Isolamento Étnico à Participação
Política [252]

4   Da Insurgência Negra ao Escravismo Tardio
259

Modernização Sem Mudança [259]; Rasgos Fundamentais do
Escravismo Brasileiro Pleno (1550-1850) [262]; Significado Social
da Insurgência Negro-Escrava [264]; Prosperidade, Escravidão
e Rebeldia [269]; O Desgaste Econômico [271]; O Desgaste
Político [274]; A Síndrome do Medo [276]; Rasgos Fundamentais
do Escravismo Tardio (1851-1888) [282]; Encontro do Escravismo
Tardio Com o Capital Monopolista [287]; Operários e Escravos em
Lutas Paralelas [294]

Notas
298

Apresentação

Reposicionando Conceitualmente o Negro Brasileiro no Olhar de um Intelectual Negro

Dennis de Oliveira[1]

A obra *Sociologia do Negro Brasileiro*, do pensador Clóvis Moura, foi publicada primeiramente em 1988. Segundo o autor, ela representa a síntese de mais de vinte anos de estudos e pesquisas sobre o problema do negro no Brasil e, ao mesmo tempo, antecipa alguns conceitos que serão desenvolvidos na *Dialética Radical do Brasil Negro*. Trata-se de um momento de consolidação de conceitos teóricos fundamentais e inovadores que permitem pensar as relações raciais e o racismo para além de dimensões comportamentais e episódicas que muitas vezes permeiam a discussão do tema até mesmo entre ativistas do movimento negro. Por essa razão, ela se revela de grande importância e extremamente atual, apesar dos seus mais de trinta anos.

O autor nasceu em 1925, na cidade de Amarante, no Piauí, e faleceu em dezembro de 2003, em São Paulo. *Dialética Radical do Brasil Negro* foi sua última obra lançada em vida, em 1994. Um ano após seu falecimento, é lançado o *Dicionário da Escravidão Negra no Brasil*. Militante comunista, da divisão do Partido Comunista do Brasil (PCB), em 1962, originando o Partido Comunista Brasileiro (alinhado à antiga União Soviética), de um lado, e o Partido Comunista do Brasil (que adotou a sigla PCdoB e criticava o que via como desvios do socialismo no Leste Europeu), de outro, ficou do lado do segundo. Suas divergências com intelectuais do PCB, contudo, já vinham de antes, particularmente na interpretação das relações raciais no Brasil. Diferentemente da maioria dos intelectuais comunistas, Moura defendia a ideia de que o racismo não era um mero resquício de uma sociedade escravista superada pelo capitalismo, mas um elemento constitutivo do próprio capitalismo. Assim, na lógica do seu pensamento, o desenvolvimento das forças produtivas no âmbito do capitalismo não traria a superação do racismo, mas, pelo contrário, o retroalimentaria. Daí considerava que a luta antirracista seria um elemento central no processo revolucionário.

Por conta dessa postura marginal no pensamento social brasileiro, Moura teve a maior parte das suas obras publicadas por pequenas editoras. Além da resistência à própria lógica de seu pensamento, isso contribuiu para que ele fosse pouco difundido na academia. Ainda hoje, muitos docentes e pesquisadores desmerecem a sua obra, considerando-o apenas um "militante" e não um intelectual.

No movimento negro, porém, Moura inspirou algumas lideranças e organizações. Eu, particularmente, fui muito impactado por ele quando estava empenhado na construção de uma entidade chamada Unegro (União de Negros Pela Igualdade) em São Paulo, nos anos 1990[2]. Mais tarde, por influência do professor Fábio Nogueira[3], da Uneb (BA), a organização Círculo Palmarino também se inspira no pensamento moureano, e em 13 de dezembro de 2013, em um encontro de ativistas realizado na USP em homenagem a Moura (por conta do décimo aniversário da sua morte), é lançada a Rede Quilombação, com ativistas negras e negros (entre eles, eu) que lutavam pelas cotas raciais nas universidades estaduais paulistas. Vários outros coletivos de jovens negras e negros com vinculação universitária passam a recuperar o trabalho desse importante pensador brasileiro, entre eles o Kilombagem (inspirado no conceito de "quilombagem" proposto por Moura em *Rebeliões da Senzala*), que tem como um dos seus membros o professor Deivison Nkosi, da Unifesp, estudioso da obra de Frantz Fanon.

O ano do lançamento de *Sociologia do Negro Brasileiro* coincide com o centenário da Abolição, momento em que o movimento negro brasileiro recusa as "comemorações oficiais" e reforça a denúncia da "Abolição inconclusa", um projeto político elaborado por setores das classes dominantes brasileiras que permitiu uma transição "segura" do sistema escravista para o sistema capitalista no final do século XIX. Essa ideia é fundamental na obra de Clóvis Moura ao pensar o racismo dentro de uma componente estrutural inerente à constituição da sociedade de classes capitalista. Vai muito além de um debate estéril entre a primazia de classe ou raça, até porque *classe* se refere a uma categoria e *raça,* a um conceito. A articulação desses dois níveis epistemológicos é que demanda a necessidade de construir um arcabouço teórico que dê conta das singularidades do capitalismo brasileiro, esforço que Moura faz de forma brilhante e o torna um pensador extremamente sofisticado não apenas na discussão da temática do racismo, mas também na reflexão sobre as estruturas sociais e políticas brasileiras.

Por isso, o primeiro desafio que o autor busca enfrentar nesta obra é justamente dialogar e superar criticamente o pensamento social brasileiro no sentido de sinalizar caminhos para práticas sociais, demonstrando seu compromisso com a *práxis política transformadora.*

A superação dessa tradição epistêmica – a de colocar o racismo como um elemento marginal ou subordinado na constituição das estruturas sociais brasileiras – é complementada nesta obra com uma reflexão histórico-dialética dos conflitos sociais no país. Moura já tinha apontado esse caminho em *Rebeliões da Senzala*, em que se contrapõe à pretensa harmonia idílica de Gilberto Freyre (*Casa Grande e Senzala*), demonstrando como a rebeldia do trabalho se inicia nos quilombos. Nesse sentido, há uma aproximação entre o pensamento de Moura e o de Cedric Robinson[4] ao demonstrar que a tradição do radicalismo negro iniciada contra a escravização de africanos inaugura a rebelião anticapitalista, tendo em vista que boa parte da riqueza acumulada por meio do trabalho forçado de africanos é que deu bases para a constituição do capitalismo. Robinson vai mais adiante mostrando que essa tradição radical negra, pela sua origem anticapitalista, tende a ter menos limites que a tradição radical europeia, uma vez que esta se desenvolve dentro de sociedades beneficiadas com a escravização.

Embora Moura não chegue até esse ponto, a sua interpretação em *Sociologia do Negro Brasileiro*, que parte dessas práticas rebeldes dos africanos escravizados, permite a ele afirmar que a "República de Palmares é uma experiência surpreendentemente progressista para a época", que há uma sinalização inovadora e transformadora nas práticas culturais e religiosas dos afrodescendentes brasileiros, a ponto de considerar Exu como um símbolo libertário nacional e propor discutir negras e negros brasileiros dentro de dois parâmetros societários: como grupos específicos e grupos diferenciados. Como grupos específicos, pretende fazer uma leitura a partir das experiências históricas organizativas da população afrodescendente desde o período da escravidão e até a constituição de suas práticas de rebeldia e resistência à opressão e exploração. Já como grupo diferenciado, observa que negras e negros são enquadrados a partir de uma perspectiva imposta pelas classes dominantes que elegem determinadas *marcas* e constroem *estigmas* legitimadores das hierarquias sociais.

Moura insiste na necessidade de se discutir o racismo e a situação do afrodescendente no Brasil a partir das suas *práticas de rebeldia*, reposicionando-o como um sujeito coletivo histórico. E é a partir disso que já apresenta o conceito de *escravismo tardio* como período histórico de transição do sistema escravista para o capitalista, que vai marcar a luta de classes no capitalismo dependente brasileiro. Deslocando a negritude para uma perspectiva marxiana, ele a coloca como uma categoria sociológica para além das marcas e estigmas constituídos pela diferenciação dada pelas classes dominantes, sem reduzi-la a uma visão meramente culturológica. Uma reflexão instigante em um momento em que termos gelatinosos como *diversidade, multiculturalismo* e uma certa confusão entre visibilidade e poder, entre outros, demanda recuperar conceitos construídos a partir de uma análise das estruturas sociais e reposicionar o racismo como mecanismo de sustentação de privilégios. Principalmente ao se deparar com os Estados Unidos que, mais de cinquenta anos após as ações afirmativas e depois de terem eleito o primeiro presidente afroamericano, começam a dar vazão à ideia de *colorblindness* (que pode ser traduzido, imprecisamente, como cegueira ou daltonismo racial)[5] – uma ilusão de uma era pós-racial –, em que é possível constatar-se um contingente de negras e negros presos maior que o número de escravizados na época do escravismo. Situação comparável ao assassinato de jovens negros e negras nas periferias, que cresceu no Brasil no mesmo período em que se avançou nas cotas raciais dentro das universidades e nas políticas de ação afirmativa em um governo tido como progressista.

Clóvis Moura, que nos deixou em 2003, ainda tem muito a nos dizer.

Prefácio

Um Rosário de Lutas –
Clóvis Moura e o Centenário da Abolição[1]

Cleber Santos Vieira[2]

No centenário da Abolição, dois marcos editoriais costumam ser lembrados como delimitadores da trajetória intelectual de Clóvis Moura. O primeiro refere-se ao projeto do *Dicionário da Escravidão Negra no Brasil*. Objetivo perquirido por Clóvis Moura desde a década de 1970, somente no contexto das comemorações da Abolição, em 1988, foi impulsionado. Ele surgiu, pois, como subproduto do projeto de pesquisa "100 Anos de Abolição"[3], apresentado por ele à Fundação Ford em agosto de 1986, em que a publicação da obra no ano do centenário seria o ponto culminante. A pesquisa não foi concluída no prazo previsto e o livro saiu somente em 2004 pela Editora da Universidade de São Paulo. Assim, naquele ano, não seria pela publicação do *Dicionário* que Clóvis Moura deixaria sua marca registrada no mundo editorial e no debate sobre a Abolição.

Ela ocorreu através da publicação de outro livro, *Sociologia do Negro Brasileiro*, livro-síntese de suas pesquisas, cuja força dos argumentos reside no equilíbrio entre a produção de conhecimento e o intenso engajamento na análise e formulação de resoluções para os problemas enfrentados em diversos níveis pela população negra.

Ao lançar a segunda edição de *Sociologia do Negro Brasileiro*, a editora Perspectiva permite-nos revisitar a trajetória de Clóvis Moura no contexto do centenário da Abolição. Permite, sobretudo, apresentar ao público leitor nuanças da "nesga institucional" na qual o autor sempre desenvolveu suas pesquisas, como anotou o professor João Baptista Borges Pereira[4].

O livro epigrafado foi publicado pela editora Ática em 1988. Era o 34º título da série Fundamentos, que tinha por objetivo a edição de livros "intimamente ligados aos currículos de nossas faculdades, sempre elaborados por autores representativos de diversas áreas do conhecimento e integrados ao ensino superior do país"[5]. Ao vincular-se a essa coleção, Clóvis Moura cerrava fileiras ao lado de nomes como Antonio Candido, cujo livro *Na Sala de Aula: Caderno de Análise Literária* foi o primeiro título, e de obras que tornaram-se referência para algumas áreas do conhecimento, como é o caso, por exemplo, de *Literatura Infantil Brasileira: História & Histórias*, de Marisa Lajolo e Regina Zilberman; *Reflexões Sobre a Arte*, de Alfredo Bosi; *Psicologia Diferencial*, de Dante Moreira Leite, dentre outros. Especificamente sobre a questão afro-brasileira e africana, antes de *Sociologia do Negro Brasileiro* essa coleção já mantinha em seu catálogo outros três títulos: *Histórias Africanas: Histórias e Antologia*, de Maria Aparecida Santillli (n. 7); *Literaturas Africanas de Expressão Portuguesa*, de Manuel Ferreira (n. 13), e o livro de Fernando Tarallo e Tania Alkimim, *Crioulos, Línguas em Contato* (n. 15).

Nesse sentido, três décadas após a primeira edição, um olhar retrospectivo sobre *Sociologia do Negro Brasileiro* revela um capítulo pouco lembrado na trajetória do autor: a preocupação permanente com a educação brasileira, sobretudo com as formas de apresentar e representar a população negra nas escolas e cursos de nível superior. O teor crítico em relação aos livros didáticos, aos currículos e ao ensino de um modo geral foi vocalizado em diferentes espaços, notadamente em entrevistas[6]. Sobre a ausência da imprensa negra em cursos de formação de profissionais de comunicação e jornalismo, afirmou: "pouco conhecida e não incluída nas escolas de comunicação como um capítulo a ser estudado e interpretado, a imprensa negra ficou na penumbra, como se fosse pouco significativa" (infra, p. 241.). É bem verdade que as reflexões sobre a história do negro contada nos livros didáticos seguiram a trilha de um escritor motivado pela práxis e que já havia publicado dois livros paradidáticos: *Os Quilombos e a Rebelião Negra* (1981), 12º volume da coleção Tudo É História, da editora Brasiliense; e *Quilombos, Resistência ao Escravismo* (1987), 106º título da coleção Princípios, editora Ática. Nessa perspectiva, *Sociologia do Negro Brasileiro* pode ser considerada uma presença mais sofisticada em um ramo editorial que se especializava cada vez mais em atender ao público leitor universitário, apresentando reflexões sobre temas que emergiam de uma sociedade em transição. Assim como novas personagens entravam em cena na vida política nacional, novos autores e abordagens passaram a frequentar as salas de aula narrando a história do negro brasileiro em perspectiva negra.

Não obstante, a intervenção intelectual de Clóvis Moura no centenário da Abolição ocorreu de forma ampla, abrangendo tanto a discussão acadêmica quanto a participação militante no processo de formulação de políticas públicas para a população negra. A diversidade desse engajamento foi registrada sobretudo em artigos, mas também podem ser localizadas na participação em múltiplos seminários, mesas-redondas e palestras.

As formas de inserção de Moura nesse circuito as transformaram em um verdadeiro rosário de lutas antirracistas. Suas intervenções revelam redes de sociabilidade ávidas pelo debate sobre diversos aspectos da população negra. Mas são reveladoras também de um Clóvis Moura firme na formulação de conceitos e na apresentação de argumentos fundamentais para a compreensão da escravidão e de seu legado. Em grande medida, *Sociologia do Negro Brasileiro* expressa também a síntese desse rosário. Cronologicamente, vale ressaltar, a obra situa-se entre o assim autodenominado primeiro ciclo de estudos sobre o negro brasileiro e a publicação de *Dialética Radical do Brasil Negro*. Na primeira fase, que vai de

1959, data da publicação de *Rebeliões da Senzala*, até 1983, com *Brasil: Raízes do Protesto Negro*, os estudos foram sobre o "escravo negro no Brasil, a importância do escravismo colonial e os desdobramentos relevantes que esse modo de produção exerceu na formação dos hábitos, da família e da situação social, econômica e ideológica do brasileiro e do negro em particular"[7].

Por sua vez, *Dialética Radical do Brasil Negro* é a "síntese do pensamento de Clóvis Moura", conforme afirmou Dennis de Oliveira: "não se trata apenas e tão somente de uma obra de reflexão sobre as relações raciais no país, mas sim de uma proposta teórico-conceitual sofisticada de pensar o Brasil. Isso porque Moura tem a preocupação de estudar a dinâmica das relações raciais como um elemento central na estruturação da sociedade de classes brasileira"[8].

Esse diapasão, porém, não significou interrupção na produção intelectual. Pelo contrário, nele foram sedimentadas algumas das mais importantes reflexões que marcariam a obra mouriana. Em um país pautado por mudanças importantes advindas do fim da ditadura militar e a emergência da Assembleia Nacional Constituinte, ele optou por fazer das efemérides que se construíam em torno dos cem anos da Abolição o ponto de convergência para onde fluíram análises aprofundadas do escravismo colonial, da resistência negra e do racismo como elemento estruturante das relações sociais brasileiras. Assim, imbricados ao contexto da publicação de *Sociologia do Negro Brasileiro*, é possível relacionar algumas publicações difundidas em diferentes periódicos de divulgação científica e em uma cartilha. Em geral, são revistas de importantes e renomados centros de pesquisa que, na conjuntura de 1988, mobilizaram intelectuais de diferentes matizes teóricas para escreverem sobre a Abolição. As publicações abrangem o intervalo de tempo compreendido entre 1986 e 1990.

A amplitude dos órgãos que veicularam as palavras de Clóvis Moura oferece um valioso panorama da relevância de seu trabalho. De fato, era um intelectual que tinha muito a dizer sobre o tema para diferentes públicos. A primeira publicação relacionada chama-se *O Negro no Mercado de Trabalho*[9], cartilha elaborada a partir do Conselho de Participação e Desenvolvimento da Comunidade Negra do Estado de São Paulo (CPDCN). Mais especificamente ainda, foi um trabalho concebido no âmbito do Setor de Relações do Trabalho, à época dirigido por Maria Cida Bento. O texto foi redigido por Moura e as charges são do cartunista Mauricio Pestana. A cartilha é composta por trinta páginas, sempre com um pequeno excerto sobre a situação do negro no mercado de trabalho em uma das páginas, acompanhada por uma charge na página seguinte. Registre-se que o CPDNC, que em 2019 completa 35 anos de atividade, é recorrentemente lembrado como a primeira experiência de presença negra na formulação de políticas públicas em um órgão governamental e acolhia a tese das barragens raciais de mobilidade social. A leitura de que a Abolição e a república fizeram do negro um mau cidadão, tese preconizada em estudos de Clóvis Moura na década de 1970, especialmente no livro *O Negro: De Bom Escravo a Mau Cidadão?*, era assim difundida para um público maior, fomentando o debate e a formulação de políticas públicas através de um órgão estatal.

"Da Insurgência Negra ao Escravismo Tardio"[10], texto que encerra este *Sociologia do Negro Brasileiro*, foi publicado primeiramente na revista *Estudos Econômicos*, do Departamento de Economia da Universidade de São Paulo. Tratava-se do segundo volume do número especial destinado ao tema da escravidão. Além de Moura, um requintado time de intelectuais apresentou suas reflexões: Suely Robles Reis de Queiroz, "Rebeldia Escrava e Historiografia"; Stuart B. Schwartz, "Mocambos, Quilombos e Palmares: A Resistência Escrava no Brasil Colonial"; Marcus J.M. de Carvalho, "'Quem Furta Mais e Esconde': O Roubo de Escravos em Pernambuco, 1832-1855"; Luiz R.B. Mott, "Rebeliões Escravas em Sergipe"; João José Reis, "O Levante dos Malês na Bahia: Uma Interpretação Política".

Nesse artigo, Clóvis Moura consolidou a formulação de algumas de suas grandes teses sobre o escravismo e a resistência negra no Brasil. O texto consiste, pois, em sofisticada análise da escravidão e da luta de classes no Brasil mediante as ferramentas do materialismo histórico, no qual foram apresentadas reflexões que mais tarde figurariam no repertório de livros considerados clássicos do autor, em obras como *Sociologia do Negro Brasileiro* e *Dialética Radical do Brasil Negro*. Foram desenvolvidos ali tópicos como: escravismo pleno (escravizados radicalizados, rejeições das ações de resistência, negação do sistema) e escravismo tardio (modernização das relações de produção sem alternância na base escravista, resistência passiva no centro do capitalismo, abolicionismo conciliatório); correspondência entre níveis de exploração e incidência das rebeliões escravas; diversificação da produção em escala regional que manteve o trabalho escravo como traço comum; modernização sem mudança social. Nele também foram anotados conceitos, que até então pareciam estar em processo de lapidação, como é o caso da sinonímia entre quilombagem e insurgência negra para qualificar o "rosário de sinistros" provocados pela população escravizada:

> Como podemos ver, havia uma conexão entre a insurgência escrava (quilombagem) e a legislação repressiva. Articulou-se uma legislação baseada na síndrome do medo criada pelos antagonismos estruturais do escravismo e que atingia a classe senhorial de forma a deformar-lhe o comportamento. As lutas dos escravos, como podemos ver, se não chegaram ao nível de modificar a estrutura, criando um novo modelo de ordenação social, foram, no entanto, um motivo de permanente desgaste do sistema. Podemos dizer que se dá em três níveis principais: 1. desgaste econômico; 2. desgaste político; 3. desgaste psicológico[11].

Clóvis Moura também escreveu sobre a Abolição em números especiais dedicados ao tema em pelo menos outras três revistas. Em *Acervo – Revista do Arquivo Nacional*[12], escreveu o artigo "Trajetória da Abolição em São Paulo: Do Quilombo Radical à Conciliação". Ali recuperou pontos já explorados a partir da segunda edição de *Rebeliões da Senzala*, aprofundando, porém, aspectos do abolicionismo na região onde as forças produtivas do capitalismo encontravam-se mais estruturadas. Dividiu o abolicionismo basicamente em duas etapas, sempre em correspondência às características do desenvolvimento do modo de produção escravista: o protoabolicionismo e o abolicionismo. Na primeira, o escravizado constituía o elemento dinâmico das lutas sociais através da quilombagem, cuja expressão maior foi o Quilombo dos Palmares que, em *Sociologia do Negro Brasileiro*, ganhou um capítulo especial em que o autor desenvolveu o argumento de que a destruição de Palmares foi a interrupção da uma nação em formação. Enquanto, na segunda, "a rebeldia negra, na fase conclusiva da Abolição, ficou subordinada àquelas forças abolicionistas moderadas, conciliadoras e politicamente tímidas. Nenhuma reforma foi executada na estrutura da sociedade brasileira: era o início da marginalização do negro após a Abolição, que continua até os nossos dias"[13].

Por sua vez, "Estratégia do Imobilismo Social Contra o Negro no Mercado de Trabalho" foi publicado pela revista *São Paulo em Perspectiva*, mantida pela Fundação Seade (Sistema Estadual de Análise de Dados), órgão oficial do Governo do Estado de São Paulo voltado ao levantamento e análise da realidade socioeconômica e demográfica que subsidiam a formulação de políticas públicas. Nesse artigo, o autor desenvolveu argumentos sobre a coincidência entre divisão social do trabalho e a divisão racial do trabalho, sendo a ideologia do preconceito de cor um mecanismo de inferiorização do negro que opera como barragem para sua mobilidade no mercado de trabalho, sobretudo após a Abolição. Além de Moura, esse número da revista trazia ainda artigos de: Florestan Fernandes, Hélio Santos, Élide Rugai Bastos, Octavio Ianni, Rachel de Oliveira, Glória Moura e outros[14].

Mais um registro das impressões de Clóvis Moura sobre o centenário da Abolição pode ser encontrado em *Princípios*, "revista teórica, política e de informação", vinculada ao Partido Comunista do Brasil (PCdoB), ao qual era filiado desde o início, quando aderiu ao racha ocorrido nas fileiras do PCB em 1962. Fundada em 1981 por iniciativa de João Amazonas, então presidente do PCdoB, a capa do número 15, de maio de 1988, estampava "13 de Maio: Cem Anos de Abolição", e abria com estrofes do poema "Navio Negreiro", de Castro Alves. A discussão completava-se com o artigo de Clóvis Moura, "Cem Anos de Abolição do Escravismo no Brasil". Nele, o autor reafirmava que "o rosário de lutas do negro escravizado contra o estatuto que o oprimia enche todo o período no qual perdurou o sistema escravista de produção"[15]; e desenvolveu o tema das similaridades entre desigualdades raciais e sociais que, estruturados no período escravista, mantinha-se latente um século depois da Abolição.

Nota-se que, no centenário da Abolição, Clóvis Moura alcançou um repertório de publicações em veículos muitos diversos: da imprensa partidária às revistas de departamentos de renomadas universidades; figurou ao lado de outros importantes intelectuais; contribuiu para a disseminação da temática negra e antirracista por meio de projetos editoriais; enfim, ocupou todos os espaços possíveis em um agitado processo produtivo. O resultado foi uma inestimável contribuição para pesquisas, formulação de políticas púbicas e imensuráveis impactos na formação de estudiosos e militantes preocupados com a herança escravocrata, traduzida na forma de marginalização da população negra.

Mas não foi o suficiente!

A práxis que orientava sua produção intelectual reverberou em uma rigorosa análise do processo de comemoração do centenário quanto ao seu significado na história do negro brasileiro. Assim, em 1990, expressou suas considerações sobre o tema na edição de lançamento de *Resgate: Revista Interdisciplinar de Cultura do Centro de Memória da Unicamp*, periódico que se destacou pela ousadia de seus objetivos, o de fugir do discurso acadêmico convencional e, desse modo, aproximar-se das grandes questões nacionais, debatendo diretamente com o público extramuros universitários. Imbuídos por esse espírito crítico, além de Moura, contribuíram com o primeiro volume de *Resgate*: Ciro Flamarion S. Cardoso, Octávio Ianni, José Roberto do Amaral Lapa, Luiz Mott, Maria Yedda Linhares, Edgard Carone, Jacob Gorender etc.

A participação de Clóvis Moura deu-se na seção "Debates" em que discutiu o tema "Abolição" com a professora Maria Helena P.T. Machado[16]. Nesse artigo, Moura demonstrou que a sua intensa participação individual em qualificados circuitos de divulgação científica não o impediu de observar o processo em seu conjunto e de notar a ausência de escritores(as) negros(as) na produção bibliográfica e cultural em torno do centenário. Para ele, faltou espaço de estudos sobre a situação do negro e criação de alternativas visando a superação das desigualdades. A razão disso foi que, "mais uma vez a intervenção oficial e burocrática arrefeceu quase todas as iniciativas independentes, somente circulando, prestigiadas ou respaldadas institucionalmente, aquelas produções que saíam via veículos governamentais, ou através das universidades"[17]. E concluía afirmando que essa produção permanecia "esperando por outro 13 de maio, quando ela virá a público sem o condicionamento de ser mercadoria ou objeto de estudo para satisfazer níveis de prestígio pessoal ou curricular. Essa produção silenciosa precisa vir à luz espontaneamente, com toda a força que possui para que a nação brasileira não continue sendo cultural, social e etnicamente uma nação inconclusa"[18].

Poder-se-ia traduzir esse pensamento de Clóvis Moura dizendo que, no conjunto, no ano centenário, palavras negras sobre a própria história foram interditadas, isto é, "a grande produção de intelectuais negros ou independentes, os estudos feitos no corpo a corpo com a realidade vivida pelos seus protagonistas, tudo isso foi rejeitado por não haver passado pelo crivo linear do julgamento acadêmico"[19]. Nesse sentido, a reedição de *Sociologia do Negro Brasileiro* permite revisitar as intersecções entre a vida intelectual de Clóvis Moura e o mundo acadêmico a partir de um tópico sempre lembrado, ainda que de modo demasiadamente superficial, isto é, o título de professor especialista por notório saber outorgado pela USP.

Como já foi dito, trafegando na chamada "nesga não institucional", trabalhando e produzindo teses sobre a questão negra fora da academia, à época do centenário da Abolição, ele já era uma referência nacional e internacional[20], um renomado especialista em história do negro brasileiro[21]. Especialização adquirida pela disciplina obstinada de um autodidata apaixonado por conhecer e escrever o Brasil negro. Em 1988, pode-se dizer, ele já havia alcançado também o reconhecimento da objetividade científica produzida no corpo a corpo com a população negra no enfrentamento dos problemas cotidianos. O notório saber foi, então, o reconhecimento dessa marca indelével de sua obra, conforme afirmara o professor João Baptista Borges Pereira.

Porém, o título concedido pela USP projeta um ponto da trajetória intelectual de Clóvis Moura que, apesar da importância, permanece não dito, obnublinado pelo relato simples, quase frio, da existência do título em si. Em primeiro lugar, conferia-se o título de notório saber ao especialista de determinada área, outorga esta que competia às unidades de ensino superior providas de programas de pós-graduação em nível de doutorado na área de conhecimento requisitada. No caso em questão, coube aos conselheiros da Congregação da Faculdade de Filosofia, Letras e Ciências Humanas da Universidade de São Paulo (FFLCH-USP) apreciar e aprovar por unanimidade o pedido em reunião realizada no dia 6 de maio de 1982. A qualidade intelectual e a integridade científica dos membros da congregação conferiam a devida relevância ao fato. Naquela ocasião, a Congregação da FFLCH era presidida pelo professor Ruy Coelho e, dentre os conselheiros que deram anuência à concessão do título de especialista por notório saber, encontravam-se representativos expoentes da área de humanidades no Brasil, a saber:

Eduardo D'Oliveira França, Edgar Carone, Alfredo Bosi, Leôncio Martins Rodrigues, Aziz Ab'Saber, além do já citado presidente da sessão[22].

Em geral, o reconhecimento de especialista por notório saber aplicava-se àquele intelectual em condições de participar da formação de pessoal para atuação no ensino superior[23]. A materialização desse tópico traduzia-se, dentre outras atividades, na participação em bancas examinadoras de dissertações de mestrado e/ou teses de doutorado. E foi esse o percurso realizado por Clóvis Moura.

O mestrado para o qual ele foi designado como membro da comissão examinadora tinha por tema "A Imprensa Negra Paulista (1915-1963): Estudo Monográfico", de autoria de Miriam Ferrara. Desse encontro, anos depois, resultaria a publicação de um desses livros que costumamos chamar de clássico: *Imprensa Negra*, estudo crítico de Clóvis Moura e legendado por Miriam Ferrara (1984)[24]. Uma versão fac-similar foi editada pela Imprensa Oficial do Estado de São Paulo, a partir da idealização de Ari Cândido, então assessor de assuntos afro-brasileiros da Secretaria de Estado da Cultura de São Paulo

O trabalho de Miriam Ferrara foi orientado pelo professor Fernando Augusto Albuquerque Mourão, africanista brasileiro que participou do projeto *História Geral da África*, promovido no âmbito da Unesco. O terceiro membro da banca era o próprio professor João Baptista Borges Pereira, responsável por encaminhar o pedido de notório saber à Congregação da FFLCH-USP para que o autor de *Rebeliões da Senzala* assumisse a condição de examinador:

> O professor João Baptista Borges Pereira, com a palavra, consulta sobre a possibilidade de se votar o "notório saber" para o professor Clóvis Moura, indicado para participar da Comissão Examinadora de Mestrado (item 26.1), uma vez que se verifica, no momento, quórum de 2/3 exigido para apreciar casos da espécie. A congregação, por unanimidade, concorda com a inversão da ordem. Em seguida, o professor João Baptista Borges Pereira

> presta esclarecimentos sobre a produção intelectual do referido professor, lendo parte de seu *curriculum vitae*. Em votação secreta alcança-se o seguinte resultado: sim 22 (vinte e dois) votos. Aprovado, portanto, o notório saber do professor Clóvis Moura[25].

Essa passagem derivada do episódio remonta ao momento de retomada dos estudos sobre a imprensa negra ocorrida na década de 1970 e início dos anos 1980. E isso requer uma pequena digressão em relação ao interesse que situa as relações entre Clóvis Moura e Eduardo de Oliveira e Oliveira e outros estudiosos da imprensa negra. Há de se considerar a significativa militância de Eduardo de Oliveira e Oliveira e o seu engajamento nas reflexões sobre a imprensa negra, que reverberou de forma mais consistente na exposição realizada por ocasião da Quinzena do Negro, em 1977. Com esse trabalho, muito além de um exercício de curadoria, Eduardo de Oliveira e Oliveira condensou em um só ato o legado e o ressurgimento "da expressão escrita da coletividade" da qual ele mesmo era parte. Esses intelectuais valeram-se de acervos de entidades do movimento negro, como o acervo da Associação Cultural do Negro e as iniciativas de nomes como José Correia Leite, responsáveis por assegurar a permanência de antigos jornais negros para, entre encontros e exposições, proporcionar o nascimento de novos veículos de comunicação escritos por e para negros. Pode-se entender esse traço de permanência temporal formada em torno da imprensa negra como expressão acabada do aspecto fundamental das organizações negras a partir do pós-Abolição, o associativismo. E esse é o fundamental dentre os aspectos específicos que certamente motivou Clóvis Moura a incluir a "imprensa" dentre as "organizações negras" que movimentaram São Paulo até 1978, figurando, assim, ao lado de outras importantes expressões culturais e políticas da população negra – Frente Negra, Associação Cultural do Negro, escolas de samba, macumba, Umbanda, favela, congada e grupos reivindicatórios como o Movimento Negro Unificado Contra a Discriminação Racial (MNUCDR)[26].

Portanto, que a imprensa negra já representasse um importante recorte na obra erigida por Clóvis Moura, não restava dúvidas. E foi justamente esse capítulo de pesquisas dedicadas à história do negro brasileiro o elo para o notório saber reconhecido pela USP. Àquela altura, ele já era um jornalista com destacada inserção em grandes e pequenos órgãos de imprensa, fossem eles alternativos ou comerciais. Não apenas conhecia bem a imprensa como estudava a história do negro a partir dos impressos em geral e a imprensa negra em particular como grupo específico de autodefesa[27]. Já havia inclusive entrevistado, em 1975, alguns cânones da imprensa negra: Jayme Aguiar, José Correia Leite, Raul Joviano do Amaral e Aristides Barbosa[28].

Em *Sociologia do Negro Brasileiro*, a imprensa negra desponta como o terceiro capítulo da segunda parte sob o título "A Imprensa Negra em São Paulo", subdividido em quatro tópicos: 1. Razões da Existência de uma Imprensa Negra; 2. Uma Trajetória de Heroísmo; 3. Do Negro Bem-Comportado à Descoberta da "Raça"; 4. Do Isolamento Étnico à Participação Política. Também a partir da imprensa, lançou os primeiros ensaios analíticos sobre grupos específicos e grupos diferenciados, tema aprofundado no quarto capítulo da primeira parte do livro sob o título de "O Negro Como Grupo Específico ou Diferenciado em uma Sociedade de Capitalismo Dependente".

Foi nesse cenário de renascimento de estudos sobre a imprensa negra e do desenvolvimento mesmo dela que se construiu as condições objetivas para a titulação de Clóvis Moura. Para além disso, o processo de reconhecimento de especialista por notório saber confere nitidez ao tipo de objetividade científica que pautava sua vida intelectual. Era a práxis política que motivava seus escritos. Desse modo, o cenário histórico de retomada do interesse científico pelo tema foi o mesmo de revigoramento da imprensa negra. Clóvis Moura participou ativamente desse processo, seja coletando dados por meio de entrevistas realizadas com antigos ativistas da imprensa negra, em 1975; organizando debates e seminários no IBEA; publicando artigos, como foi o caso de "Organizações Negras"; e, por fim, participando de estritos expedientes do cotidiano acadêmico, caso das bancas examinadoras. Tudo isso teceu um panorama de erudição que lhe permitia transitar pelo espaço universitário, proferindo conferências, compondo mesas de debates etc., ao mesmo tempo que colocava suas teses à prova dos círculos sociais e da militância negra.

O ano do centenário da Abolição foi o momento de delimitar sua produção nesse cenário, inserindo-se em um campo bem definido e esperançoso. Toda essa movimentação intelectual em diferentes mundos configurava em Clóvis Moura um privilegiado panorama bibliográfico nos estudos do problema do negro brasileiro. Distinguia-os em várias correntes. A primeira constituída pelo que ele chamou de etnográfico, folclórico. A segunda marcada pela imparcialidade científica. A terceira, dando-se como perspectiva científica que busca compreender o negro como membro de uma etnia explorada, discriminada e desclassificada pela classe dominante. Mas Clóvis Moura não se enquadrava em nenhuma delas. Parecia gostar e ter consciência da "nesga não institucional" que delineava uma produção intelectual de outro tipo, sua e de outras pessoas. Navegava nesse outro tipo de produção, desenvolvida fora da universidade e palmilhada pela práxis política de uma intelectualidade e círculos acadêmicos comprometidos com a necessária ruptura do processo de marginalização da população negra. Essa condição intelectual está muito bem expressada nas negras palavras impressas em *Sociologia do Negro Brasileiro*, livro decisivo no rosário de lutas intelectuais que, em 1988, ressignificaram o centenário da Abolição.

Introdução

Este livro é a síntese de mais de vinte anos de pesquisas, cursos, palestras, congressos, simpósios, observação e análise da situação e perspectivas do problema do negro no Brasil, os seus diversos níveis, as posições dos grupos ou segmentos que compõem a comunidade negra, a ideologia *branca* das classes dominantes e de muitas camadas da nossa sociedade. Faz parte, também, do nosso contato e participação permanente na solução do problema racial e social brasileiro. Procura dar resposta a essa problemática em dois níveis. O primeiro é o teórico.

Nele apresentamos diversas propostas de crítica epistemológica à maioria dos trabalhos de cientistas sociais tradicionais sobre a situação do negro em nossa sociedade. Procuramos reanalisar algumas formulações conceituais já muito difundidas na área acadêmica, sempre, ou quase sempre, repetidoras de correntes teóricas que nos vêm de fora e quase nunca correspondem àquilo que seria uma ciência capaz de enfrentar – como ferramenta da prática social – esses problemas sempre escamoteados no seu nível de competição e conflito social e racial.

O segundo nível de abordagem procura, através do método histórico-dialético, analisar alguns aspectos específicos do problema abordado, objetivando dar uma visão diacrônica e dinâmica do mesmo até o cruzamento das lutas dos escravos com as da classe operária naquela fase que chamamos de escravismo tardio.

Tomando como ponto de partida a República de Palmares e fazendo a análise de trabalho sobre a escravidão, abordamos, também, a imprensa negra de São Paulo após a Abolição e chegamos, conforme já dissemos, ao conceito de escravismo tardio no último capítulo, que traz subsídios para se entender não apenas o período do trabalho escravo, mas também como o negro se organizou posteriormente, inclusive nos seus grupos específicos. Abre perspectivas, também, para que se possa entender alguns traumatismos da atual sociedade brasileira.

O negro urbano brasileiro, especialmente do Sudeste e Sul do Brasil, tem uma trajetória que bem demonstra os mecanismos de barragem étnica que foram estabelecidos historicamente contra ele na sociedade *branca*. Nele estão reproduzidas as estratégias de seleção estabelecidas para opor-se a que ele tivesse acesso a patamares privilegiados ou compensadores socialmente, para que as camadas brancas (étnica e/ou socialmente brancas) mantivessem no passado e mantenham no presente o direito de ocupá-los. Bloqueios estratégicos, que começam no próprio grupo família, passam pela educação primária, a escola de grau médio até a universidade; passam pela restrição no mercado de trabalho, na seleção de empregos, no nível de salários em cada profissão, na discriminação velada (ou manifesta) em certos espaços profissionais; passam também nos contatos entre sexos opostos, nas barreiras aos casamentos interétnicos e também pelas restrições múltiplas durante todos os dias, meses e anos que representam a vida de um negro.

É, como dissemos, uma trajetória significativa nesse sentido porque reproduz de forma dinâmica e transparente os diversos níveis de preconceito sem mediações ideológicas pré-montadas como a da democracia racial; demonstra, por outro lado, como a comunidade negra e não branca de um modo geral tem dificuldades em afirmar-se no seu cotidiano como sendo composta de cidadãos e não como é apresentada através de estereótipos: como segmentos atípicos, exóticos, filhos de uma raça inferior, atavicamente criminosos, preguiçosos, ociosos e trapaceiros.

Em São Paulo, com a dinâmica de uma sociedade que desenvolveu até as últimas consequências os padrões e normas do capitalismo dependente, tendo a competição selvagem como centro de sua dinâmica, podemos ver como, no mercado de trabalho, ele sempre, segundo expressão de um sindicalista negro durante o i Encontro Estadual de Sindicalistas Negros, realizado em São Paulo, em 1986, "é o último a ser admitido e o primeiro a ser demitido". Esse quadro discriminatório, cujos detalhes serão apresentados no presente livro, restringe basicamente o comportamento do negro urbano, quando ele não ocupa o espaço universitário ou pequenos espaços burocráticos. A grande massa negra que atualmente ocupa as favelas, invasões, cortiços, calçadas à noite, áreas de mendicância, pardieiros, prédios abandonados, albergues, aproveitadores de restos de comida, e por extensão os marginais, delinquentes, ladrões contra o patrimônio, baixas prostitutas, lumpens, desempregados, horistas de empresas multinacionais, catadores de lixo, lixeiros, domésticas, faxineiras, margaridas, desempregadas, alcoólatras, assaltantes, portadores das neuroses das grandes cidades, malandros e desinteressados no trabalho, encontra-se em estado de semianomia.

Essa grande massa negra – repetimos –, barrada socialmente de forma sistemática, através de inúmeros mecanismos e subterfúgios estratégicos, colocada como o rescaldo de uma sociedade que já tem grandes franjas marginalizadas em consequência da sua estrutura de capitalismo dependente, é rejeitada e estigmatizada, inclusive por alguns grupos da classe média negra que não entram em contato com ela, não lhe transmitem identidade e consciência étnicas, finalmente não a aceitam como o centro nevrálgico do dilema racial no Brasil e, com isso, reproduzem uma ideologia que justifica vê-la como periférica, como o negativo do próprio problema do negro.

A sociologia do negro é, por essas razões, mesmo quando escrita por alguns autores negros, uma sociologia *branca*. E quando escrevemos *branca*, não queremos dizer que o autor é negro, branco, mulato, mas queremos expressar que há subjacente um conjunto conceitual *branco* aplicado sobre a realidade do negro brasileiro, como se ele fosse apenas objeto de estudo e não sujeito dinâmico de um problema dos mais importantes para o reajustamento estrutural da sociedade brasileira. Como podemos ver, o pensamento social brasileiro, a nossa literatura e, finalmente, nosso *éthos* cultural, em quase todos os seus níveis, estão impregnados dessa visão alienada, muitas vezes paternalista, outras vezes pretensamente imparcial. O próprio negro da classe média introjetou esses valores de tal forma que, em um simpósio sobre o problema racial, ouvimos de um sociólogo negro a afirmação de que eles deviam preparar-se para dirigirem as multinacionais que operam no Brasil. "Por que não?", dizia ele, sem saber, ou possivelmente sabendo, que a General Motors só contrata trabalhadores negros como horistas, sem nenhuma garantia, sem possibilidades de fazer carreira, isto é, são escolhidos para desempenhar aqueles trabalhos sempre considerados *sujos*, *indignos* e *humilhantes*.

Essa falta de perspectiva impede de ver-se a ponte entre o problema do negro e os obstáculos estruturais da sociedade brasileira, isto é, torna difícil supor-se que o negro, através da cultura, poderá dirigir uma multinacional, bem como demonstra o nível de alienação sociológica no raciocínio de quem expôs a questão dessa forma. O caso do negro tem especificidades, particularidades e um nível de problemática muito mais profundo do que o do trabalhador branco. Mas, por outro lado, está a ele ligado porque não se poderá resolver o problema do negro, a sua discriminação, o preconceito contra ele, finalmente, o racismo brasileiro, sem atentarmos para o fato de que esse racismo não é epifenomênico, porém tem causas econômicas, sociais, históricas e ideológicas que alimentam o seu dinamismo atual. Um negro diretor de uma multinacional é sociologicamente um *branco*. Terá de conservar a discriminação contra o negro na divisão de trabalho interno da empresa, terá de executar suas normas racistas, e, com isso, deixar de pensar como negro explorado e discriminado e reproduzir no seu comportamento empresarial aquilo que um executivo branco também faria.

A articulação do problema étnico com o social e político é o que alguns grupos negros não estão entendendo, ou procuram não entender para se beneficiarem de cargos burocráticos e espaços abertos para os membros qualificados de uma ínfima classe média branqueada. Guerreiro Ramos teve oportunidade de enfatizar o perigo de se criar uma "sociologia enlatada". De nossa parte, tememos que alguns elementos negros, ao concluírem a universidade, em vez de se transformarem em ideólogos das mudanças sociais que irão solucionar o problema racial no Brasil, assimilem os valores ideológicos dessa sociologia enlatada, o que levará o negro a continuar sendo cobaia sociológica daqueles que dominam as ciências sociais tradicionais: brancos ou negros.

Como se pode ver, não quero que exista uma sociologia *negra* no Brasil, mas que os cientistas sociais tenham uma visão que enfoque os problemas étnicos do Brasil a partir do negro, pois, até agora, com poucas exceções, o que se vê é uma ciência social que procura abordar o problema através de uma pseudo-imparcialidade científica que significa, apenas, um desprezo olímpico pelos valores humanos imbricados na problemática estudada por eles. Não observam, dessa maneira, que seus conceitos teoricamente corretos (dentro da estrutura conceitual da sociologia acadêmica) coloca-os "de fora" do problema, e, portanto, não penetram na sua essência, são anódinos, inúteis, desnecessários à solução da questão social e racial do negro e, por isso mesmo, são frutos de uma ciência sem práxis e que se esgota na ressonância que o autor desses trabalhos obtém no circuito acadêmico do qual faz parte.

No Brasil a maioria dos estudiosos do problema do negro ou caem para o etnográfico, folclórico, ou escrevem como se estivessem falando de um cadáver. Na primeira posição, conforme veremos no decorrer deste livro, o etnográfico, o contato entre culturas, o choque entre as mesmas, as reminiscências religiosas, de cozinha, linguísticas e outras ocupam o centro do universo desses cientistas. Na segunda, vemos o indiferentismo pela situação social do negro, destacando-se, pelo contrário, a *imparcialidade científica* do pesquisador em face dos problemas raciais e sociais da comunidade negra. O absenteísmo científico transforma-se em indiferença pelos valores humanos em conflito. E com isso o negro é transformado em simples objeto de laboratório.

É verdade que há também cientistas sociais que seguem uma perspectiva científica diferente. Não veem o negro como simples objeto de estudo ou de um futuro diretor de multinacional. Colocam-no como membro de uma etnia explorada, discriminada e desclassificada pelos segmentos dominantes e, a partir dessa posição inicial, passam a estudá-lo e compreendê-lo. Incontestavelmente foi Roge Bastide, apesar dos seus erros, quem iniciou essa posição renovadora no Brasil. Artur Ramos, que poderia ter sido o grande precursor nesse sentido, embora sem querermos diminuir a sua notável e até hoje respeitável contribuição ao estudo do problema, deixou-se influenciar pela psicanálise e, depois, pelo método histórico-cultural que ele achava ser o instrumental teórico e metodológico capaz de explicar e repor em bases científicas o problema. Bastide teve a sorte de criar uma verdadeira escola que iniciou a reanálise do problema do negro, inicialmente em São Paulo e depois em outras áreas do Brasil. Entre os seus continuadores, temos Florestan Fernandes, que conseguiu repor o problema em bases sociologicamente polêmicas e renovadoras. Já em São Paulo, deram continuidade a esses estudos Octávio Ianni, Oracy Nogueira, Teófilo de Queiroz Júnior, João Batista Borges Pereira, Fernando Henrique Cardoso e, na Bahia, além da obra clássica de Edison Carneiro, que se filiava mais ao pensamento de Artur Ramos, embora dele divergisse teórica e metodologicamente, os trabalhos de Thales de Azevedo, Maria Brandão, Luiz Mott, Yeda Pessoa de Castro, Kátia Matozo, Vivaldo da Costa Lima, Jeferson Afonso Bacelar, Pierre Verger, Juana Elbein dos Santos e muitos outros. No Rio de Janeiro, podemos citar os nomes de Lana Lage da Gama Lima, L.A. Costa Pinto, Carlos Hasenbalg, Lélia Gonzales, Joel Rufino dos Santos, sem que a citação desses nomes signifique exclusão de outros por razões de julgamento do valor do trabalho dos demais.

Mas o que vem caracterizando o enfoque do problema do negro no Brasil é uma importante literatura sobre o assunto que surge e se desenvolve fora das universidades. Nesse particular, entre outros, os nomes de Ariosvaldo Figueiredo, Martiniano J. da Silva, Jacob Gorender, Nunes Pereira, Abguar Bastos, Décio Freitas, Luiz Luna, José Alípio Goulart mostram como a preocupação com o problema do negro transcendeu o circuito acadêmico e transformou-se em uma preocupação permanente de camadas significativas da intelectualidade brasileira. Isso é prometedor, porque demonstra como aquilo que era uma sociologia sobre o negro brasileiro está se estruturando como uma sociologia do e para o negro no Brasil.

Além dessa produção de cientistas sociais não acadêmicos, desligados das universidades, há também o trabalho relevante de pesquisas realizadas por entidades negras sobre diversos assuntos ligados às questões raciais no Brasil. Inúmeros grupos ou instituições organizadas pelos negros estão redimensionando esses estudos a partir de uma posição dinâmica, operacional e engajada. Isso está assustando, inclusive, alguns acadêmicos, que só admitem a discussão de qualquer assunto dentro dos muros sacralizados das universidades. É toda uma constelação de cientistas sociais que desponta a partir dessas organizações no sentido de reformular os objetivos dos estudos sobre o negro.

Este livro surge, pois, no momento em que o problema do negro está sendo nacionalmente reposicionado e questionado em face da necessidade de uma avaliação do que foram os cem anos de trabalho livre para ele. Daí a nossa preocupação em levantar algumas questões que poderão explicar sua situação de marginalização, pobreza, discriminação e rejeição social por parte de grandes segmentos da população brasileira. Não o escrevemos, pois, por causa de uma pretensa *moda comemorativa* (mesmo porque não há nada a comemorar), mas como um material de reflexão para todos aqueles que não se aperceberam da importância do assunto, e, ao reconhecê-la, possam fazer uma análise crítica a respeito do comportamento alienado de uma grande parte da nossa nação que os negros criaram com o seu trabalho durante quase quatrocentos anos como escravos, e, depois, com cem anos de trabalho livre.

Esse *gueto invisível* que faz do negro brasileiro ser apenas elemento consentido pela população *branca* e rica, autoritária e dominante, é que deverá ser rompido se o Brasil não quiser continuar sendo uma nação inconclusa, como o é até hoje; isso porque teima em rejeitar, como parte do seu *ser social,* a parcela mais importante para a sua construção.

Sabemos que não serão apenas estudos, livros e pesquisas sem uma práxis política que irão produzir essa modificação desalentadora no pensamento do brasileiro preconceituoso e racista. Contudo, de qualquer modo, esses trabalhos ajudarão a forma uma prática social capaz de romper a segregação invisível mas operante em que vive a população negra no Brasil.

I.

TEORIAS À PROCURA DE UMA PRÁTICA

A controvérsia sobre a realidade
ou não realidade do pensamento –
isolado da práxis – é uma questão
puramente escolástica.

KARL MARX

1.

Os Estudos Sobre o Negro Como Reflexo da Estrutura da Sociedade Brasileira

Pensamento Social Subordinado

Os estudos sobre o negro brasileiro, nos seus diversos aspectos, têm sido mediados por preconceitos acadêmicos, de um lado comprometidos com uma pretensa imparcialidade científica, e, de outro, por uma ideologia racista racionalizada, que representa os resíduos da superestrutura escravista, e, ao mesmo tempo, sua continuação, na dinâmica ideológica da sociedade competitiva que a sucedeu. Queremos dizer, com isso, que houve uma reformulação dos mitos raciais reflexos do escravismo no contexto da sociedade de capitalismo dependente que a sucedeu, reformulação que alimentou as classes dominantes do combustível ideológico capaz de justificar o peneiramento econômico-social, racial e cultural a que ele está submetido atualmente no Brasil através de uma série de mecanismos discriminadores que se sucedem na biografia de cada negro.

Uma visão mais vertical do assunto irá demonstrar, também, como esses estudos acadêmicos, ao invocarem uma imparcialidade científica inexistente nas ciências sociais, assessoram, de certa maneira, embora de forma indireta, a constelação de pensamento social racista que está imbricado no subconsciente do brasileiro médio. Essa ciência, quase toda ela estruturada através de modelos teóricos e postulados metodológicos vindos de fora, abstém-se de estabelecer uma práxis capaz de determinar parâmetros conclusivos e normas de ação para a solução do problema racial brasileiro nos seus diversos níveis e implicações.

Tomando-se como precursores Perdigão Malheiros e Nina Rodrigues, podemos ver que o primeiro absteve-se, na sua *História da Escravidão*, de apresentar uma solução, através de medidas radicais, para o problema que estudou, e o segundo, embebido e deslumbrado pela ciência oficial europeia que predominava no seu tempo e vinha para o Brasil, via o negro como biologicamente inferior, transferindo para ele as causas do nosso atraso social. Em Nina Rodrigues podemos ver, já, essa característica que até hoje perdura nas ciências sociais do Brasil: a subserviência do colonizado aos padrões ditos científicos das metrópoles dominadoras.

A partir de Nina Rodrigues, os estudos africanistas, ou assim chamados, se desenvolvem sempre subordinados a métodos que não conseguem (nem pretendem) penetrar na essência do problema para tentar resolvê-lo cientificamente.

O continuador de Nina Rodrigues, Artur Ramos, conforme veremos em capítulo subsequente, recorre inicialmente à psicanálise e ao método histórico-cultural americano para penetrar naquilo que ele chamava de o mundo do negro brasileiro. A visão culturalista transferia para um choque ou harmonia entre culturas as contradições sociais emergentes ou as conciliações de classes. Antes de Ramos, Gilberto Freyre antecipava-se na elaboração de uma interpretação social do Brasil através das categorias *casa-grande* e *senzala*, colocando a nossa escravidão como composta de senhores bondosos e escravos submissos, empaticamente harmônicos, desfazendo, com isso, a possibilidade de se ver o período no qual perdurou o escravismo entre nós como cheio de contradições agudas, sendo que a primeira e mais importante e que determinava todas as outras era a que existia entre senhores e escravos.

O mito do bom senhor de Freyre é uma tentativa sistemática e deliberadamente bem montada e inteligentemente arquitetada para interpretar as contradições estruturais do escravismo como simples episódio epidérmico, sem importância, e que não chegaram a desmentir a existência dessa harmonia entre exploradores e explorados durante aquele período.

Convém salientar que a geração que antecedeu a Freyre não primava pela elaboração de um pensamento isento de preconceitos contra o negro.

O desprezo por ele, mesmo como objeto de ciência, foi dominante durante muito tempo entre os nossos pensadores sociais. Sílvio Romero constatou o fato escrevendo:

> Muita estranheza causaram em várias rodas nacionais o haverem esta *História da Literatura* e os *Estudos Sobre a Poesia Popular Brasileira* reclamando contra o olvido proposital feito nas letras nacionais a respeito do contingente africano e protestando contra a injustiça daí originada. [...] Ninguém jamais quis sabê-lo, em obediência ao prejuízo da cor, com medo de, em mostrando simpatia em qualquer grau por esse imenso elemento da nossa população, passar por descendentes de raça africana, *de passar por mestiço!...* Eis a verdade nua e crua. É preciso acabar com isto: é mister deixar de temer preconceitos, deixar de mentir e restabelecer os negros no quinhão que lhe tiramos: o lugar que a eles compete, sem menor sombra de favor, em tudo que tem sido, em quatro séculos, praticado no Brasil.[1]

O destaque que faz Sílvio Romero – que também não ficou imune a esse preconceito – contra a pecha de mestiços bem demonstra como se procurava fugir, já naquela época, à nossa identidade étnica, como veremos posteriormente. O mestiço era considerado inferior. Não tinha apelação diante das conclusões da ciência do tempo, isto é, aquela *ciência* que chegava até nós. Guerreiro Ramos, em trabalho desmistificador, mostra a subordinação desse pensamento social às limitações estruturais em nossa sociedade. Demonstrando o que estamos querendo dizer aos leitores, Guerreiro Ramos reporta-se ao pensamento de Sílvio Romero afirmando, no seu texto, que ele também incorreu em muitos enganos em relação ao problema de superioridade e inferioridade de raças, classificando os negros entre os "povos inferiores"[2]. O próprio Euclides da Cunha também malsinou o mestiço. Foi, segundo Guerreiro Ramos, "vítima da antropologia do seu tempo".

Porém, sem querermos fazer uma análise sistemática da bibliografia pertinente daquele tempo, queremos destacar que esse pensamento social era subordinado a uma estrutura dependente de tal forma que os conceitos chamados científicos chegavam para inferiorizá-la a partir de sua autoanálise. Isto é, não queríamos aceitar a nossa realidade étnica, pois ela nos inferiorizaria, criando a nossa *inteligência* uma realidade mítica, pois somente ela compensaria o nosso ego nacional, ou melhor, o ego das nossas elites que se diziam representativas do nosso *éthos* cultural.

Afirma, no particular, Guerreiro Ramos:

> À luz da sociologia científica, a sociologia do negro no Brasil é, ela mesma, um problema, um engano a se desfazer, o que só poderá ser conseguido através de um trabalho de crítica e autocrítica. Sem crítica e autocrítica, aliás, não pode haver ciência. O espírito científico não se coaduna com a intolerância, não se coloca jamais em posição de sistemática irredutibilidade, mas, ao contrário, está sempre aberto, sempre disposto a rever posturas, no sentido de corrigi-las, naquilo em que se revelarem inadequadas à percepção exata dos fatos. A nossa sociologia do negro é, em larga margem, uma pseudomorfose, isto é, uma visão carente de suportes existenciais genuínos, que oprime e dificulta mesmo a emergência, ou a indução da teoria objetiva dos fatos da vida nacional.[3]

À luz desse pensamento de Guerreiro Ramos, podemos compreender o mito do bom senhor de Freyre como uma tentativa sistemática e deliberadamente montada para interpretar as contradições estruturais do escravismo como simples episódio sem importância, que não chegaram a desmentir a existência dessa harmonia entre exploradores e explorados. Finalmente podemos compreender por que toda uma geração que sucede a de Freyre psicologiza o problema do negro, sendo que grande parte dela é composta de psiquiatras como Renê Ribeiro, Gonçalves Fernandes, Ulisses Pernambucano e o próprio Artur Ramos. Salve-se, nesse período, a obra de Edison Carneiro, autor que procurou dar uma visão dialética do problema racial brasileiro.

O Racismo e a Ideologia do Autoritarismo

Todos esses trabalhos procuravam ver, estudar e interpretar o negro não como um ser socialmente situado numa determinada estrutura, isto é, como escravo ou ex-escravo, mas como simples componente de uma cultura diferente do *éthos* nacional. Daí vermos tantas pesquisas serem realizadas sobre o seu mundo religioso em nível etnográfico e acerca de tudo aquilo que implicava *diferença* do padrão ocidental, tido como normativo, e tão poucos estudos sobre a situação do negro durante a sua trajetória histórica e social. Minimiza-se por isso, inclusive, o número de escravos entrados durante o tráfico negreiro, fato que vem demonstrar como esses estudos, conforme já dissemos, assessoram, consciente ou inconscientemente, e municiam a subjacência racista de grandes camadas da população brasileira, mas, em especial, o seu aparelho de dominação. Não mostram a importância social do tráfico e não procuram (na sua maioria) demonstrar como a importância sociológica do tráfico não se cifra ao número de escravos importados mas em sua relevância estrutural, o que permite seus efeitos se evidenciarem em grupos e instituições da sociedade que foram organizados exatamente para impedi-lo, já que, a partir de 1830, o tráfico era oficialmente considerado ilegal.

Nesse particular, Robert Edgar Conrad[4] mostra como toda a máquina do Estado passa a servir de mantenedora e protetora desse tipo de comércio, citando a taxa ou comissão que os juízes recebiam (10,8%) para liberar as cargas de escravos ilegalmente desembarcados. Mas não era apenas o poder judiciário o conivente com o tráfico criminoso; o segmento militar participa também ativamente, de modo especial a Marinha, que tinha papel substantivo na repressão ao tráfico negreiro. Nele estavam envolvidos os mais significativos figurões e personalidades importantes da época: juízes, políticos, militares, padres e outros segmentos ou grupos responsáveis pela *normalidade* do sistema.

Em 1836, por exemplo, um certo capitão Vasques, comandante da fortaleza de São João, na entrada da baía do Rio de Janeiro, transformou-a em um depósito de escravos. Políticos apoiavam e conviviam abertamente com os traficantes. Manoel Pinto da Fonseca, um dos mais notórios contrabandistas de escravos, era companheiro de jogo do chefe de polícia e foi elevado a Cavaleiro da Ordem da Rosa Brasileira, honra imperial concedida por dom Pedro II.

Essa atitude sistemática de defesa ideológica e empírica de um tráfico ilegalizado por pressão da Inglaterra e pelas autoridades brasileiras não se dava acidentalmente, porém. Era uma decorrência da própria essência da estrutura do Estado brasileiro. Sem se fazer uma análise sociológica e histórico-dialética do seu conteúdo, não podemos entender esses padrões de comportamento da elite político-administrativa da época. Por não fazerem esse tipo de análise dialética, certos historiadores acadêmicos chegam a falar em uma "democracia coroada" (João Camilo de Oliveira Torres) para caracterizar o reinado de Pedro II. No entanto, como todo Estado de uma sociedade escravista, ele era inteiramente fechado a tudo aquilo que poderia ser chamado de democracia. Durante toda a existência do Estado brasileiro, no regime escravista, ele se destinava, fundamentalmente, a manter e defender os interesses dos donos de escravos. Isso quer dizer que o negro que aqui chegava coercitivamente na qualidade de semovente tinha contra si todo o peso da ordenação jurídica e militar do sistema, e, com isso, todo o peso da estrutura de dominação e operatividade do Estado.

O historiador Antônio Torres Montenegro elaborou, no particular, um esquema que explica muito bem o conteúdo do tipo de Estado escravista monárquico/constitucional e qual o seu papel e função.

Diz ele:

> Esta (a estrutura do Estado monárquico/escravista) se caracteriza pela rigidez e pela imobilidade. Isso se poderia evidenciar em muitos outros aspectos como: a escolha de eleitores e candidatos, feita conforme o critério de renda, o que exclui grande parcela da população, fato que a luta abolicionista (tornando livre muitos escravos) e o processo de naturalização dos imigrantes tende a corrigir; a intervenção direta do governo nas eleições da Câmara, sempre se formando maiorias parlamentares correspondentes aos gabinetes; a escolha de um senador vitalício entre os que compunham a lista tríplice, feita pelo Poder Moderador, em função de critérios pessoais; a existência, no interior da estrutura de poder, de um segmento vitalício, o Conselho de Estado (constituído de doze membros) e o Senado (constituído de sessenta membros) que, apesar de todas as crises, permanecia no poder e se constituía na base política do Poder Moderador.[5]

Esse tipo de estrutura de Estado (despótico na sua essência) altamente centralizado e tendo como espinha dorsal e suporte permanente dois segmentos vitalícios (o Conselho de Estado e o Senado) foi montado prioritariamente para reprimir a luta entre os escravos e a classe senhorial. Não foi por acaso, por isso mesmo, que o Brasil tornou-se o último país do mundo a abolir a escravidão.

O que caracteriza fundamentalmente esse período da nossa história social é a luta do escravo contra esse aparelho de Estado. E é, por um lado, exatamente esse eixo contraditório e decisório para a mudança social que é subestimado pela maioria dos sociólogos e historiadores do Brasil, os quais se comprazem em descrever detalhes, em pesquisar minudências, exotismos, encontrar analogias, fugindo, dessa forma, à tentativa de se analisar de maneira abrangente e científica as características, os graus de importância social, econômica, cultural e política dessas lutas. Toda uma literatura de acomodação se sobrepõe aos poucos cientistas sociais que abordam essa dicotomia básica, restituindo, com isso, ao negro escravo a sua postura de agente social dinâmico, não por haver criado a *riqueza comum*, mas exatamente pelo contrário: por haver criado mecanismos de resistência e negação ao tipo de sociedade na qual o criador dessa riqueza era alienado de todo o produto elaborado.

Em vista disso, a imagem do negro tinha de ser descartada da sua dimensão humana. De um lado havia necessidade de mecanismos poderosos de repressão para que ele permanecesse naqueles espaços sociais permitidos e, de outro, a sua dinâmica de rebeldia que a isso se opunha. Daí a necessidade de ser ele colocado como irracional, as suas atitudes de rebeldia como patologia social e mesmo biológica.

O aparelho ideológico de dominação da sociedade escravista gerou um pensamento racista que perdura até hoje. Como a estrutura da sociedade brasileira, na passagem do trabalho escravo para o livre, permaneceu basicamente a mesma, os mecanismos de dominação, inclusive ideológicos, foram mantidos e aperfeiçoados. Daí o autoritarismo que caracteriza o pensamento de quantos ou pelo menos grande parte dos pensadores sociais que abordam o problema do negro, após a Abolição. Veja-se, por exemplo, Oliveira Vianna. Para ele, o autoritarismo estava na razão direta da inferioridade do negro. Por isso defende uma organização oligárquica para a sociedade brasileira. Diz:

> Pelas condições dentro das quais se processou a nossa formação política, estamos condenados às oligarquias: e, felizmente, as oligarquias existem. Pode parecer paradoxal, mas numa democracia como a nossa, elas têm sido a nossa salvação. O nosso grande problema, como já disse alhures, não é acabar com as oligarquias:

é transformá-las – fazendo-as passarem da sua atual condição de oligarquias broncas para uma nova condição de oligarquias esclarecidas. Essas oligarquias esclarecidas seriam, então, realmente, a expressão da única forma de democracia possível no Brasil.[6]

Mas, segundo Oliveira Vianna, essas oligarquias, para ascenderem de broncas a esclarecidas teriam de se arianizar. Porque ainda, para ele,

> a nossa civilização é obra exclusiva do homem branco. O negro e o índio, durante o longo processo da nossa formação social, não dão, como se vê, às classes superiores e dirigentes que realizam a obra de civilização e construção, nenhum elemento de valor. Um e outro formam uma massa passiva e improgressiva, sobre que trabalha, nem sempre com êxito feliz, a ação modeladora da raça branca[7].

Toda a obra de Oliveira Vianna vai nesse diapasão. Continua a ideologia do Poder Moderador de dom Pedro II e procura ordenar a nossa sociedade através da "seleção racial". Não é por acaso que o mesmo autor chega a elogiar as teorias racistas e fascistas no plano político. Esse autoritarismo de Oliveira Vianna é uma constante no pensamento social e há um cruzamento sistemático entre essa visão autoritarista do mundo e o racismo.

Através de vieses menos agressivos, podemos ver que a defesa das oligarquias por parte de Oliveira Vianna poderá fundir-se à defesa dos senhores patriarcais de Gilberto Freyre. Em um dos seus livros, Freyre escreve defendendo, da mesma forma que Oliveira Vianna, a necessidade de reconhecermos realisticamente a função positiva das oligarquias:

> No Brasil do século passado [XIX], os publicistas e políticos de tendências reformadoras, defensores mais de ideias e de leis vagamente liberais que de reformas correspondentes às necessidades e às condições do meio, para eles desconhecido, sempre

escreveram e falaram sobre os problemas nacionais com um simplismo infantil. Para alguns deles o grande mal do Brasil estava indistintamente nos grandes senhores; nos vastos domínios; na supremacia de certo número de famílias. E para resolver essa situação bastava que se fizessem leis liberais. Apenas isto: leis liberais [...] Os senhores de engenho não constituíam um onipotente legislativo: tinham de desdobrar-se em executivo. Daí os "reis", mas "reis" à antiga, intervindo na atividade dos moradores e escravos, que alguns deles pareceram a Tollenare. O viajante francês viu senhores fiscalizando trabalhos; agradando a miuçalha preta; falando ríspido a negros enormes, certos do prestígio da voz e do gesto.[8]

As oligarquias de Oliveira Vianna têm muita semelhança com os senhores de engenho idealizados por Gilberto Freyre, pois são as formas diversificadas de um mesmo fenômeno. Ambos criaram e mantiveram os suportes justificatórios de uma sociedade de privilegiados, no Império ou na República. Entre os dois pensamentos há uma constante: a inferiorização social e racial do negro, segmentos mestiços e índios e a exaltação cultural e racial dos dominadores brancos.

Essa ligação entre racismo e autoritarismo é uma constante no pensamento social e político brasileiro. Outro sociólogo, Azevedo Amaral, um dos ideólogos do Estado Novo, escreve:

A entrada de correntes imigratórias de origem europeia é realmente uma das questões de maior importância na fase de evolução que atravessamos e não há exagero afirmar-se que do número de imigrantes da raça branca que assimilarmos nos próximos decênios depende literalmente o futuro da nacionalidade [...] Uma análise retrospectiva do desenvolvimento da economia brasileira desde o último quartel do século XIX põe em evidência um fato que aliás nada tem de surpreendente porque nele apenas reproduzia, em maiores proporções ainda, o que já ocorrera em fases anteriores da evolução nacional. As regiões para onde afluíram os contingentes de imigrantes europeus receberam um impulso progressista que as distanciou de tal modo das zonas desfavorecidas de imigração que entre as primeiras e as últimas se formaram diferenças de nível econômico e social, cujos efeitos justificam apreensões políticas. Enquanto nas províncias que não recebiam imigrantes em massa se observava marcha lenta do desenvolvimento econômico e social, quando não positiva estagnação do movimento progressivo, as regiões afortunadas a que iam ter em caudal contínuas levas de trabalhadores europeus foram cenário de surpreendentes transformações econômicas de que temos os exemplos mais importantes em São Paulo e no Rio Grande do Sul. Aliás, aconteceu entre nós o mesmo que por toda a parte onde as nações novas surgem e prosperam com a cooperação de elementos colonizadores vindos de países mais adiantados habitados por povos de raças antropologicamente superiores. [...] O problema étnico brasileiro – chave de todo destino da nacionalidade – resume-se na determinação de qual virá a ser o fator da tríplice miscigenação que aqui se opera e que caberá impor à ascendência do resultado definitivo do caldeamento. É claro que somente se tornará possível assegurar a vitória étnica dos elementos representativos das raças e da cultura da Europa se reforçarmos pelo fluxo contínuo de novos contingentes brancos. Os obstáculos opostos à imigração de origem europeia constituem portanto dificuldades deliberadamente criadas ao reforçamento dos valores étnicos superiores de cujo predomínio final no caldeamento dependem as futuras formas estruturais da civilização brasileira e as manifestações de seu determinismo econômico, político, social e cultural. [...] A nossa etnia está longe do período final de cristalização. E como acima ponderamos, os mais altos interesses nacionais impõem que se faça entrar no país o maior número possível de elementos étnicos superiores, a fim de que no epílogo do caldeamento possamos atingir um tipo racial capaz de arcar com as responsabilidades de uma grande situação.[9]

Isso foi escrito logo depois da implantação do Estado Novo, em livro elaborado para defendê-lo e justificar o seu autoritarismo.

Como vemos, há um *continuum* nesse pensamento social da *inteligência* brasileira: o país seria tanto mais civilizado quanto mais branqueado. Essa subordinação ideológica desses pensadores sociais demonstra como as elites brasileiras que elaboram esse pensamento encontram-se parcial ou totalmente alienadas por haverem assimilado e desenvolvido a ideologia do colonialismo. A esse pensamento seguem-se medidas administrativas, políticas e mesmo repressivas para estancar o fluxo demográfico negro e estimular a entrada de brancos "civilizados".

Repete-se na Literatura a Imagem Estereotipada do Pensamento Social

Esse aspecto alienante que se encontra na literatura antropológica, histórica e sociológica, e que tem suas raízes sociais na estrutura despótica e racista do aparelho de Estado escravista, e, posteriormente, na estrutura intocada da propriedade fundiária, encontra-se, também, na literatura de ficção da época do escravismo, com desdobramentos visíveis e permanentes após a sua extinção.

O mundo ficcional, o imaginário desses romancistas ainda estava impregnado de valores brancos, o seu modelo de beleza ainda era o greco-romano e os seus heróis e heroínas tinham de ser pautados por esses modelos. E a nossa realidade ficava desprezada como temática: os heróis tinham de ser brancos como os europeus e a massa do povo apenas pano de fundo dessas obras.

Em toda essa produção, nenhuma personagem negra entrou como herói. O problema do negro na literatura brasileira deve comportar uma revisão sociológica que ainda não foi feita. Quando se inicia a literatura nacional romântica, na sua primeira fase, ela surge exatamente para negar a existência do negro, quer social, quer esteticamente. Toda a ação e tudo o que acontece nessa literatura tem de obedecer aos padrões *brancos* ou se esforça em exaltar o índio, mas um índio distante, europeizado, quase um branco naturalizado índio. Idealização de um tipo de personagem que não participava da luta de classes ou dos conflitos, como o negro, mas era uma idealização de fuga e escape para evadir-se da realidade sócio racial que a sociedade *branca* do Brasil enfrentava na época. Tal configuração representava mais aspectos das ideias de Rousseau e do romantismo do "bom selvagem", tornado quase um cavaleiro europeu, do que uma tentativa de mostrar a situação de extermínio do índio brasileiro. A finalidade dessa postura era, de um lado, descartar o negro como ser humano e heroico para colocá-lo como exótico-bestial da nossa literatura, e, de outro, fazer-se uma idealização do índio em oposição ao negro. Não se abordava o índio que se exterminava nas longínquas dimensões geográficas daquela época destruído pelo branco. O índio do romantismo brasileiro era, por tudo isso, uma farsa ideológica, literária e social. Tratava-se de uma contrapartida fácil para se colocar o quilombola, o negro insurreto e o revolucionário negro, de um modo geral, como anti-herói dessa literatura de fuga e alienação. Esse indianismo europeizado entrava como um enclave ideológico necessário para se definir o negro como inferior numa estética que, no fundamental, colocava-o de um lado como a negação da beleza e, de outro, como anti-herói, facínora ou subalterno, obediente, quase que ao nível de animal conduzido por reflexos.

Temos o exemplo de Machado de Assis que escreve durante a escravidão como se vivesse uma realidade urbana europeia, querendo branquear suas personagens, heróis e heroínas. Toda a primeira geração romântica, por isso mesmo, é uma geração cooptada pelo aparelho ideológico ou burocrático do sistema escravista. Por causa disso, não podiam criar uma literatura que refletisse o nosso *ser* cultural. Tinham de ir buscar fora os elementos com os quais representavam a sua forma de expressão e de criação literária. Escreve, analisando essa situação estrutural, Nelson Werneck Sodré:

> É interessante distinguir um aspecto a que temos concedido, em regra, atenção distante, quando a concedemos: aquele que se refere à origem de classe dos homens de letras, já mencionado, de passagem, ligando-se agora ao detalhe de fazerem tais

homens de letras seus estudos na Europa. O costume, próprio da classe proprietária, de mandar os filhos estudar em Coimbra e, mais adiante, nos centros universitários mais conhecidos, particularmente na França, constituía, não só um inequívoco sinal de classe, como o caminho natural para a evasão da realidade da colônia e do país, tão diversa do ambiente em que iam aprimorar os conhecimentos e que lhes pareceria o modelo insuperado. A alienação – que é ainda um traço de classe –, uma vez que não podiam tais elementos solidarizar-se com um povo representado, em sua esmagadora maioria, por escravos e libertos pobres, em que a classe comercial mal começava a se definir e era vista com desprezo, corresponderia, no fundo, à secreta ânsia de disfarçar em cada um o que lhe parecia inferior, identificando-se com o modelo externo tão fascinante. E tais elementos, cuja formação mental os distanciava do seu país, e, cujas origens de classe os colocavam em contrastes com este, ligando-os ao estrangeiro, eram os que formavam os quadros imperiais, quadros a que os cursos jurídicos atendiam: "Já então as Faculdades de Direito eram antessalas da câmara", conforme observou Nabuco.[10]

Por essas razões sociais, toda a primeira geração romântica é cooptada pelo aparelho ideológico e burocrático do sistema escravista representado pelos diversos escalões do poder, terminado no Imperador. Gonçalves de Magalhães, introdutor oficialmente do romantismo poético, vai ser diplomata na Itália, tendo publicado o seu primeiro volume de versos em Paris; Joaquim Manoel de Macedo será preceptor da família imperial; Gonçalves Dias vive pesquisando na Europa às expensas de dom Pedro II durante muitos anos; Manoel Antônio de Almeida, com pouco mais de vinte anos, é nomeado administrador da Tipografia Nacional, o que corresponderia hoje a diretor da Imprensa Oficial; e José de Alencar, o maior ficcionista romântico (indianista), será Ministro da Justiça em gabinete do Império.

Toda essa ligação orgânica com o sistema irá determinar ou condicionar, em graus maiores ou menores, o conteúdo dessa produção. Nas outras atividades culturais, a subordinação se repete e o caso de Carlos Gomes é conhecido: tendo composto a ópera *O*

Escravo, com libreto de Taunay, foi forçado a modificá-lo, substituindo a sua personagem central, que era negro, por um escravo índio. Carlos Gomes também estava estudando na Europa através do mecenato do Imperador.

Aqui cabe fazer uma distinção: a literatura dessa época por vezes aborda o *escravo* no seu sofrimento ou na sua lealdade, humilde muitas vezes, outras vezes querendo a sua liberdade. Os demais segmentos em que se divide a classe escrava são também abordados; a mãe preta, a mucama doméstica e até relações incestuosas entre filha de escrava com o sinhozinho, filhos do mesmo pai. O que nessa literatura está ausente é o negro como ser, como homem igual ao branco, disputando no seu espaço a sua afirmação como *herói romântico*. Escreve, nesse sentido, Raymond S. Sayers:

> Até mesmo o sentimento escravista que originou vasta literatura no século XVIII na Inglaterra, na França e mesmo na Alemanha de Herder com o seu *Neger-Idyllen*, está ausente dessa poética de imitação. Em verdade, embora os negros povoassem bastantemente o panorama social, os poetas preferiram ver apenas com os olhos da imaginação ninfas e pastores encantadores, em vez de ver a realidade de escravos e mulatinhas inquietos e andrajosos. Há somente dois poemas em que os negros aparecem como indivíduos, o *Quitúbia*, de José Basílio da Gama, em que um negro nobre é o herói, e o *Caramuru*, de Santa Rita Durão, que dedica algumas estâncias ao episódio de Henrique Dias. Fora disso, na maioria das vezes em que o negro aparece nessa poesia, é como mero pormenor do ambiente, figura digna de piedade no egoísmo melancólico de quem o observa.[11]

Outros exemplos poderiam ser dados mas, ao que nos parece, já expusemos o suficiente para demonstrar como essa literatura era representativa de um sistema social, o escravismo, e somente a partir da compreensão desse fato poderemos analisar em profundidade o seu conteúdo e a sua função.

Uma exceção deve ser feita, em nosso entender, já na segunda fase do romantismo: trata-se de Castro Alves, provavelmente único que ressaltou em sua obra o papel social e ativo do escravo negro na sua dimensão de rebeldia e na sua interioridade existencial, criando poemas com personagens negros. Com Castro Alves, o negro se humaniza, deixa de ser a besta de carga ou o facínora, ou, então, componente da galeria de humilhados e ofendidos da primeira geração. Castro Alves é, por isso, o grande momento da literatura brasileira, porque coloca o negro escravo como homem que pensa e reivindica, que ama e luta. Um exemplo para mostrar a diferença de universos sociais e estéticos entre ele e Gonçalves Dias: Castro Alves escreve o seu grande poema *O Navio Negreiro* sem nunca ter visto uma dessas embarcações, pois o tráfico foi extinto em 1850, enquanto Gonçalves Dias, que teve oportunidade de vê-las, às dezenas, provavelmente no seu cotidiano, jamais usou-as como temática dos seus versos.

Castro Alves poderia ter visto algum barco do tráfico interprovincial, mas nunca um *tumbeiro* como ele descreve no seu poema. Por outro lado, quando escreveu "Saudação a Palmares", os negros quilombolas ainda existiam e eram caçados como criminosos. No entanto, ele inverteu os valores e, em vez de apresentá-los como criminosos perturbadores, apresenta-os como heróis.

Essa literatura orgânica, que funcionou como superestrutura ideológica do sistema, é argamassa cultural de manutenção que atravessa o período do escravismo e penetra na sociedade de capitalismo dependente que persiste até hoje. Por isso, somente com Lima Barreto, que morre em 1922, o negro se redignifica como personagem ficcional, como ser humano na sua individualidade. Depois de Lima Barreto, exceção feita ao romance *Macunaíma*, de Mário de Andrade, na fase modernista, somente com a geração de 1930 ele aparece sem ser apenas componente exótico, sem interioridade, sem sentimentos individuais.

Surgem então *Moleque Ricardo,* de José Lins do Rego, e *Jubiabá,* de Jorge Amado, assim mesmo ainda relativamente folclorizados. Mas, de qualquer forma, percebe-se um avanço no comportamento do imaginário de nossos escritores em relação ao negro. Dessa época em diante é que o negro vai entrar mais detalhada e amiudadamente em nossa novelística. Porém, a dívida de nossos intelectuais e romancistas em particular para com o negro ainda não foi resgatada. A consciência crítica dos nossos intelectuais em relação ao problema étnico do Brasil em geral, e do negro, no particular, ainda não se cristalizou em nível de uma reformulação das categorias ideológicas e estéticas com as quais manipulam a sua imaginação. Ainda são muito europeus, *brancos,* o que vale dizer, ideologicamente colonizados.

O Dilema e as Alternativas

Toda essa produção cultural, quer científica quer ficcional, que escamoteia ou desvia do fundamental o problema do negro nos seus diversos níveis, desvinculando-o da dinâmica dicotômica produzida pela luta de classes, na qual ele está inserido, mas com particularidades que o transformam em um problema específico ou com especificidades que devem ser consideradas, fez com que pouco se acrescentasse às generalidades ou lugares-comuns em sua maioria ditos sobre ele. Somente a partir das pesquisas patrocinadas pela Unesco, após a Segunda Guerra Mundial, essas generalidades otimistas e ufanistas foram revistas com rigor científico e reanalisadas. Uma dessas generalidades refere-se, constantemente, à existência de uma *democracia racial* no Brasil, exemplo que deveria ser tomado como paradigma por outras nações. Nós éramos o laboratório onde se conseguiu a solução para os problemas étnicos em sentido planetário. Os resultados dessas pesquisas, no entanto, foram chocantes aos adeptos dessa filosofia racial. Constatou-se que o brasileiro é altamente preconceituoso e o mito da *democracia racial* é uma ideologia arquitetada para esconder uma realidade social altamente conflitante e discriminatória no nível de relações interétnicas.

Aqueles conceitos de acomodação, assimilação e aculturação – conforme veremos depois –, que explicavam academicamente as relações raciais no Brasil, foram altamente contestados e iniciou-se um novo ciclo de enfoque desse problema. Verificou-se, ao contrário, que os níveis de preconceito eram muito altos e o mito da *democracia racial* era mais um mecanismo de barragem à ascensão da população negra aos postos de liderança ou prestígio, quer social, cultural ou econômico. De outra maneira, não se poderia explicar a atual situação dessa população, o seu baixo nível de renda, o seu confinamento nos cortiços e favelas, nos pardieiros, alagados e invasões, como é a sua situação no momento.

Esse mecanismo permanente de barragem à mobilidade social vertical do negro, com os diversos níveis de impedimento à sua ascensão na grande sociedade, muitos deles invisíveis, os entraves criados pelo racismo, as limitações sociais que impediam o negro de ser um cidadão igual ao branco, e, finalmente, a defasagem sócio histórica que o atingiu frontal e permanentemente após a Abolição, como cidadão, indo compor as grandes áreas gangrenadas da sociedade do capitalismo dependente que substituiu à escravista, toda essa constelação é como se fosse um viés complementar, preferindo-se, por isso, a elaboração de monografias sobre o candomblé e o xangô, assim mesmo desvinculado do seu papel de resistência social, cultural e ideológica, mas vistos apenas como reminiscências religiosas trazidas da África.

No entanto, após as pesquisas patrocinadas pela Unesco e que tiveram Florestan Fernandes e Roger Bastide como responsáveis na cidade de São Paulo, L.A. Costa Pinto, no Rio de Janeiro, e Thales de Azevedo, na Bahia, houve a necessidade de uma reordenação teórica e metodológica por parte de alguns cientistas sociais, destacando-se, no particular, Florestan Fernandes, Octávio Ianni, Emília Viotti da Costa, L.A. Costa Pinto, Clóvis Moura, Jacob Gorender, Lana Lage da Gama Lima, Luís Luna, Décio Freitas, Oracy Nogueira, Joel Rufino dos Santos, Carlos A. Hasenbalg e alguns outros que, preocupados não apenas com o tema acadêmico, mas também com os problemas étnicos emergentes na sociedade brasileira e os possíveis conflitos raciais daí decorrentes, estão tentando uma revisão do nosso passado escravista e do presente racial, social e cultural das populações negras do Brasil.

Essa situação concreta irá criar nódulos de resistência, tensão ou conflitos sócio racistas, agudizando-se, especialmente, o preconceito de cor à medida que certos setores urbanos da comunidade negra começam a analisar de forma crítica essa realidade na qual estão engastados e reagem contra ela. Desse momento de reflexão surgem várias entidades negras de reivindicação, não apenas pesquisando dentro de simples parâmetros acadêmicos, mas complementando-os com uma práxis atuante, levantando questões, analisando fatos, expondo e questionando problemas, e, finalmente, organizando o negro, através dessa reflexão crítica, para que os problemas étnicos sejam solucionados.

É uma convergência tentada entre as categorias científicas e a práxis que vem caracterizar a última fase dos estudos sobre o negro. O negro como ser pensante e intelectual atuante articula uma ideologia na qual unem-se a ciência e a consciência.

Evidentemente que não se pode falar, ainda, em uma consciência plenamente elaborada, mas de uma posição crítica em processo de radicalização epistemológica a tudo ou quase tudo que foi feito antes, quando se via o negro apenas como objeto de estudo e nunca como sujeito ativo no processo de elaboração do conhecimento científico.

Em face da emergência dessa nova realidade, muitos cientistas sociais acadêmicos não aceitam, ainda, essa posição como válida cientificamente, mas apenas mensurável como ideologia, *bandeira de luta,* ponta de lança de ação e de combate. A unidade entre teoria e prática repugna a esses cientistas que ainda não querem permitir à *intelligentsia* negra participar do processo dialético do conhecimento.

É nessa encruzilhada que os estudos sobre o negro brasileiro se situam. Há encontros e desencontros entre as duas tendências: de um lado a acadêmica, universitária, que postula uma ciência neutra, equilibrada, sem interferência de uma consciência crítica e/ou revolucionária, e, de outro, o pensamento elaborado pela intelectualidade negra ou outros setores étnicos discriminados e/ou conscientizados, também interessados na reformulação radical da nossa realidade racial e social.

Evidente que esses movimentos negros estão começando a elaboração do seu pensamento, nada tendo ainda de sistemático ou unitário. Muito pelo contrário. Isso, porém, não quer dizer que seja menos válido do que a produção acadêmica, pois ele é elaborado na prática social, enquanto o outro se estrutura e se desenvolve nos laboratórios petrificados do saber acadêmico.

Podemos supor, por isso, dois caminhos diferentes que surgirão a partir da encruzilhada atual. Um se desenvolverá à proporção que a luta dos negros e demais segmentos, grupos e/ou classes interessados na reformulação radical da sociedade brasileira se dinamizarem política, social e cientificamente. Do outro lado continuará a produção acadêmica, cada vez mais distanciada da prática, sofisticada e anódina.

Essa produção acadêmica evidentemente estudará, também, como elemento de laboratório, o pensamento dinâmico/radical elaborado pelos negros na sua luta contra a discriminação racial, o analfabetismo, a injusta distribuição da renda nacional nos seus níveis sociais e étnicos. Ela chamará de *ideológica* a proposta dessa prática política, cultural, social e racial. No entanto, esse pensamento novo, elaborado pela *intelligentsia negra* (não obrigatoriamente por negros), tem a vantagem de ser testado na prática, enquanto o pensamento acadêmico servirá apenas para justificar títulos universitários.

2.

Sincretismo, Assimilação, Acomodação, Aculturação e Luta de Classes

Antropologia e Neocolonialismo

No presente capítulo, queremos discutir a insuficiência de conceitos comumente manipulados por alguns antropólogos brasileiros, em especial no que diz respeito ao conteúdo das relações entre negros e brancos no Brasil. O esquecimento, por parte do antropólogo ou sociólogo, ao analisar o processo de interação, da posição estrutural das respectivas etnias portadoras de padrões de cultura diversos (sem levar em conta, portanto, a estrutura social em que esse processo de contato se realiza) leva a que se tenha, no máximo, uma compreensão acadêmica do problema, nunca, porém, o seu conhecimento captado no processo da própria dinâmica social. Isso porque, antes de examinarmos esses contatos culturais, temos de situar o modo de produção no qual eles se realizam, sem o que ficaremos sem possibilidade de analisar o conteúdo social desse processo. É sobre exatamente essa problemática teórica que iremos tecer considerações para reflexão epistemológica dos interessados.

Queremos nos referir, aqui, em particular, aos conceitos de *sincretismo, assimilação, acomodação* e *aculturação* quando aplicados em uma sociedade poliétnica, e, concomitantemente, dividida em classes e camadas com interesses conflitantes e/ou antagônicos, interesses e conflitos que servem de combustível à sua dinâmica, ou seja, produzem a luta de classes, para usarmos o termo já mundialmente consagrado nas ciências sociais. Achamos, por isso, que não será inútil remetermos o leitor a uma posição reflexiva em relação àquilo que nos parece ser mais importante para levar a antropologia e as ciências sociais de um modo geral (num país como o nosso, poliétnico e, ao mesmo tempo, subordinado a um polo metropolitano externo) a terem um papel mais vinculado à prática social, saindo, assim, de uma posição de ciência pura e contemplativa, equidistante da realidade empírica e somente reconhecida na sua práxis acadêmica (teórica). A revisão desses conceitos tão caros a uma certa ciência social colonizadora, usada pelo colonizado, remete-nos à própria origem da antropologia e à sua função inicial de municiadora do sistema colonial, à atividade prática que exerceu no sentido de *racionalizar* o colonialismo e à necessidade de uma reavaliação crítica do seu significado no conjunto das ciências sociais. A sua posição eurocêntrica e umbilicalmente ligada à expansão do sistema colonial deixou, como não podia deixar de ser, uma herança ideológica que permeia e se manifesta em uma série de conceitos básicos, até hoje usados pelos antropólogos em nível significativo.

No caso particular do Brasil, o fenômeno se reproduz quase que de maneira integral. Como país de economia reflexa, é evidente que reproduzimos o pensamento do polo metropolitano de forma sistemática, fato que se pode constatar não apenas no que diz respeito à antropologia, de presença bem recente, mas também em nosso pensamento social do passado. Dessa forma, ao colocarmos em discussão os conceitos acima explicitados, devemos dizer que o traumatismo de nascimento não é apenas da antropologia no Brasil, mas do nosso pensamento social de um modo geral, quase todo ele influenciado, em maior ou menor nível, pela ideologia do colonialismo.

Aliás, o caráter de municiador ideológico da política das metrópoles por parte da antropologia já foi destacado e denunciado por inúmeros sociólogos, os quais, insatisfeitos com a estrutura conceitual formalista dos antropólogos metropolitanos (coloniza-dores), começam a fazer uma revisão dos seus conceitos e da sua função. Nesse sentido, numa aproximação crítica geral do assunto, o professor Kabengele Munanga escreve que "Para se compreen-der a manifestação de resistência e a persistência dessa atitude de recusa da antropologia estrangeira pelas populações africanas, faz-se necessário fazer a história crítica ou a crítica ideológica da antropologia desde os inícios da colonização até as independên-cias desses países e mesmo depois das independências, na situação chamada 'neocolonialismo'."[1]

Da nossa parte, já havíamos escrito em outro local que

> a substituição do *proletário pelo primitivo* não foi, contudo, um caso fortuito. Veio preencher aquele vazio de estudos que se fazia sentir sobre as relações metrópole/colônia colocadas na ordem do dia por uma série de fatores. Ora, essa literatura especializada ao tempo em que mostrava a temeridade de se procurar elevar o nível de vida dessas populações nativas criava técnicas de controle colonial, exercendo as autoridades domínio completo através dos chefes tribais. A destribalização era desaconselhada exatamente porque os nativos, ao abandonarem os seus valores originais, se inseriam num universo de ação completamente novo. Daí o inte-resse desses antropólogos em estabelecerem técnicas de controle partindo dos elementos nativos que mantinham o prestígio social entre os membros das respectivas tribos[2].

Kabengele Munanga, citando vários outros autores, refere-se a Stanislas Adotevi, do Daomé, o qual submeteu essa antropologia colonialista (etnologia) a uma crítica radical e contundente[3]. Essa visão crítica está se avolumando e, mais recentemente, os professo-res Iossif Grigulévitch e Semión Koslov, além de uma crítica teórica radical, detiveram-se na análise das vinculações dessa ciência com órgãos de inteligência e segurança das nações neocolonizadoras[4]. Centrando a sua análise na função neocolonizadora dessa antropologia, o professor Maurício Tragtenberg escreve:

Mais nítida é a vinculação entre o imperialismo e a antropologia. Por ocasião do fim da Guerra dos Boers (1899-1902), os antropólogos ingleses procuravam aplicar seus conhecimentos tendo em vista fins práticos. O Royal Anthropological Institute apresentou, na época, ao Secretário de Estado para as Colônias, a proposta para que se estudassem as leis e instituições da diferenciação tribal na África do Sul. Tal estudo tinha em mira criar uma base política administrativa "racional". A administração dos povos coloniais sempre foi considerada terreno privilegiado para a aplicação do conhecimento antropológico. Os governos coloniais tinham noções diversas sobre a rapidez do processo de "ocidentalização" dos "primitivos".[5]

O mesmo autor passa a enumerar a função instrumental dessa antropologia – que tem como alguns de seus agentes principais os chamados por ele de *antropólogos coloniais* – como funcionários da Administração Colonial nas colônias inglesas da África Tropical, dando cursos de antropologia aos governos dominadores. A pedido da Administração Colonial, Meyer-Fortes escreveu sobre costumes matrimoniais dos Tallesi e Rattgray escreveu sobre os Ashanti, tudo isso objetivando o controle colonial, via controle cultural. Houve também em Tanganica experimentos de antropologia aplicada em que um antropólogo fez pesquisas com base em perguntas específicas formuladas por um burocrata colonial. O governo britânico na Nigéria e Costa do Ouro sempre partilhou a ideia de que os nativos com posição tradicional eram melhores agentes locais da política do governo, o mesmo ocorrendo com o colonialismo belga que, na formação dos funcionários, segundo o antropólogo Nicaise, dedicava mais tempo ao estudo da etnografia e do direito costumeiro do que a Grã-Bretanha. Mas essa vinculação da antropologia com o sistema colonial vai mais além. Em 1926, fundou-se o Instituto Internacional Africano para dedicar-se à pesquisa em antropologia e linguística. O conhecimento (dos povos nativos) ajudaria o administrador a fomentar o crescimento de uma *sociedade orgânica sã e progressiva*. O East African Institute, por seu turno, especializou-se em estudar as consequências sociais da emigração da mão de obra, as causas de as deficiências dos chefes de aldeias africanas atuarem como agentes da política do governo colonial.

O Rhodes Livingstone Institute estudou a urbanização nas minas de cobre da África Central e o West African Institute pesquisou as populações empregadas nas explorações agrícolas da Cameroons Development Corporation.

Mas essas pesquisas não se limitavam à área de exploração econômica das regiões colonizadas. Desdobravam-se também em auxiliares de objetivos militares. Diz Maurício Tragtenberg que é "por ocasião da Segunda Guerra Mundial que o governo norte-americano *empregou antropólogos com a finalidade de explicar a cultura das zonas ocupadas àqueles membros do Exército que precisavam do trabalho dos nativos como operários, ou mensageiros*"[6]. Depois de citar numerosos outros exemplos da *aplicação* da antropologia em projetos militares por parte dos colonizadores, Maurício Tragtenberg conclui: "O conhecimento antropológico pode servir ao imperialismo; desse modo, um 'antropólogo crítico' não poderá 'esquentar' durante muito tempo uma cadeira no Centre National de Recherche Scientifique ou na Universidade de Cambridge. Especialmente se ele for voltado ao *atual*."[7]

Como vemos há, de fato, uma vinculação entre as formulações teóricas e a instrumentalidade dessa antropologia. Daí um pesquisador citado por Michel T. Clare afirmar que "outrora, a boa receita para vencer a guerrilha era ter dez soldados para cada guerrilheiro; hoje, dez antropólogos para cada guerrilheiro"[8].

Do "Primitivismo Fetichista" à "Pureza" do Cristianismo

Mas, voltando àquilo que nos interessa de modo central, queremos destacar aqui que certos conceitos da antropologia revelam, de forma transparente, outras vezes em diagonal, a sua função de ciência auxiliar de uma estrutura neocolonizadora.

Sobre o conceito de *sincretismo,* tão usado pelos antropólogos brasileiros que estudam as relações interétnicas no particular da religião, convém destacar que até hoje ele é usado, quase sempre, para definir um contato religioso prolongado e permanente entre membros de culturas superiores e inferiores. A partir daí, de um conceito de religiões *animistas* em contato com o catolicismo basicamente superior, o qual é, na maioria das vezes, a religião do próprio antropólogo, passa-se a analisar os seus efeitos.

O professor Waldemar Valente, em um trabalho muito difundido e acatado sobre o sincretismo afro-brasileiro/católico, assim define o processo:

> O trabalho do sincretismo afro-cristão, a princípio, como já tivemos ocasião de assimilar, não passou de mera acomodação. Tal fenômeno, como já ficou acentuado, foi devido à momentânea incapacidade mental do negro para assimilar os delicados conceitos do Cristianismo. A impossibilidade de uma rápida integração. Condição que não deve ser menosprezada na obra de assimilação, que constitui, ao nosso ver, o processo final do sincretismo, é o tempo. O que parece certo, como tivemos oportunidade de chamar a atenção, é que os negros recebiam a religião como uma espécie de anteparo por trás do qual escondiam ou disfarçavam conscientemente os seus próprios conceitos religiosos. [...] Das pesquisas que temos realizado na intimidade dos *xangós* pernambucanos não nos tem sido difícil constatar a influência sempre crescente que o catolicismo vem exercendo sobre o fetichismo africano.[9]

Queremos destacar, aqui, a forma como Waldemar Valente coloca o problema do sincretismo: de um lado o cristianismo (aliás ele escreve a palavra com "C" maiúsculo) e, de outro, o fetichismo africano. Uma religião delicada (superior) e outra fetichista (inferior). Daí, evidentemente, a influência sincrética ter de ser como ele conclui, crescente da dominante (superior) sobre a dominada (inferior) ou, para continuarmos no mesmo nível de argumentação por ele desenvolvido: os negros, membros de uma religião fetichista, por incapacidade mental, "não tinham condições de assimilar, em curto prazo, os delicados conceitos do Cristianismo", o que somente se verificaria (após um período de acomodação) através da influência crescente do cristianismo (religião superior) nos *xangós* do Recife.

Jamais Waldemar Valente viu a possibilidade inversa, isto é, a influência cada vez maior daquelas religiões chamadas fetichistas no âmago das "delicadezas" do cristianismo. Não foi visto que dentro de um critério não valorativo não há religiões *delicadas* ou *fetichistas*, mas, em determinado contexto social concreto, religiões dominadoras e dominadas. Em nosso caso, dentro inicialmente de uma estrutura escravista, o cristianismo entrava como parte importantíssima do aparelho ideológico de dominação e as religiões africanas eram elementos de resistência ideológica e social do segmento dominado. Parece-nos que está justamente aqui a necessidade de se analisar a influência do conceito de *sincretismo* criticamente, pois ele inclui um julgamento de valor entre as religiões inferiores e superiores que, pelo menos no Brasil, reproduz a situação da estrutura social de dominadores e dominados.

Numa outra aproximação crítica, dessa vez sobre o problema específico do sincretismo *lato sensu,* Juana Elbein dos Santos escreve que:

> Desde bruxaria, magia, sistema de superstição, fetichismo, animismo, até as mais pudicas dominações dos cultos afro-brasileiros, toda uma multiplicidade de designação leva implícito negar o caráter de religião ao sistema místico legado pelos africanos e reelaborados pelo seus descendentes, despojando-os de valores transcendentais e encobrindo sobretudo o papel histórico da religião como instrumento fundamental – já que a independência espiritual foi durante longo tempo a única liberdade individual do negro – que nucleou os grupos comunitários que se constituíram

em centros organizadores da resistência cultural e da elaboração de um *éthos* específico que resistiu às pressões de desvalorização e de domínio. [...] A religião afro-brasileira, assim como o cristianismo, é o resultado de um longo processo de seleção, associações, reinterpretações de elementos herdados e outros novos, cujas variações foram se estruturando de acordo com as etnias locais e de um inter-relacionamento socioeconômico, mas todas elas delineando um sistema cultural básico que serviu de resposta às instituições oficiais.[10]

O painel de visualização aqui é bem outro na colocação e interpretação do problema das religiões e do processo sincrético. Já não temos, agora, conforme se vê, a superioridade e delicadeza do cristianismo e o fetichismo das religiões africanas, fato que levaria a que o cristianismo superior pulverizasse ou fragmentasse, neutralizasse ou inferiorizasse os valores religiosos das camadas animistas dominadas.

A falta de capacidade de captar as abstrações da religião *superior* é reanalisada e o universo religioso afro-brasileiro resgatado. Juana Elbein dos Santos não hierarquiza, mas desenvolve um pensamento que demonstra satisfatoriamente que tanto as religiões africanas e de seus descendentes como o cristianismo passaram pelo mesmo processo de elaboração genética. A diferenciação somente surge em consequência da inferiorização social, cultural e política daquelas populações que foram trazidas coercitivamente para o Brasil. É uma visão do dominador e não da religião superior que a autora desmistifica.

Cabe, portanto, agora, um momento de reflexão: até que ponto os antropólogos brasileiros, ou principalmente aqueles influenciados por um culturalismo colonizante, analisam e interpretam a influência dessas religiões a partir dos padrões da religião dominadora?

O sincrético, para muitos deles, somente é analisado a partir da *inferioridade* das religiões do dominado, razão pela qual a óptica analítica sempre parte daquilo que se incorporou ao espaço religioso do dominado, porém nunca, ou quase nunca, daquilo que o dominado incorporou e modificou no espaço religioso do dominador, concluindo-se, por isso, o processo, ainda segundo Waldemar Valente e outros que seguem a mesma orientação teórica, na *assimilação*.

Como vemos, há uma axiologia implícita, subjacente, nessa forma de se analisar o contato entre os dois universos religiosos: religiões africanas e afro-brasileiras e cristãs, especialmente católica. A assimilação seguirá apenas um caminho, não havendo possibilidade de um processo inverso? A essa possibilidade reage institucionalmente a religião dominadora, criando sanções contra essa contaminação à sua "pureza"[11].

Pretendemos demonstrar que, mesmo inconscientemente, o referencial básico de comparação, nesses estudos e pesquisas, é a religião dominante, considerada, por extensão, como superior. A posição de antropólogos, que se dizem imparciais, "científicos", não se distancia muito do que estamos afirmando. Partem de um critério subjetivista, eurocêntrico (algumas vezes paternalista e/ou romântico), por não considerarem as contradições sociais no seio das quais esse processo sincrético se realiza, para concluírem pela assimilação da religião oprimida no conjunto místico da religião dominadora.

Mesmo os católicos que desejam dar uma visão humanista à compreensão da inter-relação entre religiões diferentes têm de considerar o cristianismo (muitas vezes o catolicismo) como o referencial superior[12].

O teólogo Leonardo Boff, por exemplo, pensando a respeito dessa limitação, expõe assim o assunto:

> Pode ocorrer o processo inverso: uma religião entra em contato com o cristianismo e, ao invés de ser convertida, ela converte o cristianismo para dentro da sua identidade própria. Elabora um sincretismo utilizando elementos da religião cristã. Ela não passa a ser cristã porque sincretizou dados cristãos. Continua pagã e

articula um sincretismo pagão com conotações cristãs. Parece que algumas pesquisas têm revelado esse fenômeno com a religião (candomblé ou nagô) no Brasil.[13]

Mas, prossegue o mesmo autor:

> Isso não significa que a religião yoruba seja destituída de valor teológico. Significa apenas que ela deve ser interpretada não dentro dos parâmetros intrassistêmicos do cristianismo como se fora uma concretização do cristianismo, como é, por exemplo, o catolicismo popular, mas no horizonte da história da salvação universal. A religião yoruba concretiza, ao seu lado, o oferecimento salvífico de Deus; não é ainda um cristianismo temático que a si mesmo se nomeia, mas, por causa do plano salvífico do Pai em Cristo, constitui um cristianismo anônimo.[14]

A tese, decodificada para uma linguagem antropológica, significa a assimilação, a transformação das religiões afro-brasileiras, em última instância, em cristianismo popular, em religião que se purifica ao se aproximar dos valores dogmáticos do cristianismo, embora com espaços de concessão liberados pelos teólogos.

Queremos centrar a nossa análise no presente momento no sincretismo que se verifica entre as religiões afro-brasileiras e o cristianismo, especialmente o catolicismo, e, por isso, não iremos dar exemplos – históricos e atuais – de como o fenômeno acontece no que diz respeito ao contato entre as religiões indígenas e os grupos ou instituições cristãs[15].

Para esses estudiosos, antropólogos, sociólogos e/ou sacerdotes de várias formações teóricas, mas todos convergindo sincronicamente nas conclusões, depois de um período de *acomodação* (período de resistência, portanto, pois a *acomodação* pressupõe a consciência pelo menos parcial do conflito) o processo deverá desembocar fatalmente na *assimilação*. E, com isso, as religiões afro-brasileiras, por inferiores, fetichistas, e, por isso mesmo, incapazes de dar resposta às indagações e inquietações místicas satisfatórias dos afro-brasileiros, seriam diluídas na estrutura do catolicismo, religião capaz de responder a essas indagações à medida que os afro-brasileiros fossem se capacitando mentalmente a entender as delicadezas do catolicismo.

Assimilação Para Acabar Com a Cultura Colonizada

O problema da *assimilação*, no seu aspecto lato, tem uma conotação política. A política assimilacionista foi, sempre, aquela que as metrópoles pregavam como solução ideal para neutralizar a resistência cultural, social e política das colônias. O chamado processo civilizatório (as metrópoles tinham sempre um papel "civilizador") era tornar as populações subordinadas aos padrões culturais e valores políticos do colonizador. Esse aspecto já foi analisado por Amílcar Cabral. Diz ele:

> É, por exemplo, o caso da pretensa teoria da *assimilação* progressiva das populações nativas, que não passa de tentativa, mais ou menos violenta, de negar a cultura do povo em questão. O nítido fracasso dessa "teoria", posta em prática por algumas potências coloniais, entre as quais Portugal, é a prova mais evidente da sua inviabilidade, senão mesmo do seu caráter desumano. [...] Esses fatos dão bem a medida do drama do domínio estrangeiro perante a realidade cultural do povo dominado. Demonstram igualmente a íntima ligação, de dependência e reciprocidade, que existe entre o *fato cultural* e o *fato econômico* [político] no comportamento das sociedades humanas. [...] O valor da cultura como elemento de resistência ao domínio estrangeiro reside no fato de ela ser a manifestação vigorosa, no plano ideológico ou idealista, da realidade material e histórica da sociedade dominada ou a dominar. Fruto da história de um povo, a cultura determina simultaneamente a história pela influência positiva ou negativa que exerce sobre a evolução das relações entre o homem e o seu

meio e entre os homens ou grupos humanos no seio de uma sociedade, assim como entre sociedades diferentes.[16]

No caso específico do Brasil em relação às culturas afro-brasileiras, há nuanças diferenciadoras, pois não estamos diante de um país ocupado por membros de uma população estrangeira, mas o conteúdo do assimilacionismo, a sua estratégia ideológica é a mesma. Todas as técnicas de incentivo à assimilação, desde a catequese e cristianização aos planos regionais e "científicos" de etnólogos contratados por instituições colonizadoras, foram e continuam sendo empregadas para que a assimilação se mantenha acelerada. Apesar dessas nuanças específicas nas relações interétnicas entre "brancos" e negros no âmbito do contato religioso, o aparelho de dominação ideológico da religião católica dominadora continua atuando no sentido de fazer com que, via sincretismo, as religiões afro-brasileiras sejam incorporadas ao bojo do catolicismo e permaneçam assimiladas no nível de *catolicismo popular.*

Estabelecida uma escala de valores em cima das diferentes religiões em contato e elegendo-se o catolicismo como religião superior, teremos como conclusão lógica a necessidade de se fazer com que as religiões chamadas fetichistas, inferiores, se incorporem, também, aos padrões católicos ou cristãos de um modo geral. Esse processo deve se dar da mesma forma como, nos contatos étnicos, se apregoa um branqueamento progressivo da nossa população através da miscigenação até chegar-se a um tipo o mais próximo possível do branco europeu.

Essa assimilação assim concebida tem uma essência escamoteadora da realidade via valores neocolonialistas, ideologia que ainda faz parte do aparelho de dominação das classes dominantes do Brasil e de grandes camadas por elas influenciadas. Tomando-se como perspectiva de análise uma visão alienada do problema, a conclusão que se tira é de que, de fato, essas religiões fetichistas existentes devem ser incorporadas às civilizadas, e seus membros ou grupos, não assimilados, transformados em *quistos exóticos*, em *reservas* religiosas que não mais representam os padrões da cultura que foi e está sendo elaborada: a *cultura nacional*. Folcloriza-se, então, esses cultos religiosos não assimilados e eles são apresentados e/ou estudados como representantes de religiões enlatadas, resquícios do passado, fósseis religiosos sem nenhuma função dinâmica no presente.

Folclorizados os grupos representativos das religiões afro-brasileiras, passa-se a não se ver mais funcionalidade nas mesmas, isto é, elas não desempenham mais nenhum papel religioso dinâmico, servindo apenas para serem vistas, de fora para dentro, como, não direi um espetáculo, mas como *amostragem* de uma manifestação religiosa que não se encaixa mais no *sentido* da dinâmica da sociedade brasileira e da sua cultura nacional. São, portanto, objetos de estudo para se demonstrar como a assimilação incorporou as populações afro-brasileiras ao processo civilizatório; e a conservação dessas religiões, por outro lado, serve para mostrar a existência de grupos que não tiveram condições de acompanhar o ritmo assimilacionista do nosso desenvolvimento social, cultural e religioso, atrasando-se na história.

Em cima disso há, evidentemente, toda uma produção acadêmica bastante diversificada. Existe, mesmo, a participação de personalidades e autoridades acadêmicas em reuniões de entidades religiosas negras, todas, porém, ou a sua maioria esmagadora, vendo as religiões afro-brasileiras como componentes inferiores do mundo religioso institucional. O próprio paternalismo de alguns, que no passado se propuseram paradoxalmente a dar uma assistência psiquiátrica a essas entidades (Ulisses Pernambuco, em Recife), bem demonstra como ainda estamos longe de ver essas religiões como um dos componentes *normais* do mundo religioso de uma grande parte da nossa sociedade, da mesma forma que as religiões de outras etnias que para aqui vieram.

O que não se pode aceitar, mesmo sem se tomar nenhum partido religioso específico desta ou daquela religião – como é o nosso caso –, é ver-se as religiões afro-brasileiras consideradas como coisas exóticas, e, ao mesmo tempo, defender-se o reconhecimento do direito – aliás plenamente justificável – para outras religiões que vieram posteriormente, como o budismo do grupo japonês. Elas já se incorporaram aos padrões da nossa cultura, pelo menos regionalmente, mas as religiões afro-brasileiras devem ser assimiladas pelos padrões do catolicismo.

O que significa, em última instância, esse interesse assimilacionista da parte de entidades governamentais, grupos e instituições religiosas, segmentos da própria comunidade científica em relação às religiões dos descendentes de africanos? Temos de cristianizar os adeptos dessas religiões da mesma forma que somos forçados a branquear a nossa população? Por que o candomblé e outras formas de manifestação do mundo religioso afro-brasileiro devem ser vigiados, fiscalizados, assistidos e, muitas vezes, perseguidos, enquanto as demais religiões conseguem manter, conservar e desenvolver, dentro de padrões institucionais, os seus nichos religiosos, sem que sejam consideradas inferiores, exóticas, fetichistas, animistas ou patológicas?

É sobre esse assunto que iremos nos deter no nosso último nível de reflexão sobre o tema. As religiões africanas, ao serem transplantadas compulsoriamente para o Brasil, faziam parte de padrões culturais daquelas etnias que foram transformadas em populações escravas. Essas religiões assim transportadas eram, por inúmeros mecanismos estabelecidos pelo aparelho de dominação ideológica colonial, consideradas oriundas de populações "bárbaras" que, por isso mesmo, foram escravizadas. A religião dominante, do escravizador, no caso concreto que estamos analisando, o catolicismo, fazia parte desse mecanismo de dominação não apenas em nível ideológico, mas também em nível de participação estrutural no processo de escravização dessas populações.

Aculturação Substitui a Luta de Classes

Outro conceito abundantemente utilizado pelos nossos antropólogos e sociólogos no estudo das relações interétnicas no Brasil, em especial no relacionamento entre brancos e negros, é o de *aculturação*.

Temos a impressão, mesmo, de que esse conceito foi o mais usado nos últimos anos pelos cientistas sociais brasileiros na abordagem do assunto. O conceito de *aculturação* é empregado constantemente como aquele que explicaria e definiria de forma abrangente e satisfatória as formas de contato permanente e as transformações de comportamento entre a população negra dominante (antes da Abolição, escrava; depois, marginalizada) e os grupos representativos da cultura dominante do ponto de vista econômico, social e, por extensão, cultural. Ora, esse conceito, cunhado exatamente para explicar o contato entre aquelas culturas que se expandiam como transmissoras da "civilização" (colonizadores) e aqueles povos dominados, ágrafos, considerados portadores de uma *cultura primitiva*, exótica (colonizados) e cujos padrões, por isso mesmo, eram mais permeáveis a uma influência modificadora por parte da cultura dominadora, tem limitações científicas enormes.

Toda a manipulação conceitual objetivava demonstrar como nesse contato cultural os povos dominados sofriam a influência dos dominadores e disso resultaria uma síntese na qual os dominados também transmitiriam parte dos seus padrões aos dominadores, que os incorporaria à sua estrutura cultural básica. Com isso, os povos *aculturados* seriam beneficiados. Era como se não houvesse contradições sociais estruturais que dificultassem e/ou impedissem que os padrões culturais de etnias ou povo dominado fossem institucionalizados pela sociedade dominadora. Isto é, que religião, indumentária, culinária, organização familiar deixassem de ser vistas como padrões pertencentes a minorias ou grupos dominados e passassem à posição de padrões dominantes.

Na verdade, as coisas acontecem de forma diferente. No Brasil, o catolicismo continua sendo a religião dominante, a indumentária continua sendo a ocidental-europeia, a culinária afro-brasileira continua sendo apenas uma *cozinha típica* de uma minoria étnica e assim por diante. Isto é, no processo de aculturação os mecanismos de dominação econômica, social, política e cultural persistem determinando quem é superior ou inferior.

Para os culturalistas, no entanto, o ato de "dar e tomar" os traços e complexos culturais seria um todo harmônico e funcionaria como simples acréscimos quantitativos de cada uma das culturas em contato. Os elementos de dominação estrutural – econômico, social e político – de uma das culturas sobre a outra ficaram diluídos porque esses contatos permanentes trocariam somente ou basicamente o superestrutural. Religião, indumentária, culinária, organização familiar entrariam em intercâmbio, mas esse movimento, essa dinâmica de dar e tomar não se estenderia às formas fundamentais de propriedade, continuando, sempre, os membros da cultura superior como dominadores e os da inferior como socialmente dominados por manterem a posse dos meios de produção nas mãos dos membros da primeira.

O culturalismo exclui a historicidade do contato, não retratando, por isso, a situação histórico-estrutural em que cada cultura se encontra nesse processo. Dessa forma, não se pode destacar o conteúdo social do processo e não se consegue visualizar cientificamente quais são aquelas forças que proporcionam a dinâmica social e que, em nossa opinião, não têm nada a ver com os mecanismos do contato entre culturas. Para nós, esse dinamismo não está nesse contato horizontal de traços e complexos de culturas, mas na posição vertical que os membros de cada cultura ocupam na estrutura social, ou seja, no sistema de propriedade.

Isso quer dizer que a aculturação nada tem a ver com os mecanismos impulsionadores da dinâmica social nem modifica, no fundamental, a posição de dominados dos membros da cultura subalternizada.

Em outras palavras: os negros brasileiros podem continuar se aculturando constantemente influindo na religião, na cozinha, na indumentária, na música, na língua, nas festas populares, mas, no fundamental, esse processo não influirá nas modificações da sua situação na estrutura econômica e social da sociedade brasileira, a não ser em proporções não significativas ou individuais.

Com isso queremos dizer que os mecanismos que imprimem dinâmica à estrutura de qualquer sociedade poliétnica, dividida em classes, está em um nível muito mais profundo do que aqueles níveis da aculturação que não têm forças para produzir qualquer mudança social. Essa dinâmica surge de mecanismos internos das estruturas das sociedades poliétnicas, estabelecendo ritmos maiores ou menores de transformação. Enquanto a aculturação realiza-se em um plano passivo, a sociedade na qual essas culturas estão engastadas aciona outras forças dinamizadoras que nascem dos antagonismos surgidos da posição que os membros ou grupos de cada etnia ocupam no processo de produção.

Daí não podermos aceitar o conceito de *aculturação* como aquele que iria explicar as mudanças sociais, mas, pelo contrário, achamos que a aculturação em uma sociedade composta de uma cultura dominadora e de outras dominadas estimula a desigualdade social dos membros das dominadas através de mecanismos mediadores que neutralizam a sua revolta. Através desses mecanismos mediadores, os membros das culturas dominadas submetem-se ao controle da cultura dominante.

No particular, concordamos com Godfrey Lienhardt, quando afirma que "é necessário distinguir entre cultura como soma dos recursos materiais e morais de qualquer população e os sistemas sociais"[17].

Isso porque os mecanismos que produzem a mudança cultural têm pouca relação com aqueles que produzem a mudança social. O problema de uma sociedade poliétnica dividida em classes não pode ser resolvido apenas através da aculturação. Muitas vezes, pelo contrário, a aculturação pode servir para dificultar, amortecer ou diferenciar o processo de mudança social. Isso porque a estrutura social tem mecanismos diferentes daqueles que atuam no plano cultural. No caso específico do Brasil, queremos dizer que enquanto se realizou intensa e continuamente o processo de aculturação, pouco se modificou no nível econômico, social e político a situação do negro portador das culturas africanas.

Em palavras mais simples, esclarecedoras e objetivas: a aculturação não modifica as relações sociais e consequentemente as instituições fundamentais de uma estrutura social. Não modifica as relações de produção. No que diz respeito à sociedade brasileira, no seu relacionamento interétnico, podemos dizer que há um processo constante daquilo que se poderá chamar aculturação. Uma interação que leva a que muitos traços das culturas africanas e afro-brasileira realizem uma trajetória permanente de contato com a cultura dominante, aparecendo isso como uma realidade no cotidiano do brasileiro. No entanto, do ponto de vista histórico-estrutural, a nossa sociedade passou por apenas dois períodos básicos que foram: a. até 1888, uma sociedade escravista; b. de 1889 até hoje, uma sociedade de capitalismo dependente.

A circulação de traços das culturas africanas, seu contato com a cultura ocidental-cristã dominante, finalmente, os contatos horizontais no plano cultural, quase nada influíram para mudanças substantivas da sociedade brasileira. O culturalismo, como vemos, não dá elementos de análise e interpretação para saber-se as causas que determinaram essas mudanças. Conforme veremos em outro capítulo deste livro, as populações descendentes das culturas africanas, apesar do grande ritmo e intensidade do processo aculturativo, continuam congeladas nas mais baixas camadas da nossa sociedade. Os níveis de dominação e subordinação quase não se modificaram durante praticamente quinhentos anos. A dinâmica social que produz a mudança depende de um conjunto de causas que nada têm a ver com o nível e extensão do processo aculturativo. Em consequência, os costumes funerários, organização familiar, formas de casamento não institucionais, religião, festas religiosas, grupos de lazer, culto, ritual, técnicas agrícolas domésticas, arquitetura rústica, pintura etc., todos esses traços culturais podem ser incorporados à cultura dominante, contanto que, na estrutura social, eles continuem sendo elementos de uma cultura de *folk*, primitivista ou agregados suplementares à cultura dominante. Jamais esses traços ascenderão ao nível de dominantes. Isso somente acontecerá se houver um processo de mudança social radical que eleve os componentes da cultura afro-brasileira à dominação social e política.

Absolutizando-se o processo aculturativo iremos desembocar diretamente no conceito de *democracia racial*, tão caro a inúmeros sociólogos e políticos brasileiros. Uma branca dançando em uma escola de samba com um negro não seria símbolo dessa democracia tão apregoada, via canais da aculturação? Nada mais lógico dentro dessa óptica de análise da realidade. No entanto, socialmente, esses dois membros da escola de samba estão inseridos em uma escala de valores e de realidade social bem diferentes e em espaços sociais imensamente distantes. Simbolicamente, contudo, eles são projetados como elementos que comprovam como, através da aculturação, chegamos a diluir os níveis de conflitos sociais existentes.

A realidade demonstra o contrário. O modo de produção que existe no Brasil é o capitalismo dependente. As relações de produção determinam, em última instância, a estrutura básica da nossa sociedade, alocam no espaço social diversas classes e frações de classes que, por seu turno, são dinamizadas de acordo com o nível da luta de classes.

Por questões de formação histórica, os descendentes dos africanos, os negros de um modo geral, em decorrência da sua situação inicial de escravos, ocupam as últimas camadas da nossa sociedade. Em consequência, a sua cultura é também considerada inferior e somente entra no processo de contato como sendo cultura primitiva exótica, assimétrica e perturbadora daquela unidade cultural almejada e que é exatamente a branca, ocidental e cristã. A aculturação, por isso, é aceita (permitida) porque cria espaços culturais neutros para que os negros não se unam "ante a desgraça comum", como já dizia o Conde dos Arcos. Não é portanto um elemento de dinâmica social, mas um mecanismo usado pelas classes dominantes e os seus seguidores ideológicos para neutralizar a radicalização da população negra, de um lado, e, de outro, mostrar-nos internacionalmente como a maior democracia racial do mundo.

No entanto, do ponto de vista de estrutura social, de um lado, e aculturação, do outro, podemos esquematizar essa realidade da seguinte forma:

Pelo gráfico acima, podemos ver que a sociedade brasileira na sua trajetória econômico-social teve apenas dois modos de produção. O primeiro foi o escravista e o segundo o capitalista (dependente). Enquanto isso, houve um fluxo permanente do processo aculturativo entre as culturas africanas dominadas e a cultura branca dominante, sem que esse processo tivesse influído na mudança social estrutural, isto é, na passagem de um modo de produção para outro. Prova de que o processo aculturativo não influiu em nenhuma mudança substantiva da sociedade brasileira, ou seja, nas suas relações de produção.

Alguns antropólogos no Brasil, ao sentir a insuficiência dos métodos culturalistas e dos seus conceitos fundamentais, como o de *aculturação*, procuram completá-los com a psicanálise. Artur Ramos foi o mais representativo desses cientistas sociais. Ele acreditava, mesmo, que a junção da psicanálise com o método histórico-cultural seria a chave para a compreensão científica das relações interétnicas no Brasil. Esse conceito – *aculturação* – surgiu exatamente para racionalizar os contatos entre membros de sociedades ou grupos sociais colonizados e grupos de dominação colonizadores. Isso Ramos não viu. A sua junção com a psicanálise, numa opção pendular, demonstra a resistência desses cientistas sociais a uma opção pelo método dialético diante do problema. Artur Ramos, por isso mesmo, escreve em 1937:

> O método histórico-cultural em etnologia evidentemente veio trazer novas luzes e múltiplos problemas de gênese e desenvolvimento das culturas materiais e espirituais dos grupos humanos. Mas não resolveu certas questões de psicologia social, ainda pendentes de solução. Para os que me criticam um não exclusivismo na aplicação daquele método aos meus livros sobre as culturas negras no Brasil, lembro que hoje certos tratadistas se batem por uma conciliação de critérios metodológicos. […] Por outro lado, há uma aproximação, cada vez maior, entre os historiadores e os psicólogos. Destaco apenas os interessantíssimos trabalhos de Kurt Lewin, aplicando à psicologia social os resultados metodológicos da Gestalt, e os de Sapir e de multidão de outros autores, aproximando a antropologia cultural da psicanálise.[18]

Essa opção pendular entre antropólogos que sentem a insuficiência do método histórico-cultural ou funcionalista e assumem uma postura crítica em relação aos mesmos, substituindo-os pela psicanálise, persiste até hoje. Por exemplo, o *cultural scientist* (antropólogo) Gerard Kubik, ao criticar as posições culturalistas, propõe a explicação do comportamento dos colonialistas através de categorias da psicanálise.

Gerard Kubik esteve em 1965 no continente africano, especialmente em Angola, onde exerceu intensa atividade como pesquisador, particularmente sobre as instituições *mukanda* do leste daquele país. Em entrevista concedida ao suplemento *Vida & Cultura*, de Luanda, combate sistematicamente o conceito de aculturação. Afirma:

> Eu hoje recuso o termo aculturação porque baseia-se em concepções que não são aceitáveis cientificamente para nós que queremos estudar uma cultura na sua própria expressão. A aculturação é quase uma estrada de uma só direção e a sua base ideológica encontra-se em noções de superioridade cultural de um povo e na inferioridade cultural de outro.
>
> Uma ideia que eu não posso aceitar por não ter qualquer evidência é a de que na Terra existem culturas superiores e culturas inferiores. Uma cultura nunca é superior ou inferior. Ela explica-se estruturalmente, ou seja, pelo seu conteúdo. Não há culturas superiores e inferiores. Esse processo, aculturação, baseia-se numa ideologia que defende a existência de diferenças de qualidade entre culturas e propõe teoricamente que as "culturas inferiores" devam adaptar-se às "culturas superiores": as culturas "fracas" às "mais fortes" (isso é outra forma de dizer superior/inferior).
>
> Assim como, de um ponto de vista colonialista, as culturas africanas eram consideradas inferiores, também nas culturas africanas no Novo Mundo (no Continente Americano) foram supostas de se terem aculturado às culturas europeias. Tal conceito não é aceitável porque não há provas científicas de que exista tal aculturação. Hoje, para estudar esses fenômenos, com o estudo do contato cultural, do intercâmbio cultural que se faz quando populações de culturas diferentes se encontram, aceitamos muito mais a concepção que foi pronunciada pela primeira vez por Fernando Ortiz: a concepção de *transculturação*.

E prossegue Gerard Kubik:

> O Brasil é um formidável exemplo de transculturação entre culturas africanas de várias origens (Yoruba, Kimbundu, Umbundu) e a cultura luso-brasileira, além de outros elementos de culturas europeias. O Brasil é um bom exemplo mas também Cuba, Haiti e outros países da América Latina. Mesmo na África, por exemplo, Luanda também tem a sua cultura particular que mostra muitos elementos de transculturação.

Depois de criticar o conceito de aculturação, substituindo-o pelo de *transculturação*[19], Kubik procura explicar como será possível fazer-se uma interpretação científica do contato entre culturas. Aí ele volta à solução pendular (culturalismo-psicanálise, psicanálise-culturalismo) de forma unilateral. A esse respeito, ele afirma:

> um europeu, no tempo colonial, chega pela primeira vez à África, encontra aqui uma cultura diferente da sua. Como reagirá? Ele vai identificar o comportamento das pessoas da África como uma coisa que ele não sabe que está na sua psique. Às vezes como uma coisa que ele reprime, mesmo por força dos seus parentes. Isso chama-se projeção. [...] O europeu projeta a sua própria personalidade inconsciente que ele determina como inferior para os africanos. Isso quer dizer que o europeu encontra em si mesmo o que ele entende como uma personalidade inferior e identifica-a com os africanos. Isso é o mecanismo psicológico que se passa em muitos europeus e que os leva a reações como: se esse europeu não aceita nada da sua personalidade reprimida, ele cria uma forma de separação para se proteger, para se defender porque os homens da outra cultura, nesse caso os africanos, que esse europeu identifica com a sua personalidade, que ele pensa inferior, são ao mesmo tempo uma tentação para ele porque no seu íntimo ele gostaria de viver assim e de fazer exatamente o que ele pensa que os africanos representam. Como reação da sua personalidade, que ele diz inferior, ele pode estabelecer uma barreira, que pode ser mesmo institucionalizada. Conduz ao que encontramos na África do Sul que é a reação que se poderia

chamar reação "apartheid". Ele faz uma separação, ele vive, mas não quer viver junto dos membros da outra cultura, ele vive de uma forma separada. Isso é uma reação porque viver com os membros da outra cultura, para ele é um perigo[20].

Essa longa citação é para informar o leitor como certos cientistas sociais, ao sentirem a insuficiência dos métodos culturalistas, caem em explicações mais absurdas ainda. Ora, o que Gerard Kubik não analisou foi por que esse mesmo fenômeno não se reflete no sentido inverso, isto é, nos membros da cultura oprimida pelo colonialismo. Também não destaca os métodos repressivos que os colonizadores usam constantemente, numa sistemática de dominação violenta, contra as populações dominadas. Não viu esse antropólogo que se usarmos o método psicanalítico e mais especificamente o conceito de projeção para explicarmos o colonialismo e sua política, o comportamento das suas elites de poder e a violência política contra as populações colonizadas, estamos criando explicações que justificam a sua eternização? Porque se esse inconsciente individual é o responsável pelo comportamento social, político e militar dos grupos colonizadores, só nos resta esperar que haja uma transformação, via terapia de divã, na psique do colonizador para que terminem o colonialismo e o neocolonialismo.

Como vemos, a falta de historicidade, o desconhecimento da dialética por parte dos culturalistas e o subjetivismo do método psicanalítico aplicado para explicar processos sociais globais, levam certos cientistas sociais a se perderem em critérios analógicos de explicação e interpretação que não se sustentam cientificamente.

Da Rebeldia do Negro "Bárbaro" à "Democracia Racial"

Os escravos formavam a classe dominada fundamental da sociedade escravista brasileira. Em consequência disso, suas religiões passaram a ser vistas, por extensão, pelos dominadores, senhores de escravos, como um mecanismo de resistência ideológica social e cultural ao sistema de dominação que existia. Dessa realidade surgiram os elementos criados para que se justificassem as técnicas de repressão, tanto ao escravo, que não se conformava e não se sujeitava à sua situação, assumindo a postura da rebeldia, como às suas religiões, que eram o aparelho ideológico fundamental do oprimido naquelas circunstâncias. Da mesma forma que se justificava a escravidão do negro pela sua condição de "bárbaro", justificava-se, concomitantemente, a perseguição às suas religiões, por serem fetichistas, animistas e demais designativos tão bem enumerados por Juana Elbein dos Santos.

O problema histórico-estrutural deve, portanto, ser levado em consideração para entender-se o critério de julgamento que se estabeleceu no passado e se estende até os nossos dias. Assim, podemos compreender melhor a atual situação dos padrões teóricos que ainda são usados para a interpretação da função das religiões afro-brasileiras e da situação do negro, do ponto de vista social e cultural, na sociedade de modelo capitalista que se estabeleceu no Brasil após a Abolição. Geneticamente, as situações estruturais com níveis antagônicos determinam um comportamento repressivo dos dominadores e, em contrapartida, um comportamento defensivo e/ou ofensivo do dominado. Se, no plano da ordenação social, os senhores de escravos criaram uma ordem rigidamente dividida e hierarquizada em senhores e escravos, do ponto de vista do escravo há a organização de movimentos para desordenarem a estrutura, única forma de readquirirem a sua condição humana, do ponto de vista político, social e existencial. E um dos elementos aproveitados é exatamente a religião, que tem, a partir daí, um significado religioso específico, mas, também, um papel social e cultural dos mais relevantes nesse processo.

É nesse processo de choque entre as duas classes, inicialmente durante o regime escravista (senhores e escravos) e, posteriormente, entre as classes dominantes e os segmentos negros dominados, discriminados e marginalizados, que iremos encontrar explicação para essa realidade e, inclusive, para o grau de discriminação cristalizado no racismo (eufemisticamente chamado de preconceito de cor) por grandes parcelas da população brasileira que introjetaram a ideologia das classes dominantes. As religiões afro-brasileiras, em razão disso, deviam ser consideradas inferiores, de um lado, e/ou exterminadas, ou neutralizadas (assimiladas), de outro. Daí se procurar vê-las como elementos que representam não uma necessidade social, histórica, cultural e psicológica de determinada comunidade étnica que compõe a nação brasileira, mas como remanescentes de uma fase já transposta da nossa história que precisa ser esquecida.

Estabelecido um critério de julgamento a partir dos valores do dominador em relação ao negro *bárbaro* e, por isso mesmo, justificadamente escravizado, o julgamento de inferiorização das religiões e demais padrões das culturas africanas é uma conclusão lógica. À medida que o sistema escravista sente o impacto dos escravos, procura resguardar-se contra o uso do aparelho ideológico dos mesmos, como combustível capaz de dar-lhes os elementos subjetivos para que eles adquiram consciência da sua situação de oprimidos e discriminados. A História nos mostra inúmeros exemplos no particular. Nesse sentido, apela-se para o aparelho ideológico dominador, no caso e no tempo a Igreja Católica, a fim de desarticular essa unidade existente entre o mundo religioso do negro e a rebeldia do escravo. O antagonismo emergente gera, portanto, as diferenças de julgamento. Os opressores veem nessas religiões elementos de fetichismo, de magia, de forças capazes de fazer-lhes mal, diabólicas, na medida em que supõem que os oprimidos delas se utilizam para combatê-los socialmente ou para se compensarem psicologicamente contra a situação de escravos. Surge, em decorrência, o medo em relação a essas religiões, a necessidade de proteção já em nível de temor psicológico, pois elas, simbolicamente, são um perigo às suas seguranças pessoais, grupais e à estabilidade e segurança do sistema. Os mecanismos repressores são então montados e há necessidade de outra força que se sobreponha no plano mágico à daquela religião ameaçadora: e a religião do dominador entra em seu auxílio nesse universo conflitante. E com a força material e social que lhe é conferida pela estrutura dominante, procura desarticular a religião dominada, *perigosa*, transformando-a em *religião de bruxaria*. Não entram na análise objetiva, imparcial, da cosmovisão dessas religiões, do seu universo cosmogônico, do significado do seu ritual, mas procuram inferiorizá-las a partir da posição social em que os seus seguidores se situam. Essa tentativa de desarticulação tem de ser feita através de uma *racionalização*, e ela é montada via valores da religião dominante e do desconhecimento objetivo e imparcial da religião dominada.

Essa racionalização do processo chega por concluir que a assimilação do Brasil deverá terminar, de um lado, pela formação de uma "democracia racial" simbólica e conservadora dos privilégios e da discriminação e, de outro, pela formação de um catolicismo abrangente, liberal, no qual se diluirão as religiões afro-brasileiras, incorporadas subalternamente ao nível de um catolicismo popular, sem maior expressão teológica.

Vejamos, mais de perto, como as coisas acontecem e o seu significado sociológico.

Em primeiro lugar, a religião dominadora continuaria desarticulando a estrutura da religião dominada, tentando pulverizar ou fragmentar a sua unidade e incorporá-la ao bojo da sua. Com isso, os seguidores das religiões afro-brasileiras ficariam na contingência de se adaptarem aos padrões da religião julgada superior. E, com isso, a assimilação se concluiria. O chamado processo civilizatório sairia vitorioso e mesmo aqueles grupos que ainda resistissem a esse processo teriam de capitular e, finalmente, seriam integrados na religião superior.

Em segundo lugar, na sociedade abrangente (capitalista) a filosofia de uma "democracia racial" (que conserva e preserva os valores discriminatórios do dominador no nível de relações interétnicas) se apresentaria como a filosofia vitoriosa e, com isso, teríamos a unidade orgânica da sociedade brasileira e uma nação civilizada, ocidental, cristã, branca e capitalista. No entanto, o que significaria concretamente essa conclusão?

Basicamente, manter a sujeição de classes, segmentos e grupos dominados e discriminados. Na sociedade de capitalismo dependente que se estabeleceu no Brasil, após a Abolição, necessitou-se de uma filosofia que desse cobertura ideológica a uma situação de antagonismo permanente, mascarando-a como sendo uma situação não competitiva. Com isso, o aparelho de dominação procuraria manter os estratos e classes oprimidas no seu devido espaço social e, para isso, havia necessidade de se neutralizar todos os grupos de resistência – ideológicos, sociais, culturais, políticos e religiosos – dos dominados. Como a grande maioria dos explorados no Brasil é constituída de afro-brasileiros, criou-se, de um lado, a mitologia da "democracia racial" e, de outro, continuou-se o trabalho de desarticulação das suas religiões, transformando-as em simples manifestações de laboratório.

Na sequência da passagem da escravidão para a mão de obra livre, o aparelho de dominação remanipula as ideologias de controle e as instituições de repressão, dando-lhes uma funcionalidade dinâmica e instrumental. Saímos, então, da mitologia do bom senhor e de toda a sua escala de simbolização do passado para a *democracia racial* atual, estabelecida pelas classes dominantes que substituíram a classe senhorial. Com isso, refina-se o aparelho, há uma remanipulação de certos valores secundários no julgamento do ex-escravo e do negro de um modo geral e, em nível de ideologia, as religiões afro-brasileiras passam a ser vistas como manifestação do passado escravista ou de grupos marginais que não tiveram condições de compreender o *progresso* e que, por essa razão, deverão ser apenas toleradas diante da nova realidade social cuja mudança elas não captaram por incapacidade de compreender o ritmo do progresso, da mesma forma que não compreenderam as sutilezas do cristianismo.

Já não se procura mais a destruição pura e simples dos polos de resistência como se fazia com o quilombola, mas cria-se, em cima dessa situação conflitante, a filosofia da assimilação e da aculturação, de um lado, e do embranquecimento, do outro. Toda uma geração de ensaístas e escritores, após a Abolição, se encarregou desse trabalho ideológico até que, posteriormente, surgiram os primeiros ensaístas que estudaram, especificamente, as relações raciais no Brasil, sendo que o seu pioneiro, Nina Rodrigues, embora tendo uma visão paternalista em relação aos africanos e descendentes, jamais negou a sua posição quanto à aceitação, por ele, da inferioridade racial do negro.

Agora, já não é mais o escravo que luta contra o senhor, mas um segmento majoritário na sociedade (o afro-brasileiro), oprimido e também discriminado, que é apresentado como um perigo para e pelas classes dominantes.

Com a finalidade de concluirmos este capítulo, devemos dizer que os conceitos da antropologia que tentamos analisar representam conceitos ideológicos que justificam o colonialismo e o neocolonialismo. Fugindo da análise de forças econômicas e sociais básicas que dão dinamismo às sociedades, esses cientistas sociais procuraram, através de conceitos como aculturação e outros, escamotear essa realidade, criando conjuntos lógicos muito bem montados e academicamente indestrutíveis, porque não se incorporam como norma de ação às lutas pelas transformações das sociedades subalternizadas pelo sistema colonial e neocolonial. Dessa forma, ao mesmo tempo que sofisticam a antropologia, transformando-a em uma área de estudos aparentemente *científica,* neutra e acima das contradições sociais, na essência transformam-na em uma arma auxiliar da estagnação cultural e social.

Enquanto existirem classes em luta, o dominador procurará, sempre, através do seu aparelho de dominação, destruir os polos de resistência econômica, social, cultural e política dos dominados. No particular do Brasil, o trabalho dos candomblés, durante a escravidão e imediatamente após a Abolição, sempre foi visto como foco de perigo social e racial, criando-se, por isso, inúmeros estereótipos justificatórios contra o seu funcionamento. Como corolário de tudo isso, ao mesmo tempo que essas estruturas dominantes montam todo um aparelho de peneiramento étnico, apregoam, através dos seus órgãos de comunicação, que somos uma democracia racial, isto é, nos aproximam cada vez mais de uma religião dominante e de um modelo de homem que se aproximaria, também, cada vez mais, do branco europeu. E, com isso, a ideologia do colonizador sairia vitoriosa.

Somente em uma sociedade não competitiva, as religiões, como superestruturas, terão possibilidades de se desenvolverem sem servirem de instrumento de dominação social, política e cultural. Todas elas, então, terão possibilidades iguais, não havendo, por isso, religiões superiores ou inferiores (dominadoras e dominadas), mas grupos organizacionais religiosos que praticarão em liberdade e pé de igualdade os seus cultos, cada um ocupando o seu próprio espaço na explicação sobrenatural do mundo, sem reproduzirem, na competição religiosa entre eles, a competição e os níveis de sujeição e dominação que a sociedade capitalista cria na terra. Com isso irão desaparecendo lentamente das sociedades por falta de função e necessidade para os homens.

3.

Miscigenação e Democracia Racial:
Mito e Realidade

Negação da Identidade Étnica

Grande parte da literatura especializada sobre relações interétnicas no Brasil conclui afirmando, por preferências ideológicas, que o Brasil é a maior *democracia racial* do mundo, fato que se evidencia na grande diferenciação cromática dos seus habitantes. Afirma-se, sempre, que o português, por razões culturais ou mesmo biológicas, tem predisposição pelo relacionamento sexual com etnias *exóticas*, motivo pelo qual consegue democratizar as relações sociais que estabelece naquelas áreas em que atuou como colonizador. O Brasil seria o melhor exemplo desse comportamento.

Em outras palavras: estabeleceu-se uma ponte ideológica entre a miscigenação (que é um fato biológico) e a democratização (que é um fato sociopolítico), tentando-se, com isso, identificar como semelhantes dois processos inteiramente independentes. Todos nós sabemos que a miscigenação é um fenômeno universal, não havendo mais raças ou etnias puras no mundo. A antropologia demonstra esse dinamismo miscigenatório milenar, quer na Europa, quer na África, Ásia ou América. Nada tem, pois, de especial ou específico o fato de o português, em determinadas situações especiais, estabelecer contato e intercâmbio sexual com as raças das suas colônias, fato que, em absoluto, significaria democratização social nesse contato e intercâmbio.

Mas, com esses argumentos, consegue-se deixar de analisar como foi ordenada socialmente essa população poliétnica e quais os mecanismos específicos de resistência à mobilidade social vertical massiva que foram criados contra os contingentes populacionais discriminados por essa estrutura. Esquecem-se de que esses segmentos populacionais eram componentes de uma estrutura escravista, inicialmente, e de capitalismo dependente, em seguida. Com essas duas realidades estruturais durante o transcurso da nossa história social foram criados mecanismos ideológicos de barragem aos diversos segmentos discriminados. Porém, na maioria dos estudos sobre o assunto, esses mecanismos não são avaliados. Pelo contrário. É como se houvesse um fluir idílico, sem nenhum entrave à evolução individual senão aquele que a capacidade de cada um exprimisse. Elide-se, assim, a escala de valores que a estrutura de dominação e o seu aparelho ideológico impuseram para discriminar grande parte dessa população não branca. Essa elite de poder que se autoidentifica como *branca* escolheu, como tipo ideal, representativo da superioridade étnica em nossa sociedade, o branco europeu e, em contrapartida, como tipo negativo, inferior, étnica e culturalmente, o negro. Em cima dessa dicotomia étnica estabeleceu-se, como já dissemos, uma escala de valores, sendo o indivíduo ou grupo mais reconhecido e aceito socialmente na medida em que se aproxima do tipo branco, e desvalorizado e socialmente repelido à medida que se aproxima do negro. Esse gradiente étnico, que caracteriza a população brasileira, não cria, portanto, um relacionamento democrático e igualitário, já que está subordinado a uma escala de valores que vê no branco o modelo superior, no negro o inferior e as demais nuanças de miscigenação mais consideradas, integradas, ou socialmente condenadas, repelidas, à medida que se aproximam ou se distanciam de um desses polos considerados o positivo e o negativo, o superior e o inferior nessa escala cromática. Criou-se, assim, através de mecanismos sociais e simbólicos de dominação, uma tendência à fuga da realidade e à consciência étnica de grandes segmentos populacionais não brancos. Eles fogem simbolicamente dessa realidade que os discrimina e criam mitos capazes de fazer com que se sintam resguardados do julgamento discriminatório das elites dominantes.

A identidade e a consciência étnicas são, assim, penosamente escamoteadas pela grande maioria dos brasileiros ao se autoanalisarem, procurando sempre elementos de identificação com os símbolos étnicos da camada branca dominante.

No recenseamento de 1980, por exemplo, os não brancos brasileiros, ao serem inquiridos pelos pesquisadores do IBGE sobre a sua cor, responderam que ela era: acastanhada, agalegada, alva, alva-escura, alvarenta, alva-rosada, alvinha, amarelada, amarela-queimada, amarelosa, amorenada, avermelhada, azul, azul-marinho, baiano, bem branca, bem clara, bem morena, branca, branca avermelhada, branca melada, branca morena, branca pálida, branca sardenta, branca suja, branquiça, branquinha, bronze, bronzeada, bugrezinha, escura, burro-quando-foge, cabocla, cabo verde, café, café-com-leite, canela, canelada, cardão, castanha, castanha clara, cobre corada, cor de café, cor de canela, cor de cuia, cor de leite, cor de ouro, cor de rosa, cor firme, crioula, encerada, enxofrada, esbranquicento, escurinha, fogoió, galega, galegada, jambo, laranja, lilás, loira, loira clara, loura, lourinha, malaia, marinheira, marrom, meio amarela, meio branca, meio morena, meio preta, melada, mestiça, miscigenação, mista, morena bem chegada, morena bronzeada, morena canelada, morena castanha, morena clara, morena cor de canela, morenada, morena escura, morena fechada, morenão, morena prata, morena roxa, morena ruiva, morena trigueira, moreninha, mulata, mulatinha, negra, negrota, pálida, paraíba, parda, parda clara, polaca, pouco clara, pouco morena, preta, pretinha, puxa para branca, quase negra, queimada, queimada de praia, queimada de sol, regular, retinha, rosa, rosada, rosa queimada, roxa, ruiva, russo, sapecada, sarará, saraúba, tostada, trigo, trigueira, turva, verde, vermelha, além de outros que não declararam a cor. O total de cento e trinta e seis *cores* bem demonstra como o brasileiro foge da sua realidade étnica, da sua identidade, procurando, através de simbolismos de fuga, situar-se o mais próximo possível do modelo tido como superior[1].

O que isso significa em um país que se diz uma democracia racial? Significa que, por mecanismos alienadores, a ideologia da elite dominadora introjetou em vastas camadas de não brancos os seus valores fundamentais. Significa, também, que a nossa realidade étnica, ao contrário do que se diz, não iguala pela miscigenação, mas, pelo contrário, diferencia, hierarquiza e inferioriza socialmente de tal maneira que esses não brancos procuram criar uma realidade simbólica onde se refugiam, tentando escapar da inferiorização que a sua cor expressa nesse tipo de sociedade. Nessa fuga simbólica, eles desejam compensar-se da discriminação social e racial de que são vítimas no processo de interação com as camadas *brancas* dominantes que projetaram uma sociedade democrática *para eles*, criando, por outro lado, uma ideologia escamoteadora capaz de encobrir as condições reais sob as quais os contatos interétnicos se realizam no Brasil.

Como vemos, a identidade étnica do brasileiro é substituída por mitos reificadores, usados pelos próprios não brancos e negros especialmente, que procuram esquecer e/ou substituir a concreta realidade por uma dolorosa e enganadora magia cromática na qual o dominado se refugia para aproximar-se simbolicamente, o mais possível, dos símbolos criados pelo dominador.

Etnologização da História e Escamoteação da Realidade Social

A etnologização dos problemas sociais a partir da afirmação de que há uma democracia racial no Brasil demonstra como há uma confusão no entendimento dos cientistas sociais adeptos desse critério metodológico. Ao abandonarem, como universo de análise, a estrutura rigidamente hierarquizada na qual essas etnias foram ordenadas, de acordo com um sistema de valores discriminatório, através de mecanismos controladores historicamente montados para conservar o sistema, objetivando manter os segmentos e grupos dominados nas últimas escalas de sua estrutura, mostram como se confunde o plano miscigenatório, biológico portanto, com o social e econômico.

De um lado, ao se dizer que há uma democracia racial no Brasil, e, de outro, ao se verificar a alocação dessas etnias não brancas no espaço social, chega-se à conclusão de que a sua inferiorização é decorrência das próprias deficiências ou divergências desses grupos e/ou segmentos étnicos com o *processo civilizatório*. Porque, se os direitos e deveres são idênticos, as oportunidades deverão ser também idênticas. Como tal não acontece, como veremos mais tarde, a culpa pelo atraso social desses grupos é deles próprios. Joga-se, assim, sobre os segmentos não brancos oprimidos e discriminados, o negro em particular, a culpa da sua inferioridade social, econômica e cultural.

Para compreendermos melhor esse processo/problema, devemos analisar algumas particularidades significativas da formação das classes sociais no Brasil. Alguns sociólogos supõem, esquematicamente, que, acabada a escravidão, os negros e pardos ex-escravos de idêntica condição, num processo automático e linear de integração social, iriam formar o proletariado das cidades que se desenvolveriam ou o camponês livre e assalariado agrícola. Seriam, assim, absorvidos e incorporados, por automatismo, às novas classes que apareciam após a Abolição. Iriam compor a classe operária e camponesa em seus diversos níveis e setores e, nessa incorporação, ficariam em pé de igualdade com os demais trabalhadores, muitos deles, especialmente nas regiões Sudeste e Sul, vindos de outros países, como imigrantes.

Mas os fatos não aconteceram exatamente assim. Em pesquisas parciais que realizamos, em jornais anarquistas[2] e em trabalho sistemático feito pelo professor Sidney Sérgio Fernandes Sólis, tanto no Rio de Janeiro como em São Paulo, a imprensa anarquista que então circulava não refletia nenhuma simpatia ou desejo de união com os negros, mas, pelo contrário, chegava mesmo a estampar artigos nos quais era visível o preconceito racial. Como vemos, se de um lado os negros egressos das senzalas não eram incorporados a esse proletariado nascente, por automatismo, mas iriam compor a sua franja marginal, de outro, do ponto de vista ideológico, surgia, já como componente do comportamento da própria classe operária, os elementos ideológicos de barragem social apoiados no preconceito de cor. E esse racismo larvar passou a exercer um papel selecionador dentro do próprio proletariado. O negro e outras camadas não brancas não foram, assim, incorporados a esse proletariado incipiente, mas foram compor a grande franja de marginalizados exigida pelo modelo do capitalismo dependente que substituiu o escravismo.

Florestan Fernandes escreve, por exemplo, que, em 1893:

> Os imigrantes entravam com 79% do pessoal ocupado nas atividades artesanais; com 81% do pessoal ocupado nas atividades comerciais. Suas participações nos estratos mais altos da estrutura ocupacional ainda era pequena (pois só 31% dos proprietários e 19,4% dos capitalistas eram estrangeiros). Contudo achavam-se incluídos nessa esfera, ao contrário do que sucedia com o negro e o mulato.[3]

Nesse processo complexo e ao mesmo tempo contraditório da passagem da escravidão para o trabalho livre, o negro é logrado socialmente e apresentado, sistematicamente, como sendo incapaz de trabalhar como assalariado. No entanto, durante o escravismo, o negro atuava satisfatória e eficientemente no setor manufatureiro e artesanal. Thomas Ewbank escrevia, em 1845-1846, que:

> Tenho visto escravos a trabalhar como carpinteiros, pedreiros, calceteiros, impressores, pintores de tabuletas e ornamentação, construtores de móveis e de carruagens, fabricantes de ornamentos militares, de lampiões, artífices em prata, joalheiros e litógrafos. É também fato corrente que imagens de santos, em pedra e madeira, sejam admiravelmente feitas por negros escravos ou livres. [...] O vigário fez referência outro dia a um escravo baiano que é um santeiro de primeira ordem. *Todas* as espécies de ofícios são exercidas por homens e rapazes escravos.[4]

Segundo Heitor Ferreira Lima, os negros escravos trabalhavam em diversas atividades artesanais. No Rio de Janeiro, da mesma forma que Ewbank, os naturalistas Spix e Martius escreviam que "entre os naturais, são mulatos os que manifestam maior capacidade e diligência para as artes mecânicas. Trabalhavam, também, nos estaleiros, na construção de barcos, na pesca da baleia, na industrialização do seu óleo e em diversas outras atividades". Em várias outras regiões, desenvolviam-se atividades artesanais e manufatureiras aproveitando-se do trabalho dos negros escravos. No Maranhão, por exemplo, ainda segundo Spix e Martius, dos quatro mil profissionais artífices existentes em toda a província, quando esses dois cientistas por ali passaram (1818-1820), mais de três mil eram escravos. Vejamos os números[5]:

PROFISSÃO	LIVRES	ESCRAVOS
Alfaiates	61	96
Caldeireiros	4	1
Carpinteiros	178	326
Entalhadores	96	42
Carpinteiros Navais	80	38
Serralheiros	5	–
Ferreiros (em São Luís)	37	23
Tanoeiros(em São Luís)	2	1
Marceneiros	30	27
Ourives	49	11
Pedreiros e Britadores	404	608
Pintores e Ceriadores	10	5
Coreeiros	4	1
Escravos auxiliares nas indústrias	–	1.800
TOTAL	964	2.985
TOTAL GERAL	3.949	

FONTE: Heitor Ferreira Lima, *História Político-Econômica e Industrial do Brasil*

Na área de São Paulo, o mesmo fenômeno se verificava. Os escravos ocupavam praticamente todos os espaços do mercado de trabalho, dinamizando a produção em níveis os mais diversificados. Exerciam ofícios que depois seriam ocupados pelo trabalho imigrante. Segundo o recenseamento de 1872, o quadro era o seguinte[6]:

CONDIÇÃO SOCIAL	ESCRAVO	TRABALHADOR LIVRE	TOTAL
Costureiras	67	583	650
Mineiros e cant. (sic)	1	41	42
Trab. em metais	19	218	237
Trab. em madeiras	33	260	293
Trab. em edificações	25	130	155
Trab. em tecidos	124	856	990
Trab. em vestuário	2	102	104
Trab. em couro e papel	30	189	219
Trab. em calçados	5	58	63
Trab. em agricultura	826	3.747	4.563
Criados e jornais	507	2.535	3.042
Serviços domésticos	1.304	3.506	4.810
Sem profissão	677	8.244	8.921

FONTE: Emilia Viotti da Costa, *Da Senzala à Colônia*

Os negros não eram somente os trabalhadores do eito, que se prestavam apenas para as fainas agrícolas duras e nas quais o simples trabalho braçal primário era necessário. Na diversificação da divisão do trabalho eles entravam nas mais diversas atividades, especialmente no setor artesanal. Em alguns ramos eram mesmo os mais capazes como, por exemplo, na metalurgia, cujas técnicas trazidas da África foram aqui aplicadas e desenvolvidas. Na região mineira, por exemplo, foram os únicos que aplicaram e desenvolveram a metalurgia. Tiveram também a habilidade de aprender com grande facilidade os ofícios que aqueles primeiros portugueses que aqui aportaram trouxeram da metrópole. Eles tinham mesmo interesse de ensiná-los aos escravos a fim de se livrarem de um tipo de trabalho não condizente com a sua condição de brancos, deixando ao negro as atividades artesanais. Mesmo porque o trabalho desses escravos, executados para os seus donos, ou quando alugados para terceiros, proporcionava um lucro certo e fácil para o senhor. Isso dava a eles oportunidade de capitalizarem alguma poupança e se dedicarem ao comércio. A personagem Bertoleza do romance *O Cortiço*, de Aluísio Azevedo, retrata muito bem esse tipo de escravo urbano que trabalhava *de jornal*. Era escrava de um cego que dela recebia a contribuição com a qual sobrevivia. Mas os negros também "tiveram ampla e brilhante participação nas atividades de todos os ofícios mecânicos exercidos entre nós, quer como escravos, quer como libertos, ora como oficial ou simples ajudante, e até mesmo como mestres. Ensinavam-lhes um ou mais ofícios e exploravam-nos rudemente, vivendo à custa de seu trabalho"[7].

Escreve, nesse sentido, João Fernando de Almeida Prado:

> Os primeiros operários aparecidos nas capitanias especializados em misteres que requeriam alguma aprendizagem e tirocínio, chegavam feitos do Reino ou das ilhas, muitas vezes sem intenção de se demorarem, tendo deixado na terra natal a esposa e os filhos. Mais tarde, outros se formavam sob as vistas dos reinóis, transmitindo o ofício daí por diante aos pretos e mestiços. Com o tempo, chegaram os elementos de cor a constituir a quase totalidade dos obreiros da autarquia colonial, por refugarem os brancos profissões manuais procurando tornar-se proprietários de terras.[8]

Tanto na época colonial como na última fase da escravidão, o escravo negro se articulava em diversos níveis da estrutura ocupacional, desempenhando satisfatoriamente os mais diferenciados misteres. Na agroindústria do açúcar, o mesmo fato se verifica. Para Luiz Vianna Filho: "Mal chegados, os negros logo assimilavam o que se lhes ensinava, transformando-se em ferreiros, carapinas, marceneiros, caldeireiros, oleiros, alambiqueiros, e até mesmo mestres de açúcar, sabendo o cozimento do mel, o 'ponto' do caldo, a purga do açúcar."[9]

Durante todo o tempo em que o escravismo existiu, o escravo negro foi aquele trabalhador que estava presente em todos os ofícios por mais diversificados que eles fossem. Sua força de trabalho era distribuída em todos os setores de atividade. No Rio de Janeiro especialmente sabemos que ele, como escravo urbano, desempenhava as mais variadas profissões a fim de proporcionar o ócio da classe senhorial. Como prova, basta que olhemos as pranchas do livro de Debret[10].

Queremos dizer com isso que, na dinâmica da sociedade escravista atuou, durante toda a sua existência, como mecanismo equilibrador e impulsionador, o trabalho do escravo negro. Esse mecanismo de equilíbrio e dinamismo, já que as classes senhoriais fugiam a qualquer tipo de trabalho, será atingido quando se desarticula o sistema escravista e a sociedade brasileira é reestruturada tendo o trabalho livre como forma fundamental de atividade. O equilíbrio se parte contra o ex-escravo que é desarticulado e marginalizado do sistema de produção.

Toda essa força de trabalho escrava, relativamente diversificada, integrada e estruturada em um sistema de produção, desarticulou-se, portanto, com a decomposição do modo de produção escravista: ou se marginaliza, ou se deteriora de forma parcial ou absoluta com a morte de grande parte dos ex-escravos. Esses ourives, alfaiates, pedreiros, marceneiros, tanoeiros, metalúrgicos etc., ao tentarem se reordenar na sociedade capitalista emergente, são, por um processo de peneiramento constante e estrategicamente bem manipulado, considerados como mão de obra não aproveitável e marginalizados. Surge, concomitantemente, o mito da incapacidade do negro para o trabalho e, com isso, ao mesmo tempo que se proclama a existência de uma democracia racial, apregoa-se, por outro lado, a impossibilidade de se aproveitar esse enorme contingente de ex-escravos. O preconceito de cor é assim dinamizado no contexto capitalista, os elementos não brancos passam a ser estereotipados como indolentes, cachaceiros, não persistentes no trabalho e, em contrapartida, por extensão, apresenta-se o trabalhador branco como o modelo do perseverante, honesto, de hábitos morigerados e tendências à poupança e à estabilidade no emprego. Elege-se o modelo branco como sendo o do trabalhador ideal e apela-se para uma política migratória sistemática e subvencionada, alegando-se a necessidade de se dinamizar a nossa economia através da importação de um trabalhador superior do ponto de vista racial e cultural e capaz de suprir, com a sua mão de obra, as necessidades da sociedade brasileira em expansão. Veremos isso depois.

Há uma visível desarticulação nessa nova ordenação que atinge as populações não brancas em geral e o negro em particular, no momento em que a nação brasileira emerge para o desenvolvimento do modelo de capitalismo dependente. Essa desarticulação não se realiza, porém, apenas no plano estrutural, mas desarticula, também, a consciência étnica do próprio segmento não branco.

O *branqueamento* como ideologia das elites de poder vai se refletir no comportamento de grande parte do segmento dominado que começa a fugir das suas matrizes étnicas para mascarar-se com os valores criados a fim de discriminá-lo. Com isso, o negro (o mulato, portanto, também) não se articulou em nível de uma consciência de identidade étnica capaz de criar uma contra ideologia neutralizadora da manipulada pelo dominador. Pelo contrário. Há um processo de acomodação a esses valores, fato que irá determinar o esvaziamento desses negros no nível da sua consciência étnica, colocando-os, assim, como simples objetos do processo histórico, social e cultural.

A *herança da escravidão* que muitos sociólogos dizem estar no negro, ao contrário, está nas classes dominantes que criam valores discriminatórios através dos quais conseguem barrar, nos níveis econômico, social, cultural e existencial a emergência de uma consciência crítica negra capaz de elaborar uma proposta de nova ordenação social e de estabelecer uma verdadeira democracia racial no Brasil.

O sistema classificatório que o colonizador português impôs, criou a categoria de *mulato* que entra como dobradiça amortecedora dessa consciência. O mulato é diferente do negro por ser mais claro e passa a se considerar superior, assimilando a ideologia étnica do dominador, e servir de anteparo contra essa tomada de consciência geral do segmento explorado/discriminado. Em outro local, já escrevemos que:

> essa política aparentemente democrática do colonizador verá os seus primeiros frutos mais visíveis na base do aparecimento de uma *imprensa mulata* no Rio de Janeiro. Ela surgirá entre 1833 e 1867, aproximadamente, com caráter nacionalista, de um lado, porém deixa de incorporar à sua mensagem ideológica a libertação dos escravos negros. Esses jornais lutavam também contra a discriminação racial, mas na medida em que os mulatos eram atingidos na dinâmica da disputa de cargos políticos e burocráticos[11].

Essa perda ou fragmentação da identidade étnica determinará, por sua vez, a impossibilidade de emergir uma consciência mais abrangente e radical do segmento negro e não branco em geral.

Estratégia do Imobilismo Social

Essa estratégia discriminatória contra o elemento negro não surgiu porém com a chegada dos imigrantes europeus na base do trabalho livre.

Na própria estrutura escravista já havia um processo discriminatório que favorecia o homem livre em detrimento do escravo. De todas as profissões de artesãos e artífices, eles foram sendo paulatinamente excluídos ou impedidos de exercê-las. Manuela Carneiro da Cunha escreve com propriedade:

Todas essas profissões eram igualmente desempenhadas por libertos e por livres, e certamente houve em certas épocas concorrência acirrada das várias categorias por elas. Um decreto de 25 de junho de 1831, por exemplo, proibia "a admissão de escravos como trabalhadores ou como oficiais das artes necessárias nas estações públicas da província da Bahia, enquanto houverem ingênuos que nelas queiram empregar-se". Deve-se ter em conta que os escravos representavam não os seus próprios interesses, mas os de seus senhores, que procuravam ocupar totalmente o mercado de trabalho. […] Em 1813 e 1821, os sapateiros do Rio protestaram através da sua irmandade contra o uso de trabalho escravo na manufatura e venda de sapatos. Brancos brasileiros, crioulos e africanos libertos, além de escravos de ganho, competiam no mercado do trabalho entre si e com os estrangeiros, europeus que vinham para a Corte […] Houve também algumas tentativas mais ou menos bem-sucedidas de monopolizar certos setores, por parte dos escravos libertos urbanos. Sabemos de alguns exemplos. Um desses monopólios era o dos carregadores de café no Rio de Janeiro do século XIX: os negros minas, escravos de ganho ou libertos, tinham aparentemente se apropriado do ramo. Era um serviço pesadíssimo, que implicava deformidades e uma esperança de vida reduzida.[12]

Como vemos, à medida que a sociedade escrava se diversificava e se urbanizava, ficava mais complexa internamente a divisão do trabalho, e isso produzia conflitos ou atritos nos seus diversos setores de mão de obra. A estrutura ocupacional dessa época, à medida que passava por um processo de diferenciação econômica, criava mecanismos reguladores capazes de manter os diversos segmentos que disputavam esse mercado de trabalho em seus respectivos espaços.

A isso se contrapunham mecanismos criados pelos próprios escravos no sentido de equilibrar a divisão do trabalho; os *cantos*, em Salvador, eram exemplo disso.

Segundo Manuel Querino:

Os africanos, depois de libertos, não possuindo ofício e não querendo entregar-se aos trabalhos da lavoura, que haviam deixado, faziam-se ganhadores. Em diversas partes da cidade reuniam-se à espera que fossem chamados para a condução de volumes pesados ou leves, como fossem: *cadeirinha de arruar*, pipas de vinho ou aguardente, pianos etc. Esses pontos tinham o nome de *canto* e por isso era comum ouvir a cada momento: chame ali um ganhador no canto. Ficavam eles sentados em tripeças a conversar até serem chamados para o desempenho de qualquer misteres. [...] Cada *canto* de africanos era dirigido por um chefe a que apelidavam *capitão*, restringindo-se as funções deste a contratar e dirigir os serviços e a receber os salários. Quando falecia o *capitão* tratavam de eleger ou aclamar o sucessor que assumia logo a investidura do cargo.

Nos cantos do bairro comercial, esse ato revestia-se de certa solenidade à moda africana:

Os membros do *canto* tomavam de empréstimo uma pipa vazia em um dos trapiches da rua do Julião ou do Pilar, enchiam-na de água do mar, amarravam-na de cordas e por estas enfiavam grosso e comprido caibro. Oito ou dez etíopes, comumente os de musculatura mais possante, suspendiam a pipa e sobre ela montava o novo *capitão* do canto, tendo em uma das mãos um ramo de arbusto e na outra uma garrafa de aguardente.[13]

Já no período escravista, portanto, havia uma tendência a se ver no negro escravo um elemento que devia ser restringido no mercado de trabalho. Os motivos alegados, as razões apresentadas, apesar de aparentemente serem compreensíveis, o que conseguiram era – como se queria – transformar o trabalho escravo, e, em muitas circunstâncias o negro liberto, em mão de obra eternamente não qualificada e que, por uma série de razões, não podia ser aproveitado.

Se esses mecanismos foram estabelecidos empiricamente durante o escravismo, após a Abolição eles se racionalizaram e as elites intelectuais procuraram dar, inclusive, uma explicação "científica" para eles, como veremos adiante.

Em determinada fase da nossa história econômica, houve uma coincidência entre a divisão social do trabalho e a divisão racial do trabalho. Mas, através de mecanismos repressivos ou simplesmente reguladores dessas relações, ficou estabelecido que, em certos ramos, os brancos predominassem, e, em outros, os negros e os seus descendentes diretos predominassem. Tudo aquilo que representava trabalho qualificado, intelectual, *nobre,* era exercido pela minoria branca, ao passo que todo subtrabalho, o trabalho não qualificado, braçal, *sujo* e mal remunerado era praticado pelos escravos, inicialmente, e pelos negros livres após a Abolição.

Essa divisão do trabalho, reflexo de uma estrutura social rigidamente estratificada, ainda persiste em nossos dias de forma significativa. Assim como a sociedade brasileira não se democratizou em suas relações sociais fundamentais, também não se democratizou em suas relações raciais. Por essa razão, aquela herança negativa que vem da forma como a sociedade escravista teve início e se desenvolveu, ainda tem presença no bojo da estrutura altamente competitiva do capitalismo dependente que se formou em seguida. Por essa razão, a mobilidade social para o negro descendente do antigo escravo é muito pequena no espaço social. Ele foi praticamente imobilizado por mecanismos seletivos que a estratégia das classes dominantes estabeleceu. Para que isso funcionasse eficazmente, foi criado um amplo painel ideológico para explicar e/ou justificar essa imobilização estrategicamente montada. Passado quase um século da Abolição, a situação não mudou significativamente na estrutura ocupacional para a população negra e não branca.

De acordo com o Censo de 1980, de 119 milhões de brasileiros, 54,77% se declararam brancos, 38,45% pardos, 5, 89% pretos e 0,63% amarelos. Podemos afirmar, portanto, que são descendentes de negros ou índios 44,34% da população. Por outro lado, em vez do *branqueamento* preconizado pela elite branca, essa proporção vem aumentando nas últimas décadas, pois ela era de 36% em 1940, 38% em 1950 e 45% em 1980, usando o IBGE a mesma metodologia na pesquisa.

Mas a população negra e não branca de um modo geral não se distribui proporcionalmente na estrutura empregatícia e outros indicadores da sua situação econômico-social no conjunto da sociedade. Pelo contrário. De acordo com o recenseamento de 1980, era essa a situação dos principais grupos étnicos quanto à sua ocupação principal:

POPULAÇÃO NA OCUPAÇÃO PRINCIPAL SEGUNDO A COR

COR E POSIÇÃO NA PRINCIPAL OCUPAÇÃO	TOTAL	% SOBRE TOTAL
Total	43.796.763	100,0%
Empregado	28.606.051	65,3%
Autônomo	10.666.556	24,3%
Empregador	1.158.590	2,6%
Não remunerado	2.270.679	5,1%
BRANCA	24.507.289	100,0%
Empregado	16.633.059	67,8%
Autônomo	5.206.605	21,2%
Empregador	920.416	3,7%
Não remunerado	1.201.458	4,9%
PRETA	2.874.208	100,0%
Empregado	2.067.326	71,9%
Autônomo	631.516	21,9%
Empregador	14.104	0,4%
Não remunerado	87.368	3,0%
AMARELA	324.280	100,0%
Empregado	169.291	52,2%
Autônomo	81.487	25,1%
Empregador	36.077	11,1%
Não remunerado	34.072	10,5%
PARDA	15.993.177	100,0%
Empregado	9.688.790	60,5%
Autônomo	4.724.737	29,5%
Empregador	186.143	1,1%
Não remunerado	941.809	5,8%

FONTE: IBGE, Censo de 1980.

Essa situação poderá ser facilmente verificada através da análise dos gráficos abaixo:

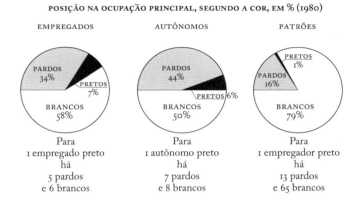

FONTE: IBGE, 1980.

Não precisamos argumentar mais analiticamente para constatarmos que os negros e não brancos em geral (excluindo-se os amarelos) são aqueles que possuem empregos e posições menos significativas social e economicamente. Por outro lado, repete-se, em 1980, o mesmo fato que Florestan Fernandes registra ao analisar uma estatística de 1893: O negro é o segmento mais inferiorizado da população. Em 1893, ele não comparece como *capitalista*. Em 1980, ele comparece apenas com 0,4% na qualidade de empregador. Isso demonstra como os mecanismos de imobilismo social funcionaram eficientemente no Brasil, através de uma estratégia centenária, para impedir que o negro ascendesse significativamente na estrutura ocupacional e em outros indicadores de mobilidade social. Como vemos, os imigrantes de 1893 estavam numa posição melhor do que os negros brasileiros, atualmente, segundo os dados do Censo de 1980. Isso se reflete de várias maneiras e funciona ativamente na sociedade competitiva atual.

Criaram-se, em cima disso, duas pontes ideológicas: a primeira é de que, com a miscigenação, nós democratizamos a sociedade brasileira, criando aqui a maior democracia racial do mundo; a segunda de que, se os negros e demais segmentos não brancos estão na atual posição econômica, social e cultural, a culpa é exclusivamente deles que não souberam aproveitar o grande leque de oportunidades que essa sociedade lhes deu. Com isso, identifica-se o crime e a marginalização com a população negra, transformando-se as populações não brancas em criminosos em potencial. Têm de andar com carteira profissional assinada, comportar-se bem nos lugares públicos, não reclamar dos seus direitos quando violados e, principalmente, encarar a polícia como um órgão de poder todo-poderoso que pode mandar um negro "passar correndo" ou jogá-lo em um camburão e eliminá-lo em uma estrada. *Negro se mata primeiro para depois saber se é criminoso* é um *slogan* dos órgãos de segurança.

Como podemos ver, a partir do momento em que o ex-escravo entrou no mercado de trabalho competitivo foi altamente discriminado por uma série de mecanismos de peneiramento que determinava o seu imobilismo. Além disso, privilegiou-se o trabalhador branco estrangeiro, especialmente após a Abolição, o qual passou a ocupar os grandes espaços dinâmicos dessa sociedade. Surge, como um dos elementos dessa barragem, a ideologia do preconceito de cor que inferioriza o negro em todos os níveis da sua personalidade. Esse preconceito, que atua como elemento restritivo das possibilidades do negro na sociedade brasileira, poderá ser constatado: a. no comportamento rotineiro de grandes faixas *brancas* da população em todo o território nacional; b. nas relações inter e intrafamiliares; c. no critério seletivo para a escolha de empregos e ocupações; d. nos contatos formais entre elementos de etnias diversas; e. na filosofia de indivíduo, grupos, segmentos e instituições públicas ou privadas; f. na competição global entre camadas que compõem as classes sociais etnicamente diversificadas da sociedade brasileira.

Esse conjunto de mecanismos ideológicos, inconscientes para a maioria, mas elaborados por uma elite racista, refletir-se-á no processo concreto da seleção econômica dos negros. A instrumentação dessa ideologia deve ser vista como um elemento componente da marginalização de grandes continentes populacionais negros.

Pesquisa realizada e concluída em 1979 – portanto apenas um ano antes da divulgação do censo de 1980 –, pelo Departamento de Estudos e Indicadores Sociais (Deiso), chega à conclusão que não deixa dúvidas quanto a esse mecanismo selecionador negativo contra o negro no mercado de trabalho. Ainda acompanhando-se, por agora, apenas o indicador de rendimento familiar, conclui a pesquisa:

> Com relação aos indicadores levantados, os diferenciais são maiores entre os brancos e negros nas famílias de rendimento familiar de mais de três salários mínimos e nas famílias urbanas. A distribuição das famílias por grupos de rendimento mensal familiar nos indica que 60% das famílias têm rendimentos de até três salários mínimos, sendo que a presença das famílias pretas e pardas nesse grupo é de 80,5% e 74,2%, respectivamente, e a das brancas de 50,4%.
>
> O rendimento médio familiar *per capita*, em 1976, das famílias brancas era de Cr$ 1.087,40 e das famílias negras (pretas e pardas) respectivamente Cr$ 383,10 e Cr$ 548,90, correspondendo o rendimento das famílias pretas e pardas a 35% e 50%, respectivamente, do rendimento familiar *per capita* das famílias brancas.[14]

No setor da divisão do trabalho, a mesma pesquisa registra os seguintes resultados quanto à posição do negro:

> Brancos e negros têm uma inserção desigual na estrutura ocupacional. Os negros encontram-se mais concentrados (aproximadamente 90%) que os brancos (cerca de 75%) nas ocupações manuais, as de menor nível de rendimento e instrução. Assim, enquanto 8,5% dos brancos têm ocupações de nível superior, apenas 1,1% dos pretos e 2,7% dos pardos neles são absorvidos e, considerando as ocupações de nível médio, os percentuais encontrados são de 14,6% para os brancos, 3,6% dos pretos e 7,2% dos pardos.[15]

Como vemos, na estrutura ocupacional, como em outras, a situação do negro é sempre negativa, sempre de inferiorização em comparação com o segmento branco da nossa população. Outra pesquisa como a do IBGE, numa Pesquisa Nacional por Amostra de Domicílios, chega a conclusão idêntica como podemos ver no quadro abaixo:

ETNIAS RENDA	PRETA	%	PARDA	%	NÃO BRANCOS	%	BRANCOS	%	AMARELOS	%
Até 1 sal. mín.	1.980.245	53	7.710.350	48	9.690.595	49	7.712.951	28	33.023	9
+ de 1 a 2 sal. mín.	941.344	25	3.781.677	23	4.723.021	24	6.931.477	25	55.366	15
+ de 2 a 5 sal. mín.	466.911	12	2.206.600	14	2.673.511	13	6.339.195	23	118.733	32
+ de 5 sal. mín.	77.433	2	593.015	4	670.448	3	3.595.765	13	125.818	33
Sem rendimento	249.646	8	1.879.307	11	2.173.953	11	2.824.398	11	41.863	11
Sem declaração	9.894	–	60.723	–	70.617	–	108.637	–	1.603	–
Total.	3.770.473	100	16.231.672	100	20.002.145	100	27.512.423	100	376.406	100

FONTE: IBGE – PNAD 1982.

Como vemos, a estratégia racista das classes dominantes atuais, que substituíram os senhores de escravos, conseguiu estabelecer um permanente processo de imobilismo social que bloqueou e congelou a população negra e não branca permanentemente em nível nacional.

No que diz respeito à distribuição da renda, o gráfico abaixo espelha essa realidade:

DISTRIBUIÇÃO DA POPULAÇÃO ECONOMICAMENTE ATIVA
POR GRUPOS DE RENDIMENTO MENSAL SEGUNDO A COR

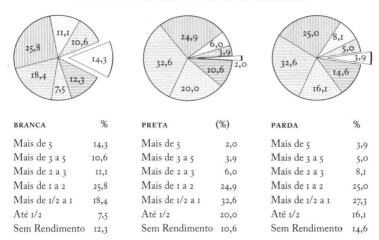

BRANCA	%	PRETA	(%)	PARDA	%
Mais de 5	14,3	Mais de 5	2,0	Mais de 5	3,9
Mais de 3 a 5	10,6	Mais de 3 a 5	3,9	Mais de 3 a 5	5,0
Mais de 2 a 3	11,1	Mais de 2 a 3	6,0	Mais de 2 a 3	8,1
Mais de 1 a 2	25,8	Mais de 1 a 2	24,9	Mais de 1 a 2	25,0
Mais de 1/2 a 1	18,4	Mais de 1/2 a 1	32,6	Mais de 1/2 a 1	27,3
Até 1/2	7,5	Até 1/2	20,0	Até 1/2	16,1
Sem Rendimento	12,3	Sem Rendimento	10,6	Sem Rendimento	14,6

FONTE: Francisca Laide de Oliveira et al., *Aspectos da Situação Socioeconômica de Brancos e Negros no Brasil*, Deiso, 1979.

O Brasil Teria de Ser Branco e Capitalista

O auge da campanha pelo branqueamento do Brasil surge exatamente no momento em que o trabalho escravo (negro) é descartado e substituído pelo assalariado. Aí coloca-se o dilema do passado com o futuro, do atraso com o progresso e do negro com o branco como trabalhadores. O primeiro representaria a animalidade, o atraso, o passado, enquanto o branco (europeu) era o símbolo do trabalho ordenado, pacífico e progressista. Dessa forma, para se modernizar e desenvolver o Brasil só havia um caminho: colocar no lugar do negro o trabalhador imigrante, descartar o país dessa carga passiva, exótica, fetichista e perigosa por uma população cristã, europeia e morigerada.

Todo o racismo embutido na campanha abolicionista vem, então, à tona. Já não se trata mais de acabar com a escravidão, mas de enfatizar que os negros eram incapazes ou incapacitados para a nova etapa de desenvolvimento do país. Todos achavam que eles deviam ser substituídos pelo trabalhador branco, suas crenças deviam ser combatidas, pois não foram cristianizados suficientemente, enquanto o italiano, o alemão, o espanhol, o português, ou outras nacionalidades europeias, viriam trazer não apenas o seu trabalho, mas a cultura ocidental, ligada histórica e socialmente às nossas tradições latinas. Alguns políticos tentam inclusive introduzir imigrantes que fugiam aos padrões europeus, como os chineses e mesmo africanos. A grita foi geral. Precisávamos melhorar o sangue, a *raça*. O historiador José Octávio escreve nesse sentido que:

> Se a providência pela qual, segundo o paraibano Maurílio Almeida tanto se bateria o paraibano Diogo Velho quando da sua passagem pelo Ministério da Agricultura do Império, já refletia a tendência de buscar-se alternativa para a mão de obra negro-escrava dentro dos ideais de caldeamento com "grupos superiores" perseguidos pela elite dirigente do Brasil, a resposta de Menezes e Souza, preparada como relatório formal do Ministério da Agricultura, em 1875, é preconceituosa e típica de que não se trata de importar grupos estrangeiros quaisquer que fossem, mas grupos estrangeiros *brancos* e do *Norte europeu*, o que situa a política imigratória adotada pelo Brasil em fins do Império e princípios da República como de fundo racista no sentido arianizante que a palavra passou a admitir. Nesses termos, Menezes e Souza não usava de meias palavras ao denegrir os chineses, cuja raça "é abastardada e faz degenerar a nossa", tanto mais porque "o Brasil precisava de sangue novo e não de suco envelhecido e envenenado de constituições exaustas e degeneradas".[16]

O problema não era apenas importar mão de obra, mas sim membros de uma raça mais nobre, ou melhor, caucásica, branca, europeia e, por todas essas qualidades, *superior*. A ideologia do branqueamento permeia então o pensamento de quase toda a produção intelectual do Brasil e subordina ideologicamente as classes dominantes. Importar o negro, isso ficava fora de qualquer cogitação.

Em 1920 (ano inclusive em que entra a imigração sistemática de japoneses, em face da dificuldade de se importar mão de obra europeia em consequência da Primeira Guerra Mundial), foi realizada uma pesquisa para saber se o imigrante negro seria benéfico ao Brasil ou não. A pesquisa foi feita pela Sociedade Nacional de Agricultura e as conclusões foram de que ele seria indesejável. Nas respostas negativas funcionava a mesma ideologia de barragem das elites pré-Abolição. Vejamos os resultados:

ESTEREÓTIPOS NEGATIVOS SOBRE O NEGRO COMO IMIGRANTE

Razões econômicas:
Mau trabalhador.................... 25

Razões intelectuais e morais:
Inteligência inferior, degenerado, amoral,
indolente, bêbado e criminoso 19

Razões raciais:
Inferioridade congênita, ódio ao branco
oculto no coração do negro............ 44
Existência do preconceito de cor 9

Outras razões 9

FONTE: Sociedade Nacional de Agricultura – Imigração. Rio de Janeiro, 1920.

Como vemos, os resultados dessa pesquisa já demonstram a cristalização de um processamento de rejeição absoluta ao negro por parte dos grupos que necessitavam de nova mão de obra. Essa cristalização bem esclarece como a ideologia do branqueamento penetrou profundamente na sociedade brasileira. Ela já tinha precedentes e teve continuadores. Esse *continuum* discriminatório, que se iniciou com as Ordenações do Reino, prosseguiu nos representantes das classes dominantes até hoje, como veremos adiante. O que desejamos centrar aqui é o movimento chamado *imigrantista* de pensadores e políticos que antecederam a Abolição e que depois estabeleceram os mecanismos seletivos ideológicos, econômicos e institucionais, para a entrada do imigrante trabalhador.

Como acentua muito bem Thomas E. Skidmore:

> Desde que a miscigenação funcionasse no sentido de promover o objetivo almejado, o *gene* branco "devia ser" mais forte. Ademais, durante o período alto do pensamento racial – 1880 a 1920 –, a ideologia do "branqueamento" ganhou foros de legitimidade científica, de vez que as teorias racistas passaram a ser interpretadas pelos brasileiros como confirmação das suas ideias de que a raça superior – a branca –, acabaria por prevalecer no processo de amalgamação.[17]

E é justamente nesse período de pique do pensamento racista apontado por Skidmore (1880 a 1920) que há a expansão violenta da economia cafeeira. Isto é, o dinamismo da agricultura procurava suprir-se da mão de obra de que necessitava nos grandes espaços pioneiros que se abriam e, para isso, o branco superior era escolhido e o "mascarvo nacional" (Afrânio Peixoto) descartado como inferior. Essa passagem do escravismo para o capitalismo dependente em tão curto período na região do Rio de Janeiro e São Paulo, especialmente nesse último Estado, explica em grande parte os níveis de marginalização em que se encontra a população negra e não branca em geral atualmente.

Antes da Abolição, os imigrantistas apresentavam projetos para que os europeus fossem trazidos como mão de obra capaz de sincronizar-se com o surto de progresso da região.

Dessa dupla realidade (a expansão econômica da área cafeeira e a formação racista das elites brasileiras), podemos ver que o que aconteceu não foi simplesmente uma ocupação de espaços de trabalho vazios por um imigrante que os vinha ocupar, mas sim a troca de um tipo de trabalhador por outro que era marginalizado antes de haver um plano de sua integração na nova fase de expansão.

A ideologia racista atuou como mecanismo que, se não determinou, influiu de forma quase absoluta nesse processo. Remanipulam-se dois estereótipos de barragem contra a integração do negro no mercado de trabalho. Um refere-se ao seu passado: como escravo era dócil. Outro ao seu presente: a sua ociosidade. Por outro lado, o imigrante não criaria mais problemas nesse processo de transição, pois já estava disciplinado. No seu devido tempo, mostraremos que os fatos não corroboram esses estereótipos. O que aconteceu foi uma visão apriorística de que a grande massa não apenas egressa da senzala, em 1888, mas aquela que já compunha um contingente de mão de obra não aproveitada que antecede à Abolição, deveria ser marginalizada para se colocar, em seu lugar, um trabalhador de acordo com a nova dinâmica da economia.

Ao que se saiba, nenhum político, partido ou órgão do governo apresentou planos concretos e significativos e investiu neles no sentido de fixar e aproveitar essa mão de obra. Pelo contrário, todos os investimentos foram para o trabalhador estrangeiro. Com isso se afirmava antecipadamente que a mão de obra flutuante não prestava. Criou-se a visão de que o trabalhador europeu se integrou porque era superior, e o nacional, negro, não branco de um modo geral, era incapaz de se integrar. Desse estereótipo não escapa inclusive um economista do porte de Celso Furtado. Escreve ele:

> Seria de esperar, portanto, que ao proclamar-se esta [a Abolição], ocorresse uma grande migração de mão de obra em direção das novas regiões em rápida expansão, as quais podiam pagar salários substancialmente mais altos. Sem embargo, é exatamente por essa época que tem início a formação da grande corrente migratória europeia para São Paulo. As vantagens que apresentava o trabalhador europeu com respeito ao ex-escravo são demasiado óbvias para insistir sobre elas.[18]

Em seguida, Celso Furtado apresenta as razões da superioridade do europeu sobre a massa trabalhadora nacional:

Quase não possuindo hábitos de vida familiar, a ideia de acumulação de riqueza lhe é praticamente estranha. Demais, seu *rudimentar desenvolvimento mental* limita extremamente suas "necessidades". Sendo o trabalho para o escravo uma maldição e o ócio o bem inalcançável, a elevação do seu salário acima de suas necessidades – que estão definidas pelo nível de subsistência pelo escravo – determina de imediato uma forte preferência pelo ócio. [...] Podendo satisfazer seus gastos de subsistência com dois ou três dias de trabalho por semana, ao antigo escravo parecia mais atrativo "comprar" o ócio que seguir trabalhando quando já tinha o suficiente "para viver". Dessa forma, uma das consequências diretas da Abolição, nas regiões em mais rápido desenvolvimento, foi reduzir-se o grau de utilização da força de trabalho [...] Cabe tão somente lembrar que o *reduzido desenvolvimento mental da população submetida à escravidão provocará a segregação parcial desta após a Abolição, retardando sua assimilação e entorpecendo o desenvolvimento econômico do país.*[19]

Pelo pensamento de Celso Furtado, a culpa da segregação (marginalização) dos ex-escravos (e aqui está embutida a imagem dos negros e não brancos) e componentes da massa de mão de obra nacional que foi transformada em excedente, foi decorrência do seu atraso mental, fato que conduziu ao entorpecimento da economia do país. Para ele não havia saída a não ser aquela que se apresentou, porque correspondia à necessidade de colocar-se um trabalhador mentalmente superior em face da ociosidade do negro, do mestiço, finalmente de todos aqueles que se encontravam sem ser integrados economicamente nessa fase de transição. Prova disso é o fato de termos sempre, nesse processo de expansão, a participação do imigrante europeu. Seus hábitos afeitos à instituição familiar regular e outros de comportamento *civilizados* entravam como fatores que explicavam, de maneira aparentemente objetiva, a vantagem de o trabalhador estrangeiro substituir o negro, ex-escravo e o não branco em particular[20]. Quando se quer fazer uma relação entre a necessidade da mão de obra e a imigração, apresenta-se, como justificativa ou explicação, o número relativamente pequeno de escravos que foram libertados pela lei de 13 de maio (mais ou menos setecentos mil) e a grande expansão da economia cafeeira que necessitava de um número muito maior de trabalhadores nessa expansão econômica. Isso é artificial, argumento que não se deve considerar. Com isso apagar-se-ia artificialmente do mapa demográfico nacional e do seu potencial de trabalho a grande parcela disponível de mão de obra que antecedia à Abolição. Em 1882 tínhamos, nas províncias de São Paulo, Minas Gerais, Bahia, Pernambuco, Ceará e Rio de Janeiro, para 1.443.170 trabalhadores livres e 656.540 escravos, uma massa de desocupados de 2.822.583. Essa era a realidade no processo de decomposição do sistema escravista: tínhamos, portanto, uma população trabalhadora sem ocupação maior do que o total de imigrantes que chegaram ao Brasil de 1851 a 1900. Mas tudo isso era posto de lado, sob a alegação do "ócio" nacional[21].

Vejamos como esses imigrantes chegaram e a sua conexão com a substituição do trabalhador nacional:

ENTRADA DE IMIGRANTES EUROPEUS NO BRASIL
(1851 - 1900)

Períodos	Entrada de europeus
1851-1860 (proibição do tráfico)	121.747
1861-1870 (Lei do Ventre Livre)	97.571
1871-1880 (movimento abolicionista)	219.128
1881-1890 (Abolição total)	525.086
1891-1900 (apogeu da imigração europeia)	1.129.315
1851-1900	2.092.847

FONTE: Octávio Alexandre de Morais, Imigration in to Brazil: a Statical Statement and Related Aspects, em Margaret Jane Bates, *The Migration of People to Latin America*, The Catholic University of America Press, 1957.

Podemos reparar, pelos dados acima, que há uma relação entre o processo de decomposição do sistema escravista e o ritmo de entrada de imigrantes europeus. Isto é, à proporção que se tomam medidas para tirar o escravo do processo de trabalho, estimula-se o mecanismo importador de imigrantes brancos, inicialmente com a proibição do tráfico, depois com a Lei do Ventre Livre. Com o movimento abolicionista, o processo se amplia. À medida que segmentos escravos, por várias razões, eram afastados do sistema de produção, entrava, em contrapartida, uma população branca livre para substituí-los. Não é por acaso que logo depois da proclamação da República cria-se a Lei da Vadiagem para agir como elemento de repressão e controle social contra essa grande franja marginalizada de negros e não brancos em geral.

No Rio de Janeiro, essa seleção étnica feita pela classe empregadora em detrimento do trabalhador não branco também se verifica. Em 1890, na indústria manufatureira, para 69,8% de brancos ocupados, o percentual negro era de 8,9% e mestiço, 19,7%. Os chamados caboclos contribuíam apenas com 1,6% da mão de obra. Como vemos, esse *continuum* seletivo se mantém constante, desestruturando social e economicamente a população não branca em geral, que é colocada como massa marginalizada do modelo de capitalismo dependente.

Analisando essa época, o historiador José Jorge Siqueira afirma que:

> Entre 1872 e 1900, a tendência foi de alta acelerada do crescimento populacional. Contribuíram para isto a inversão do fenômeno migratório cidade-campo, devido à fuga em massa do escravo negro aproveitando-se da crise que seria a derradeira do sistema escravista; o alto índice de crescimento natural da população (segundo o Censo de 1890, a variável que mais incrementa a estatística demográfica); e, por último, a intensificação da migração europeia (principalmente de portugueses, no caso do Rio). Em 1906, o Rio de Janeiro era a única cidade brasileira com mais de 500 mil habitantes, vindo a seguir São Paulo e Salvador, com pouco mais de 200 mil.[22]

No entanto, segundo o mesmo autor, nesse período:

para 822 empresários de manufatura dos diversos ramos industriais, temos 18.090 trabalhadores assalariados de alguma especialização técnica. Como a manufatura urbana no Rio de Janeiro contou também com o uso de trabalhadores escravos, lado a lado com os livres e assalariados, temos que aqueles representavam, nesse ano, 13% do total da força de trabalho ocupada em atividades industriais. Havia, na cidade, 46.804 escravos empregados em atividades diversas, malgrado o vultoso número de alforrias e o grau de desmantelamento do sistema[23].

Por trás da ideologia de rejeição do trabalhador nacional, como veremos oportunamente, estavam os grandes investimentos feitos para trazer o imigrante europeu. Não se podia considerar inferior um artigo no qual se havia investido um capital considerável. Por isso, Geraldo de Menezes Cortes apresenta, como um dos elementos das *forças de atração* para a vinda do imigrante europeu, certas vantagens que lhes eram oferecidas:

> É sabida a influência do conhecimento das possibilidades de emprego certo; sejam elas informadas por parentes, por amigos, ou mesmo através de agências de propaganda, não só nos países interessados na imigração, como também das empresas comerciais e transportes ferroviários e, principalmente, marítimo, as quais auferem lucros *per capita* dos transportados.[24]

Como vemos, já havia um processo de investimento capitalista nos mecanismos dinâmicos da política migratória. Onde isso não aconteceu o ex-escravo se integrou, embora em uma economia de miséria, mas de qualquer forma não foi marginalizado como no Sudeste, especialmente em São Paulo. Manoel Correia de Andrade afirma, por isso, ao descrever a situação do ex-escravo na região Nordeste:

> Mas o que ocorreu em consequência da mesma (Abolição) na região canavieira do Nordeste? Aí já não existiam terras devolutas, de forma expressiva, para nelas se alojarem os

ex-escravos, e estes, libertos, não tiveram outra alternativa senão a de venderem a sua força de trabalho aos engenhos existentes. Os abolicionistas mais consequentes admitiam que a Abolição devia ser acompanhada de medidas que levassem à distribuição de terras devolutas com os libertos, a fim de que se transformassem em pequenos proprietários. Os conservadores, que assumiram o comando da campanha abolicionista na ocasião em que compreenderam que a Abolição era um ato a se consumar, trataram de conceder a liberdade sem conceder terras, de vez que, conservando o monopólio da propriedade da terra, teriam a mão de obra assalariada barata, face à inexistência, para o escravo, de uma opção que não fosse venda de sua força de trabalho aos antigos senhores. Assim, na região açucareira nordestina, com a Abolição, os escravos fizeram grandes festas comemorativas e, em seguida, abandonaram, sem recursos, as terras dos seus senhores, saindo à procura de trabalho nas terras dos senhores de outros escravos. Houve, em consequência, uma redistribuição dos antigos cativos pelos vários engenhos e usinas, fazendo com que eles trocassem de senhores e passassem a viver com o magro salário que passaram a receber. O sistema utilizado, desde o começo do século, para os trabalhadores livres, foi aplicado aos escravos libertos, sendo os mesmos gradativamente absorvidos na massa da população pobre.[25]

Correia de Andrade coloca muito bem o problema e mostra como na região na qual não houve interesse do capitalismo mercantil no sentido de *administrar* a passagem do escravismo para o trabalho livre, o ex-escravo não demonstrou possuir aquele ócio sugerido por Celso Furtado. A falta de investimento, de capital, que objetivasse a substituição da mão de obra, possibilitou a integração do ex-escravo. Mas, como já havíamos escrito em outro local, o fato de não haver o negro das zonas de agricultura decadente se marginalizado na mesma proporção do paulista, não significa que ele tenha conseguido, ao integrar-se socialmente, padrões econômicos e culturais mais elevados do que os alcançados por aqueles que foram marginalizados em São Paulo. Eles conseguiram integrar-se em uma *economia de miséria,* com índices de crescimento e diferenciação baixíssimos, quase inexistentes.

Por essas razões, os próprios indicadores para a formulação do conceito de *marginalidade* devem ser regionalizados, levando-se em conta essas diferenças, sem o que cairemos, inevitavelmente, em uma visão desfocada e impressionista do problema com as subsequentes interpretações formalistas e imprecisas.

Onde não houve possibilidade de se investir para substituí-los por outro tipo de trabalhador, o negro foi integrado na economia, mas, por outro lado, naquelas áreas prósperas que tinham condições de investir na substituição da mão de obra, ele foi marginalizado. Aliás, uma coisa decorria da outra: as áreas decadentes não tinham possibilidade de procurar outro tipo de trabalhador pela sua própria decadência. As áreas que decolavam puderam dar-se ao luxo de jogar nas franjas marginais toda uma população de trabalhadores, para substituí-los por outra que viria *branquear* o Brasil e satisfazer aos interesses daqueles que investiram no projeto migratório.

Entrega de Mercadoria Que Não Podia Ser Devolvida

Convencionou-se, dentro dessa visão apriorística, que o trabalhador importado era superior ao nacional. Interesses convergentes, ideológicos (o branqueamento) e econômicos (os interesses dos investidores na empresa migrantista), determinaram que, ao invés de se fazerem planos experimentais para o aproveitamento dessa massa de mão de obra sobrante, estabeleceu-se como definitiva a sua inferioridade. Dessa forma, ficou a visão de que a substituição foi feita sem choques de adaptação do colono com as condições de trabalho, clima, alimentação e comportamento político. A qualidade do imigrante não era tão uniformemente superior como se propala. Eles foram impostos muitas vezes sob restrição inclusive dos fazendeiros. No que tange à população italiana, especialmente do Sul, as suas condições sociais e culturais não eram aquelas de superioridade comumente apresentadas. Percorrendo uma região italiana nos começos do século xx, o arqueólogo francês Gaston Boisier assim descreve a população camponesa italiana:

> Aqui (em Óstia), os imigrantes são todos lavradores que vêm semear suas terras e fazer a colheita. À tardinha, amontoam-se em cabanas feitas de velhas tábuas, com tetos de colmo. Visitei uma delas, estreita e comprida, que parecia um corredor. Não tinha janelas e só recebia luz das portas colocadas nas duas extremidades. O arranjo era dos mais simples. No meio, as marmitas onde se fazia sopa; dos dois lados, em compartimentos sombrios, homens, mulheres e crianças deitavam-se misturados, em montes de palha que nunca se renovaram. Mal entramos na cabana, e um cheiro fétido se apodera de nós e nos provoca náuseas; o visitante, que não está acostumado a essa obscuridade, nada pode perceber; só ouve o gemido dos maláricos que a febre prende ao leito de palha e que lhe estendem a mão pedindo esmola. Nunca imaginei que um ser humano pudesse viver em tais alforjas.[26]

Completando o quadro, escreve José Arthur Rios:

> Nessa emigração, a instituição mais importante era a família. Na família, a criança recebia as tradições do grupo e seus severos padrões de comportamento. As meninas aprendiam a temer o homem, a zelar pela honra e a ajudar no trabalho agrícola. O filho mais velho aprendia a profissão paterna e o árduo ofício de chefe de família. O homem era o senhor incontestado. A autoridade se transmitia do avô ao pai e deste ao filho mais velho, sempre na linha masculina. Às mulheres cabia o trabalho e a submissão. O concubinato era frequente no Sul, talvez, segundo sugere Foerster, resíduo da ocupação sarracena. O analfabetismo e a falta de instrução aí predominavam, embora fizessem sentir seus efeitos no Norte. Juntos concorriam a dar à tradição seu papel de árbitro

supremo. Só a superstição lhes fazia concorrência, agravada por uma religiosidade primitiva.[27]

Sobre os métodos de cultivo da terra, afirma o mesmo autor:

> Os métodos de cultivo remontavam, em sua maioria, ao Império Romano. O arado era primitivo, combinado, às vezes, com a *zappa*, espécie de enxada. O adubo, praticamente desconhecido, o que forçava os camponeses a deixar porções de terra em pousio se não quisessem vê-las rapidamente esgotadas. As sementes eram mal escolhidas. Os cascos de bois faziam a debulha das espigas e o vento separava o joio do trigo.[28]

Como vemos, essa superioridade técnica tão apregoada não é confirmada pelos fatos. Daí a frustração inicial de inúmeros fazendeiros na experiência que fizeram com esses imigrantes. Daí o ceticismo de Fernando Torres, presidente da província de São Paulo, o qual afirmava em seu relatório de 1859:

> o certo é que o desânimo e arrefecimento que em geral têm manifestado os nossos fazendeiros pela colonização, prova que os colonos ultimamente vindos da Europa têm sido mais pesados que lucrativos aos mesmos fazendeiros, pois que só assim se pode explicar a preferência que têm dado a despender somas enormes com a aquisição de escravos, comprados por preços que lhes absorvem anos de renda[29].

Para ele, ao contrário do que afirmou Celso Furtado, esses imigrantes eram "homens que, por já ociosos" e por não encontrarem ocupação nos seus países de origem, aceitam "por isso emigrar na primeira oportunidade que isso ofereça"[30].

Segundo Paula Beiguelman,

> no mesmo Relatório que comunica a presidência da Província pelo Ministério dos negócios do Império de que iam chegar oitocentos colonos vindos por conta da Associação Colonizadora,

e oferecendo-se o governo imperial a distribuí-los aos fazendeiros interessados, pagando a passagem da Corte a Santos, e dada publicidade a esse oferecimento fora quase nula a receptividade encontrada[31].

Não houve aquele automatismo de aceitação decorrente da superioridade óbvia do imigrante[32]. O que pretendia essa substituição do trabalhador nacional pelo alienígena era satisfazer uma teia de interesses que se conjugavam dentro de uma visão capitalista dessa transação, com capitais em jogo e interesses ideológicos e políticos que se completam. O governo imperial investe no imigrante porque ele não era mais um simples trabalhador, mas uma peça importante nos mecanismos que dinamizavam – via interesses de uma burguesia mercantil ativa e ávida de lucros – essa substituição. Pelo decreto imperial de 8 de agosto de 1871 (ano da Lei do Ventre Livre), foi autorizada a fundação da Associação Auxiliadora de Colonização e Imigração. Seu presidente era significativamente Francisco da Silva Prado e o seu capital podia ser aumentado em qualquer tempo. Os governos geral e provincial, por seu turno, poderiam injetar auxílios pecuniários à associação, os quais serviriam para pagar as passagens dos imigrantes[33].

Nessa conjuntura, como afirma Paula Beiguelman: "Estimulados por esses auxílios governamentais, vários fazendeiros se interessaram pelo emprego do trabalho do imigrante."[34]

As elites dominantes, através de vários mecanismos protetores do imigrante e de medidas restritivas à compra interna de escravos, através do tráfico interprovincial, conseguiu, finalmente, que o imigrante fosse um trabalhador de aluguel mais barato do que a compra onerosa (por onerada) do escravo e, nesse universo de transação capitalista, o fazendeiro do café aceita o imigrante.

E aquele trabalhador europeu que inicialmente era considerado ocioso por representantes da lavoura passa a ser considerado o modelo de poupança, perseverança, organização e disciplina no trabalho. O problema era, como se vê, impor o imigrante que correspondia aos interesses de uma camada que surgia nas entranhas do escravismo e tinha os seus objetivos voltados aos lucros da transação que se fazia com o imigrante. O Barão de Pati afirmava, mostrando a necessidade dessa alternância, que a *abundância* do escravo era um dos obstáculos ao desenvolvimento do trabalho livre. Daí a necessidade de se barrar a vinda da mão de obra escrava das zonas decadentes e se estimular e dinamizar a incorporação do imigrante ao trabalho nas fazendas de café. Na lavoura de café, o escravo assume o posto de trabalhador eficiente até ser substituído pelo imigrante. Os representantes das províncias nordestinas decadentes sentem que elas estão ficando despovoadas. Até aí o interesse do proprietário das fazendas de café procurava o trabalhador escravo de outras regiões como ideal ou pelo menos o mais adaptado ao trabalho. Depois de 1870, os cafeicultores começam a aceitar a substituição. Em 1880, o trabalho livre já se manifesta como a substituição ideal do trabalho escravo. Com uma ressalva: que esse trabalhador livre devia ser *branco* e o negro deveria transformar-se em marginal.

É exatamente essa gama de interesses do capitalismo mercantil que se desenvolve ainda nas entranhas do escravismo tardio através do processo migratório que determinou a dinâmica desse *segundo tráfico* não suficientemente estudado até hoje. Razões econômicas determinaram o sucesso da substituição de um tipo de trabalhador *inferior* por outro *superior*. Assim como a substituição do escravismo indígena foi justificada pela *altivez* do índio e a *docilidade* do negro, a substituição do trabalho do escravo negro pelo do imigrante branco foi também justificada pela incapacidade de o ex-escravo (isto é, o negro e o não branco nacional) realizar o trabalho no nível do europeu superior.

Os interesses em jogo na substituição do índio pelo negro nunca foram profundamente estudados. Diz a esse respeito, com muita razão, Tancredo Alves:

Grande razão que tem sido geralmente esquecida, foi a pressão dos grupos interessados no tráfico de africanos no sentido de imporem-se no Brasil (como às demais colônias tropicais) os escravos negros, fonte de polpudos lucros. O tráfico de africanos, ensina-nos Marx, desenvolveu-se na fase histórica da acumulação primitiva que precedeu ao surto do capitalismo industrial (séc. XVII a XVIII) como uma empresa tipicamente comercial, um fator a mais daquela acumulação. Tratava-se de uma empresa de certo modo autônoma que, se estava condicionada pelo seu mercado, em grande parte também o condicionava. O mercado era a agricultura de gêneros tropicais, que se desenvolveu a partir do século XVI como parte integrante do sistema colonial da fase do capitalismo manufatureiro, vale dizer como um outro fator da acumulação primitiva. Toda uma série de motivos ligados ao nível de desenvolvimento das forças produtivas, às condições geográficas, a certas condições ideológicas etc. (motivos que não será possível analisar aqui) ocasionaram essa ligação histórica entre a agricultura de gêneros tropicais e o tráfico de africanos, o fato é que onde vicejou a primeira verificou-se a penetração comercial do segundo; coisa fácil de comprovar-se no caso brasileiro: com exceção do surto minerador (há aí razões particulares), o fluxo de escravos negros correspondeu no Brasil – geográfica e historicamente – a vicissitudes da agricultura dos gêneros tropicais (o açúcar, o algodão, o café). Foram, portanto, esses interesses mercantis externos, ligados à agricultura colonial e ao tráfico de africanos, uma outra grande razão da predominância da escravidão negra no Brasil.[35]

Esse mesmo processo de substituição de um trabalhador por outro verificou-se na passagem do escravismo tardio brasileiro em relação ao negro. As grandes firmas imigrantistas, grupos interessados nesse processo e especuladores em geral, não viam evidentemente o imigrante como superior, mas o viam como um investimento que daria lucros a quem administrasse os mecanismos imigrantistas[36].

Inicialmente, a empresa Vergueiro & Cia. cobrava comissão dos fazendeiros para realizar a transação da vinda de imigrantes europeus. Essa comissão onerosa era repassada ao imigrante que tinha de pagá-la acrescida dos juros que o fazendeiro cobrava. Isso levava a que o imigrante dificilmente conseguisse resgatar as suas dívidas. Em 1867, um emissário do governo prussiano, H. Haupt, constatava que somente em circunstâncias excepcionais uma família de imigrantes poderia ressarcir as suas dívidas em tempo relativamente curto. Onze anos depois dessa constatação, há uma tentativa de se reabilitar o trabalhador nacional. No particular, escreve Verena Stolcke:

> No Congresso Agrícola de 1878, convocado pelo governo para avaliar o estado geral da agricultura, um grupo de fazendeiros se opôs à imigração em grande escala, como solução para o problema da mão de obra, devido aos custos que ela acarretaria para eles ou para o país. Ao invés disso, reivindicavam leis para combater a alegada aversão da população nacional ao trabalho. Buscavam meios de disciplinar os agregados e de obrigar os ingênuos ao trabalho, bem como disposições que reforçassem a lei de 1837 na regulamentação dos contratos de locação e serviços. Ao final, essa posição seria derrotada pelos fazendeiros que consideravam altamente problemático depender de ex-escravos após a Abolição ou da população nacional disponível, e que viam na imigração em massa subvencionada a única solução.[37]

O Estado assume financiar a imigração e, em 1884, a Assembleia de São Paulo aprova medida através da qual eram concedidas passagens gratuitas aos imigrantes que se destinassem à agricultura.

A mesma autora desenvolve o seu raciocínio apresentando os seguintes fatos:

> Após 1884, em vez de coagir os trabalhadores diretamente, o Estado procurou obter mão de obra barata e disciplinada para as fazendas, inundando o mercado de trabalhadores com imigrantes subvencionados. Em 1886, o governo provincial havia encontrado uma forma eficaz de fornecer subsídio integral aos imigrantes e o resultado foi praticamente imediato. Em maio de 1887, entre

sessenta mil e setenta mil imigrantes, agora predominantemente italianos, já haviam sido assentados nos estabelecimentos de São Paulo. Essa cifra excede a estimativa de cinquenta mil escravos que estavam sendo empregados nas fazendas cafeeiras paulistas em 1885.[38]

Como vemos, havia grandes interesses na empresa imigrantista que procurava dinamizar esse fluxo migratório com o objetivo de estabelecer a continuidade e ampliação dos seus interesses que estavam subordinados à marginalização do trabalhador nacional e à sua substituição pelo trabalhador estrangeiro subsidiado. Esse complexo mercantil, que se criou em cima da importação do trabalhador europeu, determinou, de modo geral, a exclusão do negro e do trabalhador nacional de uma integração como mão de obra capaz de dinamizar o surto de desenvolvimento econômico que surgiu com o *boom* da economia cafeeira. Podemos ver como há toda uma política que se conjuga – do Estado e dos fazendeiros – no sentido de alegar falta de braços para a lavoura e apelar, sempre, para que essa crise de mão de obra fosse resolvida através do imigrante europeu. Na base das transações mercantis, que eram operadas por esse complexo montado para importar o imigrante, estavam os lucros que vários segmentos da sociedade brasileira com isso conseguiam obter. Os próprios fazendeiros, na primeira fase da imigração, cobravam juros aos seus trabalhadores europeus, muitas vezes escorchantes, fato que deu motivo a diversas formas de protesto do trabalhador importado.

Um levantamento de quanto lucraram os setores envolvidos e participantes desse comércio, no qual estavam interessados agentes europeus e nacionais, fazendeiros, funcionários do governo, empresas de imigração, e outros setores financiadores, poderá demonstrar por que surgiu a ideologia da necessidade de importação em massa do trabalhador europeu. Este, por seu lado, era também explorado. Vindo com a expectativa de fixação à terra, direito à propriedade, proteção, assistência médica, fontes de financiamentos, como apregoavam os agentes nos países europeus – também remunerados para isso –, ao chegar via-se equiparado aos escravos das fazendas. Daí muitos deles terem se revoltado. Não suportando as reais condições que eram impostas a ele e à sua família, com um regime de trabalho no qual a coerção extra econômica funcionava como um componente das normas de trabalho, o imigrante reagiu muitas vezes. A revolta de Ibicaba, do senador Vergueiro, em 1850, é a mais conhecida mas não foi a única. Porém é significativa porque demonstra os mecanismos coatores que os fazendeiros usavam contra esses trabalhadores considerados *superiores* em relação aos nacionais.

Os fazendeiros usavam a alegação da falta da mão de obra em São Paulo para obterem novos trabalhadores importados e conseguirem um nível de salários baixos.

Nesse particular, escreve ainda Verena Stolcke:

> Mesmo depois da década de 1880, os fazendeiros regularmente se queixavam de que havia uma escassez de braços agrícolas em São Paulo. Existem, porém, várias indicações de que essas queixas eram recursos para pressionar pela continuidade da imigração em massa, e assim assegurar os baixos salários que os fazendeiros estavam dispostos a pagar. Por exemplo, as duas fontes alternativas de mão de obra, os libertos e os chamados trabalhadores nacionais, nunca foram utilizados de nenhuma forma substancial até a Primeira Guerra Mundial, quando a imigração europeia subvencionada se tornou impraticável. Ambos os grupos foram em larga medida ignorados pelos fazendeiros, mesmo nas épocas de suposta escassez de mão de obra.[39]

É óbvio, pelo exposto, que havia um mecanismo de barragem permanente contra o ex-escravo, o negro e, de forma mais abrangente, contra o trabalhador nacional. Enquanto se marginalizava este, dinamizava-se, através de várias formas, o *segundo tráfico* na medida em que ele era interessante e lucrativo para as classes dominantes. Como podemos ver, não se tratou de uma crise de mão de obra, como até hoje se propala, mas da substituição de um tipo de trabalhador por outro, o isolamento de uma massa populacional disponível e a colocação, no seu lugar, daquele trabalhador que vinha subvencionado, abrindo margens e possibilidades de lucros para diversos segmentos das elites deliberantes.

Em 1871, é criada a Associação Auxiliadora da Colonização, e Antônio Prado tornou-se o seu vice-presidente, tendo o seu pai conseguido, através da associação, a importação de dez famílias alemãs para suas fazendas. Em abril de 1886, Martinico Prado anunciou a fundação da Sociedade Promotora da Imigração. Essa entidade reuniu-se no mesmo ano a convite do Barão (depois Conde) de Parnaíba. Este propõe que a associação fosse o único contato junto ao governo provincial, do qual era vice-presidente e posteriormente presidente. Depois foi vice-presidente da entidade, e Martinico Prado, seu presidente. Convém acrescentar que o Barão de Parnaíba era primo dos Prado e estava interessado vivamente no desenvolvimento migratório. Essa sociedade funcionará até 1895, quando a política migratória passa a ser função do Estado. No período de funcionamento, a Associação Promotora importou 126.415 trabalhadores.

Em todo esse processo, os casos de nepotismo e corrupção eram inevitáveis. No particular, escreve um biógrafo da família Prado:

> Talvez acusações mais sérias que a do favoritismo regional e do excessivo gradualismo na questão da escravatura fossem aquelas da conspiração pessoal de Antônio com o fim de canalizar fundos governamentais para seu irmão. Em maio de 1889, o jornalista liberal Rui Barbosa acusou Antônio de emprestar 300 contos de fundos públicos para Martinico, presidente da Sociedade Promotora, para que ele subsidiasse a imigração, em violação a uma lei que dispunha que tal pagamento poderia ser feito apenas depois de recebidas as provas de que os imigrantes estivessem realmente estabelecidos nas fazendas. O ataque de Rui Barbosa

insinuava que a renúncia de Antônio ao Ministério da Agricultura estava ligada a esse "parentismo administrativo"! Antônio evidentemente não respondeu às acusações, nem delas resultou qualquer ação legal. Tinha frequentemente queixas contra a inércia governamental em encarar problemas cruciais e parece ter tido pouco respeito pelas sutilezas legais envolvidas. É possível que, ao ordenar o pagamento ao presidente da Sociedade, que aconteceu ser seu irmão, Antônio tenha sentido que estava aderindo à lei, já que pagamento direto aos fazendeiros não era efetuado. De qualquer maneira, o incidente mostra um lado sombrio do familismo usado para facilitar a imigração em São Paulo. Tendo observado muito anteriormente, na progressista Inglaterra, que tudo era feito pela iniciativa privada, Antônio aparentemente acreditou que, quando a livre empresa precisasse de apoio financeiro, o governo deveria ser um sócio à sua disposição.[40]

Não foi por acaso que a denúncia de corrupção (apesar da discreta defesa que o biógrafo da família fez) tenha surgido de um político nordestino. O Nordeste estava em decadência e via como se manipulavam as verbas para a importação do imigrante, em detrimento do amparo ao trabalhador nacional. As oligarquias se beneficiaram enormemente com o *segundo tráfico*, não apenas diretamente, mas também beneficiando segmentos mercantis, comerciais e usurários que tinham na importação do imigrante uma fonte de renda permanente. Já houve quem escrevesse a história dos magnatas do tráfico negreiro[41]. Falta quem escreva, agora, a história da vinda do imigrante europeu, a barragem que se fez contra o ex-escravo, o negro, o não branco de um modo geral e os mecanismos que beneficiaram economicamente aqueles que estavam engajados nessa operação: a história do *segundo tráfico*.

Acompanhando esses mecanismos que dinamizavam a estratégia da importação de imigrantes e as suas compensações monetárias, projetava-se a ideologia da rejeição do negro. Em São Paulo, onde o processo migratório subsidiado foi considerado a solução para a substituição do trabalho escravo, os políticos representativos dos fazendeiros do café desenvolveram um pensamento contra o negro, não apenas mais como ex-escravo, mas como *negro*, membro de raça inferior, incapaz de se adaptar ao processo civilizatório que se desenvolvia a partir do fim do escravismo. Em 1882, ao se falar na vinda de negros para São Paulo, o deputado Raphael Correia exclamaria indignado que era necessário "arredar de nós esta peste, que vem aumentar a peste que já aqui existe". Adicionava à condição de praga a "ociosidade inevitável dos negros".

Essa constante do pensamento das elites políticas e econômicas penetrou profundamente o ideário de vastas camadas da nossa população e da nossa intelectualidade, conforme vimos no pensamento de Celso Furtado. Sobre isso escreve Célia Maria Marinho de Azevedo:

> Atualmente pode-se constatar a permanência dessa ideia – a vagabundagem do negro – transformada em tema historiográfico destituído porém da argumentação racista do imigrantismo. Ao contrário, convencionou-se explicar a "recusa" do negro em trabalhar devido ao "fator herança da escravidão" ou "traumatismo" do escravo, pois para ele a liberdade seria o contrário do trabalho. Assim o negro teria se marginalizado devido à sua incapacidade para o trabalho livre, o que se explica hoje por ter sido ele escravo, e não mais por ter "sangue africano". Por sua vez, essa transmutação da representação imigrantista racista – negro vagabundo, em tema histórico – ex-escravo vagabundo, deve ser entendida dentro do contexto suscitado pelo mito da democracia racial, mito engendrado em meados da década de 30, porém alimentado pela imagem já mencionada acima, de um país escravista sem preconceitos raciais.[42]

A ideologia racista é substituída por razões *sociológicas* que no fundo as justificam, pois transferem para o negro, através do conceito de um suposto *traumatismo da escravidão,* as causas que determinaram a sua marginalização atual.

Das Ordenações do Reino à Atualidade: O Negro Discriminado

Como vimos nas páginas precedentes, a inferiorização do negro no nível de renda, no mercado de trabalho, na posição social e na educação são incontestáveis. Mas, como já dissemos também, essa situação deve-se, fundamentalmente, aos mecanismos de barragem que desde o Brasil-Colônia foram montados para colocá-lo em espaços sociais restritos e controláveis pelas classes dominantes. Muitos desses mecanismos foram instituídos ainda na Metrópole e objetivavam colocar o negro escravo na sua condição de semovente. O Código Filipino, também conhecido como Ordenações do Reino, de 1607, mandado recopilar por Filipe ii da Espanha e promulgado pelo seu filho Filipe iii, era taxativo no particular. Esse código foi estendido ao Brasil pela própria Assembleia Constituinte de 1823 e vigorou até a Abolição. No Título xvii do Livro iv lê-se o seguinte: "Qualquer pessoa que comprar algum escravo doente de tal enfermidade, que lhe tolha servir-se dele, o poderá enjeitar a quem lhe vendeu, provando que já era doente em seu poder de tal enfermidade, contanto que cite ao vendedor dentro de seis meses do dia que o escravo lhe for entregue."

No item 3, lê-se ainda:

> Se o escravo tiver cometido algum delito, pelo qual, sendo-lhe provado, mereça pena de morte, e ainda não for livre por sentença, e o vendedor ao tempo da venda o não declarar, poderá o comprador enjeitá-lo dentro de seis meses, contados da maneira que acima dissemos. E o mesmo será se o escravo tivesse tentado matar-se por si mesmo com aborrecimento da vida, e sabendo-o o vendedor, o não declarasse.

Finalmente para o aspecto que nos interessa:

> Se o vendedor afirmar que o escravo, que vende, sabe alguma arte, ou tem alguma habilidade boa, assim como pintar, esgrimir, ou que é cozinheiro, e isso não somente pelo louvor, mas pelo vender por tal, e depois se achar que não sabia a tal arte, ou não tinha a tal habilidade, poderá o comprador enjeitá-lo; porém, para que o não possa enjeitar, bastará que o escravo saiba da dita arte, ou tenha a tal habilidade meã-mente. E não se requer ser consumado nela.

Por essas normas que regulavam a situação do negro escravo em Portugal, e, por extensão, dos nossos primeiros constituintes, também no Brasil, a situação do negro era praticamente a de um animal. Não havia diferença entre o tratamento que se dava a uma besta e o que se dispensava a um negro escravo. Mas essa legislação repressora, escravista e despótica por isso mesmo, era aceita como normal e cristã, contanto que os escravos, no momento certo, fossem batizados pelos seus senhores. Aliás, o mesmo código regula esse detalhe e mostra como os senhores deviam batizar os seus escravos até seis meses "sob pena de os perder para quem os demandar". Era, também, o início do *sincretismo* exposto, como já vimos. As leis e alvarás se sucedem contra o escravo negro durante todo o transcurso da escravidão.

Em Sergipe, no ano de 1838, o seu governador baixa o decreto n. 13, de 20 de março, no qual se lê que são proibidos de frequentar as escolas públicas:

> §1 – Todas as pessoas que padeçam de moléstias contagiosas;
> §2 – Os Africanos, quer livres quer libertos.[43]

Evidentemente, quando o legislador colocou *africanos* quis referir-se aos negros em geral, pois uma coisa estava imbricada na outra. Dessa forma, barravam-se as possibilidades educacionais do negro da mesma forma que se impedia o ingresso de leprosos, tuberculosos ou portadores de outras doenças do gênero. Se nas

Ordenações do Reino o negro era equiparado às bestas, no decreto de 1838 ele era colocado no mesmo nível daqueles que deviam ser afastados do convívio social por transmitirem doenças contagiosas. Outras vezes, quando não se podia mais alegar que os africanos e os negros em geral eram iguais aos leprosos, apelava-se para aquilo que se convencionou chamar de um temperamento diferente do negro, o qual geraria um comportamento divergente e instável, razão pela qual ele devia ser impedido de frequentar certas escolas ou instituições de cunho cultural e/ou religioso.

Prova disso foi o comportamento da direção da Congregação dos Missionários da Sagrada Família de Crato, no Ceará, em 1958. Num prospecto publicado procurando despertar vocações sacerdotais, dizia o documento que, entre outras condições para ingresso no seminário, o candidato devia ser de *cor clara*. Como vemos, 121 anos depois do decreto que vedava aos negros ingresso nas escolas públicas de Sergipe, um Seminário, no Ceará, alegando outros pretextos, porém por idênticas razões, barrava o negro de seguir a carreira sacerdotal. O escritor Orlando Huguenin, estranhando os termos do documento, escreveu ao Padre Superior da Venerável Congregação dos Missionários da Sagrada Família sobre a veracidade do documento e quais as razões, em sendo autêntico, do procedimento da congregação em relação aos negros. Obteve a seguinte resposta:

> Referente à solicitação de V.S. no que concerne o item 4 das Condições de Admissão, a respeito da cor dos candidatos, venho responder-lhe que determinamos esse ponto baseado em experiências adquiridas há vários anos. Sempre notamos que a tais vocações é necessário dispensar uma vigilância de todo especial e, mesmo assim, quase sempre aberram e não conseguem dominar as suas inclinações, de modo que ou são dispensados, ou eles mesmos desistem com o tempo das suas aspirações. Parece que a permanente convivência com os rapazes de outra cor que, em geral, estão na maioria, os desnorteia e os faz esquecer o ideal

que inicialmente abraçaram. Creio que um ambiente de alunos de qualidades corporais iguais daria muito mais resultado.[44]

Como podemos ver, há um *continuum* de medidas que se sucedem como estratégia de imobilismo das classes dominantes brancas contra a população negra, em particular, e a não branca, de um modo geral. Essa estratégia racista se evidenciará em vários momentos, exatamente quando há possibilidades de, através de táticas não institucionais, os negros conseguirem abrir espaços nessa estratégia discriminatória.

Esse *continuum*, porém, é visto por grande parte dos estudiosos da nossa história social como casos excepcionais e não característicos das nossas relações interétnicas. As medidas de controle social, sem analisarmos, por enquanto, o que foi no Parlamento a discussão dos racistas brasileiros contra a entrada de imigrantes não brancos, são uma permanente atitude das elites brancas. Em 1945, parodiando o governador de Sergipe em 1838, Getúlio Vargas, estabelecendo normas para a política de imigração do Brasil, baixa decreto ordenando medidas no sentido de desenvolver, na composição étnica do país, as características mais convenientes de sua descendência europeia.

O problema que se apresentava era branquear o Brasil para que ele se civilizasse. Nas Forças Armadas, o mesmo fato se verifica. Durante o Estado Novo, vigorou uma norma discriminatória na Escola Preparatória de Cadetes de São Paulo, quando se proibia a entrada de negros, mulatos, judeus e filhos de operários. A norma foi baixada pelo então Ministro da Guerra, Eurico Gaspar Dutra. Ela somente foi relaxada quando o Brasil entrou na guerra contra a Alemanha e, aí sim, os negros, mulatos, judeus e operários foram recrutados para irem morrer, da mesma forma como aconteceu na Guerra do Paraguai, quando os filhos dos senhores de engenho mandavam em seu lugar os escravos de seus pais.

Essa visão do negro como inferior leva a atitudes irracionais como a do presidente da Federação das Associações Comerciais do Paraná, Carlos Alberto Pereira de Oliveira, que, em 1981, afirmava, em conferência intitulada "A Tese da Doutrina do Otimismo Realista", que:

> as causas principais da existência de alguns bolsões de pobreza no Brasil são de origem étnica e histórica. O Brasil foi colonizado por povos selvagens e o negro importado das colônias portuguesas da África. Esses povos, apesar da robustez física, eram povos primitivos, que viviam no estágio neolítico e por isso incapazes de se adaptarem a uma civilização moderna industrial. O negro mantido como escravo até fins do século XIX, analfabeto e destinado a trabalhos braçais, também não conseguiu integrar-se perfeitamente à civilização moderna. São esses povos – índios, negros, mulatos e caboclos – que constituem a grande massa de pobreza do Brasil, no campo e nas favelas.

E concluía, peremptório:

> Imigrantes europeus, asiáticos, japoneses, oriundos de civilizações milenares que se dirigiram para as regiões litorâneas vivem muito bem no Brasil. É muito raro ver-se um descendente de japoneses, judeus, italianos, árabes ou alemães, em condições de miséria absoluta. Isso prova que as causas principais da pobreza no Brasil são de origem étnica, muito mais do que possíveis influências do meio físico, da má administração pública ou da tão divulgada exploração do homem pelo homem, como pretendem os marxistas.[45]

Remetidas para a própria população negra as causas fundamentais do seu atraso social e cultural, político e existencial, resta apenas procurar branqueá-la cada vez mais para que o Brasil possa ser um país moderno, civilizado e participante do progresso mundial. A filosofia do *branqueamento* passa, assim, a funcionar. Todas as medidas que possam ser tomadas nesse sentido são válidas. A filosofia do branqueamento não tem ética social.

Por essa razão, se, em 1981, um empresário denunciava a *doença*, em 1982 um economista apresenta a *terapêutica*: esterilizar os negros e seus descendentes. Dessa forma, a "doença" (repare-se que em 1838, em Sergipe, já se equiparava os negros aos portadores de doenças contagiosas) poderia ser eliminada do corpo social. O economista Benedito Pio da Silva, assessor do GAP (Grupos de Assessoria e Participação) do Banespa (São Paulo), apresentou trabalho intitulado "O Censo do Brasil e no Estado de São Paulo, Suas Curiosidades e Preocupações". Estabelecia ali sua filosofia étnica segundo a qual era necessária uma campanha nacional visando o controle da natalidade dos negros, mulatos, cafuzos, mamelucos e índios, considerando que se mantida a atual tendência de crescimento populacional, "no ano 2000 a população parda e negra será da ordem de 60% (do total de brasileiros), por conseguinte muito superior à branca. E eleitoralmente poderá mandar na política brasileira e dominar todos os postos-chave". Isso foi visto como perigo *social* que deve ser combatido e eliminado como doença para se manter o equilíbrio social dentro dos valores brancos. A *síndrome do medo* contra as populações não brancas, que teve seu início no regime escravista, conforme veremos mais tarde, continua funcionando e estabelecendo níveis de comportamento patológico como o do economista citado. O mais sintomático é que essa tese racista foi aprovada por esse órgão de assessoramento do governo de São Paulo, na época dirigido pelo governador Paulo Salim Maluf. A tese da esterilização da população não branca foi aprovada e cópias do seu texto distribuídas a todos os integrantes dos diversos GAPs.

Isso, porém, não é caso inusitado. Os exemplos poderiam ser dados às dezenas. O certo é que, depois de quatrocentos anos de lavagem cerebral, o brasileiro médio tem um subconsciente racista. O preconceito de cor faz parte do seu cotidiano. Pesquisa realizada pelo jornal *Folha de S. Paulo*, em março de 1984, sobre o preconceito de cor, constatou que 73,6% dos paulistanos consideram que o negro é marginalizado no Brasil e 60,9% dizem conhecer pessoas e instituições que discriminam o negro. Devemos salientar, como elemento de reflexão na interpretação desses dados, que é notável a tendência de se reconhecer mais facilmente a existência da discriminação racial nos outros do que em si mesmo. Como vimos, 73,6% consideram que o negro é marginalizado no Brasil. A proporção caiu para 60,9% quando se trata de reconhecer a existência de discriminação em seu próprio círculo de relações. E apenas 24,1% revelaram alguma forma de preconceito pessoal. Como sempre, o problema nevrálgico é quando se pergunta se aceitaria um negro como membro da família. Foi a pergunta sobre a possibilidade de ter um negro como genro ou cunhado, muito mais do que como chefe de serviço ou como representante político, que suscitou a maior média (24,1%) de respostas francamente preconceituosas, reveladoras do racismo do brasileiro.

Toda essa realidade discriminatória, preconceituosa e repressiva é escamoteada deliberadamente. Seria fastidioso aqui repetir os pronunciamentos de todas as autoridades que proclamam a nossa democracia racial e praticam a discriminação. Em 1969, segundo documento coligido por Thales de Azevedo, citado por Abdias Nascimento, podemos ler:

> *O Globo*, Rio, 12.2.1969: "Portela vê Imprensa a Serviço da Discriminação Racial para Conturbar" – Publicando telegrama procedente de Brasília, o jornal informa que o general Jaime Portela, em exposição de motivos ao presidente da República, sugerindo a criação da Comissão Geral de Inquérito Policial Militar, datada de 10.2.1969, refere-se a conclusões do Conselho de Segurança Nacional sobre ações subversivas e afirma: "No contexto das atividades desenvolvidas pelos esquerdistas, ressaltamos as seguintes (item 9) – Campanha conduzida através da imprensa e da televisão em ligação com órgãos estrangeiros de imprensa e de estudos internacionais sobre discriminação racial, visando criar novas áreas de atritos e insatisfação com o regime e as autoridades constituídas."[46]

Esse mesmo governo neofascista dizia, através do seu presidente Ernesto Geisel, ao Secretário Geral da Organização das

Nações Unidas, em 21 de março de 1977, quando se comemorava o Dia Internacional Para a Eliminação da Discriminação Racial: "O Brasil é o produto da mais ampla experiência de integração racial que conhece o mundo moderno, resultado, ao longo dos séculos, de um processo harmônico e autônomo, inspirado nas raízes profundas dos povos que aqui somaram esforços na construção do País." E concluía: "Compartilham os brasileiros da convicção de que os direitos da pessoa humana são desrespeitados nas sociedades onde conotações de ordem racial determinam o grau de respeito com que devem ser observadas as liberalidades e garantias individuais."[47]

Essa é a retórica oficial. No entanto, esse mesmo presidente, em março de 1975, escorraçava do Palácio do Planalto uma comissão de negros paulistas que para lá foram convidá-lo a participar das festas de 13 de maio que seriam realizadas na capital de São Paulo. A alegação foi a de que não tínhamos mais negros no Brasil, mas sim cidadãos brasileiros. Chamou-os de divisionistas e impatriotas e mandou que a comissão se retirasse[48].

Porém, ao comemorar-se o sesquicentenário da imigração alemã no Rio Grande do Sul, Geisel não apenas compareceu aos festejos como também elogiou publicamente o esforço dos alemães no progresso da nação brasileira. Em outras palavras: ele pode ser teuto-brasileiro, mas os negros não podem ser afro-brasileiros. A historicidade étnica e cultural fica, assim, através dessa estratégia inibidora e intimidadora, reservada ao imigrante branco.

4.

O Negro Como Grupo Específico ou Diferenciado em uma Sociedade de Capitalismo Dependente

O Negro Como Cobaia Sociológica

Para que se possa compreender e interpretar convenientemente o esquema metodológico que iremos apresentar em seguida, temos de partir de algumas premissas teóricas esclarecedoras a partir das quais nosso pensamento se desenvolverá. Queremos dizer, inicialmente, que se trata de uma tentativa exploratória de se empregar a dialética materialista ao problema do negro brasileiro no seu aspecto organizacional e ao nível de convergência entre os seus valores culturais, trazidos da África, e a função dos mesmos em uma sociedade de classes, mais especificamente, em uma sociedade de capitalismo dependente como a brasileira[1].

Será, portanto, um trabalho que, inevitavelmente, terá falhas ou vácuos no seu corpo expositivo e interpretativo. Não fosse a própria posição dialética uma postura que aceita (e exige) a crítica todas as vezes que é aplicada, a própria falta de trabalhos que procuram expor um esquema desse tipo é tão gritante que nos impõe uma posição extremamente cautelosa.

Inicialmente, devemos dizer que, para chegarmos às categorias de grupos *específicos* e *diferenciados*, através dos quais desenvolveremos o nosso esquema metodológico, começaremos, no nível teórico, a manipular com dois termos da dialética materialista, derivados do conceito de classe social: os termos de classe *em si* e *para si.*

Como se sabe, o conceito de classe social, tão fecundo em vastas áreas de pesquisa macrossociológica, subdivide-se em classe *em si* e *para si.*

Essa dicotomização do conceito vem possibilitar a análise da classe desde a sua formação e emergência, quando ela é apenas objeto na estrutura social, até a fase mais plena da sua afirmação na sociedade, quando adquire consciência de que existe e somente em confronto e fricção com outras que se comprimem no espaço social pode reconhecer-se como *específica*, isto é, com objetivos próprios e independentes.

A partir do nível de reconhecer-se *específica*, ela cria valores parciais próprios que funcionam como mantenedores dessa especificidade e, ao mesmo tempo, elabora uma ideologia que a dinamiza do ponto de vista da sociedade abrangente.

Quando a classe chega a esse ponto, a sua ideologia deverá ser tão globalizadora que refletirá os interesses mais gerais daqueles segmentos, camadas, grupos ou indivíduos que se encontram em um processo de desenvolvimento e se situam, da mesma forma que a classe que adquiriu consciência de si mesma, de um lado em consonância com o desenvolvimento das forças produtivas e, de outro, em antagonismo com as relações de produção existentes.

Assim como a classe fundamental em desenvolvimento cria uma ideologia abrangente e dinâmica, os demais segmentos ou grupos sociais que se encontram na mesma posição de antagonismo em relação à infraestrutura também criam valores com os quais se resguardam parcialmente do sistema tradicional que os oprime. Formam-se, em consequência, grupos específicos de resistência que, dentro de uma sociedade contraditória e conflitante, procuram, nos diversos níveis e de diversas maneiras, organizar-se para sobreviver e garantir-se contra o processo de compressão e peneiramento econômico, social e cultural que as classes dominantes lhes impõem.

Evidentemente, esses grupos, à medida que sentem a atuação de forças restritivas aos seus movimentos de interação com a sociedade global, procuram, por seu turno, reunir-se através de valores particulares para não caírem em estado de anomia total, fato que os levaria à sua extinção pura e simples ou a serem deslocados progressivamente para estratos cada vez mais inferiorizados da sociedade.

No Brasil, desde o início da escravidão os negros africanos, transformados em escravos, começaram a organizar-se para sobreviver e manter os seus padrões tribais e culturais que a escravidão tentava destruir permanentemente. Desde os navios negreiros eles, aproveitando-se das organizações iniciáticas existentes na África em grande número, procuravam reencontrar a sua condição humana. Mas o sistema escravista, como um todo compacto e fechado, não permitia que o escravo adquirisse consciência da sua situação social, fato que o impedia de formular uma ideologia capaz de desaliená-lo completamente. Por isso mesmo, começa a organizar grupos tópicos de diversos conteúdos para reencontrar-se como ser.

Dessa forma, os grupos sociais *específicos* negros foram criados pelos escravos, durante todo o transcurso do regime escravista e pelo negro livre, após a Abolição até os nossos dias.

Esses grupos desempenharam um papel organizacional, social e cultural muito maior do que se presume ou já foi pesquisado e/ou computado pelos cientistas sociais. Não nos parece ter razão, portanto, Thomas E. Skidmore, quando, sem ter estudado em profundidade o comportamento do escravo brasileiro no particular, afirma que ele não desenvolveu suficientemente *instituições paralelas* que correspondem – de forma aproximativa – aos *grupos específicos* na terminologia que estamos propondo[2]. Por outro lado, devemos reconhecer que o negro norte-americano teve esse tipo de organização em nível superior ao brasileiro, e esses grupos se desenvolveram com uma dinâmica muito maior[3].

O negro demonstrou, no Brasil, desde os primeiros tempos da escravidão, um *espírito associativo* que foi, inclusive, destacado em estudos especiais sobre o assunto. Não fosse esse espírito, ou melhor, essa tendência criada pela sua situação no espaço social, os escravos teriam uma vida muito mais sofrida sob o cativeiro, e o negro livre não teria resistido na proporção que resistiu ao chamado *traumatismo da escravidão*, incorporado, por ele, ao seu comportamento após a Abolição[4].

Foram inúmeras as formas através das quais o negro se defendeu social, cultural e biologicamente, criando anteparos à brutalidade da escravidão e, depois, ao seu processo de marginalização que se seguiu à chamada Lei Áurea.

A fim de preservar as suas crenças, conseguir momentos de lazer, de refuncionalizar os seus valores, traços e padrões das culturas africanas, obter alforrias, dinheiro, sepultura ou resistir aberta e radicalmente ao regime escravista, ele organizou inúmeros grupos ou se incorporou a alguns já existentes. Essas razões contribuíram para que o negro fosse, numa época em que o espírito despótico dos senhores de engenho e barões do café queriam centralizar em si todas as formas de organização, um elemento que procurou agrupar-se de mil maneiras, fugindo às formas tradicionais ou institucionais de organização, criando uma verdadeira rede de *grupos específicos*.

Da Colônia até nossos dias, podemos encontrar grupos negros com diversos objetivos. Durante a Colônia e enquanto predominou o regime escravista, temos de destacar os grupos quilombolas que dominavam estradas e áreas territoriais ponderáveis, demonstrando um espírito de luta incomum e uma capacidade organizacional surpreendente. Esses grupos podem ser encontrados desde o Pará até o Rio Grande do Sul.

Infestando as matas, fugindo para o seu recesso, perseguidos pelos capitães-do-mato ou membros da milícia, esses grupos de negros fugidos foram uma constante na paisagem social do Brasil escravista. Porém não foi apenas o quilombola que se organizou. Mesmo aqueles que não chegavam à decisão extrema de fugir, também se reuniam, criavam grupos de resistência nas senzalas, muitos deles aparentemente com objetivos apenas religiosos ou de lazer, mas que funcionavam como mecanismos de distensão psicológica contra a rigidez do regime de trabalho a que estavam submetidos. Os batuques, muito comuns, por isso mesmo serviam como ponto de convergência dos grupos que reelaboravam os seus valores culturais e tribais e, durante a sua função, restabeleciam a hierarquia antiga, fragmentada com e pelo cativeiro.

Podemos dizer, por isso, ao contrário de Skidmore, que o negro brasileiro, tanto durante a escravidão como posteriormente, organizou-se de diversas formas, no sentido de se autopreservar tanto na situação de escravo, como de elemento marginal após 13 de Maio. E mais: não apenas em um ou outro Estado, mas em todas as regiões onde a escravidão existiu, os grupos negros continuaram a existir, passado o período do regime escravista. Esses *grupos específicos* pontilharam toda a trajetória da existência do negro brasileiro. Querer negar isso, a título de justificar-se a escravidão brasileira como "benigna" (não é esse o caso de Skidmore, diga-se de passagem) e a atual situação do negro como de integrado na sociedade de capitalismo dependente atual, é querer escamotear a realidade social, através de sofismas já bastante desmascarados.

Durante a escravidão, podemos constatar os seguintes tipos de *grupos específicos* negros principais: a. de lazer; b. religiosos; c. sociais; d. econômicos; e. de resistência armada (militares); f. musicais; g. culturais; h. intercruzados. Esses grupos seriam representados por quilombos, clubes conspirativos, candomblés, batuques, irmandades religiosas, festas de reis do Congo, caixas de alforrias, *cantos*, grupos de capoeira, finalmente todos aqueles que foram organizados pelo negro escravo.

Esse processo de dinâmica organizacional contínuo prolongou-se após a Abolição, em decorrência do peneiramento social a que foram submetidos os negros livres na sociedade *branca*. Poderão ser vistos como: confrarias religiosas, associações recreativas, culturais e esportivas, centros de religiões afro-brasileiras ou populares, como candomblés, terreiros de macumba, xangós, centros de umbanda/quimbanda, pajelanças, escolas de samba, grupos teatrais ou políticos, como a Frente Negra, já com um nível de organização e grau de ideologização capazes de levá-los a participar de movimentos mais globalizadores. Devemos salientar, também, como grupos específicos, os diversos órgãos de imprensa negra que tiveram papel relevante no sentido de difundir o *éthos* desses grupos, especialmente em São Paulo.

Os grupos específicos mais esclarecidos já tinham uma visão projetiva dotada de maior nitidez em relação ao seu papel social, considerando-se parte de um segmento oprimido e discriminado que, por isso mesmo, somente através de uma saída que libertasse todas as camadas em situação idêntica teriam o seu problema resolvido. Em 1937 – não por acaso –, ao ser implantado o Estado Novo, as associações negras sofreram uma campanha sistemática de perseguição, o que levou muitas delas a sustentar suas próprias atividades. Com a chamada redemocratização após a Segunda Guerra Mundial, esses grupos se revitalizaram, devendo destacar-se, no particular, embora com vida efêmera, pelos objetivos que perseguia o Comitê Democrático Afro-Brasileiro, criado em 1945, tendo à sua frente Solano Trindade, Raimundo Souza Dantas, Aladir Custódio e Corsino de Britos[5].

No sentido de dar uma visão dinâmica ao estudo do negro brasileiro é que propomos o esquema metodológico que iremos expor em seguida, porque nos parece que o método meramente comparativo entre o negro brasileiro e as suas matrizes africanas, embora tendo contribuído, em certa época e de certa forma, para que se tivesse uma visão parcial do problema, leva o pesquisador, inevitável e inconscientemente, a criar uma nova escolástica, na qual tudo se ajusta por analogia.

Ao se ver um determinado fato no Brasil, ligado ao problema do negro, seja religioso, cultural, político ou ideológico, recorre-se à África até achar-se outro formalmente análogo e, a partir daí, faz-se uma ponte de relação entre os dois. O exagero desse método poderá levar o sociólogo ou antropólogo a explicações analógicas que nada têm de científicas.

Por isso, achamos que tem razão Luiz de Aguiar Costa Pinto quando escreve:

> A abundante e variada – e também desigual – produção que resultou do interesse etnológico sobre o negro no Brasil acrescentou aos Estudos de Nina Rodrigues um enorme cadastro de "sobrevivências africanas" que foram procuradas com afã em todos os setores da vida social deste País por uma geração de estudiosos. Dessa forma emanaram alguns estudos fundamentais e aos mais importantes dentre eles está inolvidavelmente ligado o nome do Professor Arthur Ramos e de seu grupo de colaboradores, que através dessa prospecção realizaram aqui, servindo-se das mesmas técnicas, dos característicos particulares do "caso brasileiro" e os recursos muito mais limitados – estudos do tipo e envergadura semelhantes às pesquisas custosas levadas a efeito por museus, universidades e institutos europeus e norte-americanos no coração da África, nas Antilhas, nas ilhas do Pacífico ou no próprio Brasil. A quase totalidade dos estudos dos cientistas estrangeiros sobre a situação racial brasileira refletem, também, essa limitação do "approach" etnográfico, multiplicado pela contingência da diferença de nacionalidade. Na verdade, porém, as diferenças são de grau e resultam de distâncias nacionais e culturais maiores, somadas às distâncias sociais que no caso dos estudiosos brasileiros são as mais importantes. [...] Acontece assim que, muitas vezes, os produtos das relações de raças – tudo isso que se estuda no capítulo da aculturação, assimilação, acomodação etc. – desempenham dentro da configuração total muito mais uma função de mascarar a natureza real das relações concretas de que historicamente resultam. Inadvertido disso é que o bom-senso de muitos desconcerta-se vendo apresentado como "acomodação", o que é fruto evidente de uma situação de conflito.[6]

As palavras de Costa Pinto mostram muito bem como há necessidade de um esquema que modernize os métodos tradicionais de pesquisa do negro brasileiro, pois os casos extremos de comparação demonstram como esse método já está esgotado, superado ou, para usarmos a palavra empregada por Costa Pinto, *démodé*.

Esses cientistas sociais que andam perdidamente à cata de analogias culturais e sociais poderão encontrar paralelos, ao nível de "influências recíprocas", entre as favelas cariocas e paulistas e as *Shanty Towns* de Gana: são bairros miseráveis que existem na periferia das suas cidades, compostos de casebres infectos, choupanas de lata e madeira; ambas usam o mesmo material de construção, não têm água e esgotos e são habitadas por negros.

Em vez de pesquisarem e concluírem sobre fatos e processos mais relevantes da nossa *situação racial*, tomando o *social* como fundamental e o *cultural* como condicionado e decorrente, postura que os levaria inevitavelmente a investigar problemas como a marginalização do negro, o seu comportamento nas favelas, mocambos, cortiços e alagados; a situação dos grupos negros em relação às possibilidades de mobilidade social vertical massiva; as ideologias *brancas* e formas de barragem contra eles; sua situação diante da sociedade inclusiva a partir do fim da escravidão; o aproveitamento de traços culturais africanos como elementos funcionais para que o negro não caísse em estado de anomia total; os movimentos de fricção de diversos grupos negros pauperizados, que procuram abrir o leque das oportunidades na sociedade chamada branca; e outros assuntos relevantes, ficam adstritos a pesquisas e microanálises formais, de detalhes do seu mundo religioso, separado do contexto social em que eles se manifestaram e/ou manifestam.

Debruçam-se, por isso, com rara perseverança, sobre reminiscências da culinária africana; a conexão entre lendas e estórias recolhidas no Brasil com aquelas que existiram ou existem na África e outras formas de paralelismo cultural de menor relevância.

Isso trouxe, como consequência, uma ciência feita de fragmentos, sem um sistema interpretativo capaz de ligar as diversas partes ao seu todo, a não ser no plano de uma maior ou menor reminiscência que os grupos negros brasileiros têm das suas culturas matrizes. Sociólogos e antropólogos colocaram o *tema do negro* em uma mesa de necrotério, e passaram a dissecá-lo como se ele fosse apenas um corpo morto a ser estudado nos seus mínimos detalhes, para posterior diagnóstico da sua *causa mortis*.

Não viram que esse problema era um componente vivo da sociedade brasileira em seu desenvolvimento contraditório, um dos seus mais complexos problemas, e que caberia ao sociólogo, ou antropólogo, apresentar planos, projetos, sugestões ou simples elementos dinâmicos de conhecimento à comunidade negra, em primeiro lugar, e às áreas interessadas em solucioná-lo, em segundo, para que o mesmo fosse resolvido. Nada disso aconteceu ou acontece. O resultado foi uma visão acadêmica do problema. O negro, a partir daí, passou a ser analisado como se fosse a *Drosophila melanogaster* dos nossos cientistas sociais. Simples objeto de laboratório, cobaia sociológica. Para eles, as implicações e relacionamento entre o negro e os seus estudos não vão além daquelas que existem entre a realidade estudada e a verificação da eficiência das suas *hipóteses de trabalho*.

Mas enquanto essa *consciência acadêmica* se cristalizava como ideologia dominante dos cientistas sociais que estudavam o negro brasileiro, a população negra procurava sobreviver e explicar o mundo, independentemente desses estudos e pesquisas que nenhuma influência exerceram no seu cotidiano. E é justamente a partir da constatação da existência desse potencial dinâmico no negro e do seu poder e capacidade de organização e agrupamento, que elaboramos o esquema metodológico a ser apresentado em seguida. Tentaremos mostrar, através de uma dicotomização tipológica, o conteúdo e a trajetória possíveis desses grupos, o seu ritmo de desenvolvimento e as suas possibilidades organizacionais.

Tentaremos mostrar, também, as suas limitações e o ciclo evolutivo dos mesmos que, depois de um período de tempo variável, vão perdendo, total ou parcialmente, os elementos de dinamismo intragrupal e a subideologia que os especifica, sendo absorvidos ou adaptados à sociedade global.

Parece-nos claro que, dessa forma, poderemos compreender melhor o papel desses grupos e, na medida do possível, dinamizar o seu conteúdo e função no sentido de fazê-los polos de resistência ao processo de compressão e desagregação social, econômica e cultural a que o negro brasileiro está sujeito.

Grupos Específicos e Diferenciados

Quando nos referimos a um *grupo diferenciado* numa sociedade de classes, temos em vista uma unidade organizacional que, por um motivo ou uma constelação de motivos ou racionalizações, é diferenciado *por* outros que, no plano da interação, compõem a sociedade. Isto é: constitui um grupo que, por uma determinada *marca*, é visto pela sociedade competitiva dentro de uma óptica especial, de aceitação ou rejeição, através de padrões de valores, *mores* e representações dos estratos superiores dessa sociedade. Quando nos referimos a *grupos específicos*, estamos encarando a mesma realidade em outro nível de abordagem e em outra fase de desenvolvimento ideológico. Procuramos, com esse termo, designar, do ponto de vista interno do grupo, os padrões de comportamento criados a partir do momento em que os seus membros se sentem considerados e avaliados através da sua *marca* pela sociedade. Em outras palavras: o *grupo diferenciado* tem as suas diferenças aquilatadas pelos valores da sociedade de classes, enquanto o mesmo grupo passa a ser *específico* na medida em que ele próprio sente essa diferença e, a partir daí, procura criar mecanismos de defesa capazes de conservá-lo *específico* ou mecanismos de integração na sociedade.

O *grupo diferenciado*, por isso, é identificado. O *grupo específico*, por seu turno, *se* identifica. Ou melhor: o mesmo grupo pode ser diferenciado quando visto *de fora para dentro* pelos demais membros da sociedade ou, pelo menos, pelos estratos superiores e deliberantes, enquanto o mesmo não sente essa diferenciação; o *específico se vê*, é analisado pelos seus próprios membros em relação ao conjunto dos demais grupos sociais, quando adquire consciência dessa diferenciação. Enquanto ele é simples *grupo diferenciado* – através de critérios de julgamento exteriores – é apenas objeto, simples elemento componente da sociedade como um todo, funcionando como parte passiva do contexto social. Ainda não tem interioridade, conteúdo. Mas, quando passa a sentir-se diferenciado pela sociedade global, isto é, pelos demais grupos que não possuem a mesma *marca* diferenciadora e, por isso mesmo, é separado por barreiras e técnicas de peneiramento no processo de interação, ele adquire consciência dessa diferença, passa a encarar a sua *marca* como valor positivo, revaloriza aquilo que para a sociedade o inferioriza e sente-se um grupo *específico*.

É essa emergência de novos valores dentro do grupo que o faz passar de diferenciado (para a sociedade global) a específico, através de valores existentes, criados por ele no presente, ou aproveitados do passado, que passam a ser revalorizados como símbolos de autoafirmação grupal, com um significado especial.

A formação desses grupos específicos numa sociedade competitiva nasce, fundamentalmente, do antagonismo entre as classes sociais e os seus diversos estratos. Acontece que certos grupos ou segmentos em algumas sociedades se situam interiorizados cumulativamente por uma determinada *marca* discriminatória e pela situação de inferioridade socioeconômica que os diferencia perante a sociedade global de acordo com os seus padrões de superioridade. É o caso do negro brasileiro.

Os grupos negros nas relações intergrupais e com a sociedade no seu conjunto sabem que, por possuírem uma *marca* diferenciadora, são, no processo de interação, considerados portadores de valores próprios e inferiorizados. Esse julgamento da sociedade inclusiva leva a que todas as atitudes, gestos ou atos de um membro desses grupos específicos sejam considerados como sendo o comportamento de todos os elementos que os compõem. Dessa forma, criam-se estereótipos e racionalizações que justificam medidas de barragem dos grupos ou classes que estão nos estratos superiores ou deliberantes da sociedade. Como escreve Werner S. Landecker: "Se nós pedíssemos a alguém de nos dar suas razões que o levaram a identificar o indivíduo particular com seu grupo todo, a resposta provavelmente seria: 'eles são todos semelhantes'."[7]

Essa reação de transferência do comportamento individual para o grupal leva a que, quando esses grupos são oprimidos ou marginalizados e cumulativamente discriminados, se crie um *éthos* específico, tanto por aqueles que os oprimem e discriminam como por aqueles que são oprimidos e discriminados. O mesmo autor escreve, por isso mesmo, que:

> O fato de identificar o outro com o seu grupo ajuda o indivíduo a identificar-se com o seu próprio grupo. O "nós" ao qual ele pertence necessita de uma atualização em sua consciência. O "nós" é uma concepção complementar; não podemos pensar em "nós" sem simultaneamente pensar em "eles", exatamente como não podemos pensar em "bom" sem pensar em "mau" ou em "grande" sem pensar em "pequeno". Para utilizar o "eles" em nossa consciência, identificamos o outro parceiro da relação com o seu grupo. Assim ele se torna o instrumento na suscitação do sentimento "nós", transmitindo através do sentimento "eles". A necessidade de atualizar o "nós" é um incentivo para usar o parceiro como um símbolo do "eles".[8]

Nos grupos específicos negros do Brasil, numa sociedade que se julga *branca*, esses elementos diferenciadores fazem com que, quando um membro da sociedade *branca* fale sobre um negro, tenha em vista um "eles" generalizador dentro de estereótipos negativos. Em decorrência dessa realidade, o negro procura organizar-se especificamente a fim de se autopreservar e valorizar o seu ego através da elaboração de valores grupais mais conscientes que desejam, dentro da própria estrutura capitalista vigente, fugir do nível de marginalização e/ou proletarização a que foram compelidos. Daí por que os negros brasileiros, através de diversos grupos que compõem a população chamada de "homem de cor" (não brancos), possuem uma série quase interminável de graus e níveis de especificidade dentro da dicotomia metodológica que estamos apresentando.

Em primeiro lugar, esses níveis e graus variam de acordo com a localização geográfica em que as diversas frações do segmento étnico negro se encontram: Maranhão, Pernambuco, Minas Gerais, Bahia, São Paulo, Rio de Janeiro e outros Estados e regiões. Essa variável está ligada e/ou subordinada a uma série de outras como, por exemplo, a época em que o segmento negro foi inicialmente introduzido como escravo, as culturas originárias de cada grupo, o tipo de atividade econômica à qual foram incorporados, e muitos outros. Cabe a cada estudioso, ao escolher a região da sua pesquisa e o assunto a ser abordado, analisar antecipadamente esses elementos para que possam dar um encaminhamento científico ao seu trabalho. A partir daí, poderá escolher dois ou mais grupos específicos e trabalhar com eles para mostrar, através da sua trajetória histórica, como eles se formaram e desenvolveram, o nível de fricção interétnica (se for o caso de *marca étnica*, como no caso do negro brasileiro), a subideologia que elaboraram nesse processo e, posteriormente, a possível integração deles na sociedade global por meio de um processo de regressão organizacional e ideológica que os levaria novamente à condição de apenas *grupos diferenciados*. Ainda poderia ser constatada a sua incorporação ou de seus membros, individualmente, em movimentos mais abrangentes, nos quais as perspectivas de um *devir* sem diferenças de marcas, determinadas por preconceitos de classes, lhes dessem a perspectiva dinâmico-radical ou messiânica.

No esquema metodológico em exposição, o estudioso deverá ter a máxima cautela para não determinar antecipadamente onde se pode enquadrar um grupo ou segmento, mas deve, antes, recolher todo o material possível e disponível a fim de, em seguida, fazer o levantamento sistemático dos elementos empíricos à sua disposição para – somente a partir daí – ver o grau de aproximação do mesmo com o modelo de um grupo *diferenciado* ou *específico*. Essa dicotomia metodológica poderá ser, por sua vez, subdividida de acordo com o grau de *especificidade* ou *diferenciação* de cada grupo em: a. parcial; b. total.

Daí se infere que, fugindo a estereótipos generalizadores e simplificadores, o cientista social terá de laborar com a realidade concreta, com os fatos objetivos, desprezando, inicialmente, as interpretações acadêmicas e as facilidades culturais de que estará possivelmente impregnado. Porque o que acontece com muitos dos chamados estudos africanistas ou afro-brasileiros é que o estudioso já vem com conclusões aprioristicamente elaboradas e que decorrem de uma série de racionalizações que assimilou sem mais análise durante o seu périplo universitário. Nesses casos, o cientista social deverá fazer um esforço muito grande para não iniciar o seu trabalho pelas conclusões ou aceitar simples analogias como a própria essência e o nexo causal do caso em estudo.

É preciso, por isso, que se compreenda a essência eminentemente dialética da dicotomia: grupos *diferenciados* e *específicos*. Ela somente existe (pelo menos com o sentido de rejeição de um dos grupos) em uma sociedade de classes e como unidade contraditória de uma realidade conflitante. Isso é o que explica por que os negros e mestiços pobres no Brasil – englobados genericamente pelas classes dominantes como *negros* – continuam se organizando em grupos específicos para resistirem às forças desintegrativas que atuam contra eles.

Por esse motivo, o negro somente se sente *específico* porque é *diferenciado* inicialmente pelas classes e grupos sociais *brancos*, fato que o leva a procurar organizar-se e elaborar uma subideologia capaz de manter a consciência e a coerção grupal em vários níveis. Numa sociedade em que os elementos detentores do poder se julgam brancos e defendem um processo de branqueamento progressivo e ilusório, o negro só poderá sobreviver social e culturalmente, sem se marginalizar por completo, agrupando-se, como fez durante o tempo em que existiu a escravidão, para defender a sua condição humana. Em uma sociedade de modelo capitalista (e de capitalismo dependente como a brasileira), onde o processo de peneiramento social está se agravando por uma competição cada vez mais intensa, os grupos organizacionais negros que existem procuram conservar os seus valores e insistem em manter o seu ritual religioso afro-brasileiro, a sua indumentária, os *mores* e valores das culturas africanas para se defenderem e se resguardarem do sistema compressor que tenta colocá-los nos seus últimos estratos, como já aconteceu em outras sociedades que possuem o modelo capitalista muito mais desenvolvido do que a nossa[9].

Esse é o papel contraditório, mas funcionalmente relevante, das associações e grupos negros específicos que foram organizados ou continuam a existir no Brasil: elaborarem, a partir dos padrões culturais africanos e afro-brasileiros, uma *cultura de resistência* à sua situação social.

É com essa visão metodológica que iremos desenvolver o esquema a que nos propusemos. Os candomblés, terreiros de macumba, confrarias, associações recreativas, esportivas e culturais negras – dentro de um gradiente de conscientização que somente poderá ser estabelecido depois do estudo pormenorizado de cada um – são grupos específicos numa sociedade de classes, no caso brasileiro, dentro de uma sociedade de capitalismo dependente.

O negro só se organiza em grupos separados dos brancos (embora deva se dizer que não há propriamente entidades negras *fechadas* no Brasil, pois a elas aderem vastos setores de mestiços e de outras populações proletarizadas ou estigmatizadas pelo processo de peneiramento atuante) não em razão da existência de uma barragem institucionalizada (o que seria a segregação), mas da permanência de um comportamento convencional restritivo e seletivo que vê no negro a simbolização daquilo que é o polo negativo dos valores *brancos* e do sistema capitalista. Essas diversas linhas não institucionalizadas de barragem, muitas vezes acentuadas, outras vezes tenuemente demonstradas e *entrevistas apenas por aqueles que a sentem* é que levam o negro a manter, de qualquer forma, suas matrizes organizacionais e culturais a fim de não se marginalizar totalmente e não entrar em estado de anomia.

Sabemos que, na sociedade de classes que se formou no Brasil, o negro está, de maneira esmagadora, nas mais baixas camadas empregatícias, sociais e culturais. O seu *status* básico é, portanto, dos mais inferiorizados. No entanto, no candomblé, nas suas associações recreativas, culturais, esportivas etc., seus membros adquirem um *status específico* bem diverso daquele que eles possuem na sociedade de classes[10].

Deixam de ser carregador, aprendiz de alfaiate, costureira, estivador, empregada doméstica, vendedor ambulante ou desempregado para se hierarquizar de acordo com o sistema de valores simbólicos do candomblé ou de outros grupos específicos. E é justamente a importância do mundo simbólico desses grupos que consegue fazer com que os negros os procurem, pois sem ser uma fuga, é uma reelaboração, através deles, do significado da sociedade que os discrimina.

Do ponto de vista das classes dominantes (tradição que vem desde o tempo do Conde dos Arcos), o negro, ao se organizar isoladamente, deixa de ameaçá-las, deixa de tentar procurar penetrar no seu mundo e em seu espaço social, político e cultural, o qual deverá permanecer *branco*. Mas o processo dialético em curso leva a que, em determinado momento, as contradições emergentes da própria essência da sociedade competitiva levem o negro, através dos seus grupos específicos, a procurar abrir o leque da participação no processo de interação global, formando diversos níveis de atividades. Isso porque, para o negro, organizar-se significa ter ou tentar ter a possibilidade de também penetrar, através dos seus valores, especialmente estético e religioso, no *mundo do branco*. Daí desenvolver as diversas formas artísticas tidas como sendo do negro, por exemplo o samba, a fim de encontrar, através delas, um nível de participação capaz de igualá-lo (nos quadros da própria sociedade de modelo capitalista da qual participa) às camadas que o oprimem e dificultam a sua ascensão social.

Há, portanto, um momento em que essa contradição produz uma ruptura. Quando os grupos específicos negros procuram influir no processo de anular os sistemas de barragens que lhes são impostos, os elementos dos estratos superiores, e muitas vezes as estruturas de poder, passam a ver esses grupos como fatores negativos no processo de interação social, chegando, muitas vezes, numa transferência da sua própria ideologia para os grupos negros, a afirmar que eles é que são racistas. Como os negros não têm acesso às fontes de comunicação a fim de expor por que se organizam[11], muitos setores, que desconhecem ou conhecem de modo insatisfatório o problema, chegam a aceitar o argumento.

Quando acontece esse momento de ruptura, processa-se uma mudança qualitativa nesses grupos ou em alguns dos seus elementos que passam a aceitar uma ideologia globalizadora dinâmico/radical na qual a problemática do negro já é vista como um componente da que existe para todas as classes e camadas oprimidas e/ou discriminadas, ou passam por um processo de regressão e voltam a ser apenas grupos diferenciados.

O relacionamento dos grupos específicos negros com a sociedade global, o tipo de intercâmbio estabelecido, as influências mútuas de acordo com os papéis exercidos por uns e pela outra, criando elementos de desajustamento e reajustamento ou fricção e conflito, parece-nos que não foi estudado, ainda, com a relevância que merece.

Em nosso entender, no contexto da sociedade brasileira atual, os grupos específicos negros – núcleos de resistência contra as forças desintegradoras que agem contra eles – estão ganhando um significado mais social do que cultural, no seu sentido antropológico. A possível memória africana está se diluindo, no nível de simples conservação de traços culturais matrizes, e surgindo, emergindo novos valores para o negro que reinterpreta inclusive a sua *herança africana* e o ascenso político dos países da África mais no plano de uma autoafirmação social e de demonstração da capacidade de direção política dos negros do que de uma nebulosa "mãe-pátria" para eles ainda imprecisa e vaga. A emergência desses países africanos veio dar à camada negra mais consciente um potencial novo e mesmo uma perspectiva reivindicatória mais acentuada, sem que isso implique a necessidade de uma *volta à África* ou uma posição de saudosismo africanista. Isso, é evidente, acontece com a camada negra que já se organizou no nível mais diretamente reivindicativo e não com aqueles grupos que se destinam às práticas religiosas, como o candomblé, a macumba, o xangô ou centros de umbanda. Para esses, embora não tenhamos pesquisas sistemáticas sobre o assunto, parece-nos que o surgimento da presença africana no mundo como força independente serviu para reavivar certos valores africanos tradicionais no plano religioso que, possivelmente, já deviam estar desaparecendo.

Dessa forma, achamos que nas camadas negras mais proletarizadas, organizadas em grupos específicos, o *social* tende a suplantar, cada vez mais, o meramente culturalista[12].

Ao participar da competição, esses grupos fazem com que seja criada uma coerção grupal, um espírito de grupos que substitui a luta e a consciência simplesmente individual do negro não organizado. Eles servem, assim, como patamares a partir dos quais deixam de atuar isoladamente para se congregarem, objetivando enfrentar a sociedade competitiva e os seus problemas. Esses grupos, no momento em que exercem um papel integrativo, aumentam, ao mesmo tempo, a consciência negra no processo de interação conflitiva, reelaborando novos valores e símbolos específicos, superestimando-os mesmo para, através de um mecanismo psicossocial de compensação, encontrarem a igualdade procurada dentro da *sociedade branca*.

Mesmo sem perspectiva de uma mudança radical na sociedade, esses grupos específicos são, consciente ou inconscientemente, polos de resistência à marginalização do negro e de camadas proletarizadas a ele ligadas. Mesmo nos grupos religiosos o fato pode ser constatado. O detalhe de encontrarmos, em alguns candomblés, o ritual e o sistema cosmogônico conservados com relativa pureza, somente poderá explicar-se levando-se em conta que eles têm uma função social além da religiosa, função que se projeta além desses grupos na comunidade que está sob sua influência. Essa função social, que não é mais religiosa, mas a transcende, serve para que os negros que aceitam os valores do candomblé, ou da macumba, possam ter elementos compensadores na sua cotidianidade. Dessa forma, esses grupos religiosos exercem, dentro da sociedade em que estão engastados, um papel que lhes escapa quase totalmente, mas que proporciona o combustível de uma subideologia necessária à coerção grupal, uniformização e dinamização do horizonte cotidiano do negro e dos mestiços em geral no seu mundo mágico.

De outra forma, essa *memória africana* se apagaria por falta de função e os componentes dos descendentes dos africanos se integrariam na sociedade de classes, sem guardarem ou conservarem na sua relativa pureza os traços das culturas matrizes. A necessidade de resistência ao processo desintegrativo é que dá a eles a vitalidade que possuem.

Nina Rodrigues teve oportunidade de destacar, com um exemplo, essa influência social das religiões negras no Brasil. Escreve que:

> Quando há quatro anos (1893) o *cholera morbus* manifestando-se na Europa prendia a atenção do Brasil inteiro, que justamente

receava a importação da epidemia, espalhou-se um dia em toda a cidade a notícia de que em um dos *candomblés* dos arrabaldes, o orixá ou santo Gonocô havia declarado ao pai de terreiro que a cidade estava ameaçada da invasão de uma peste terrível. Como único recurso eficaz para conjurar o perigo iminente, indicava ele o ato expiatório ou votivo de levar cada habitante uma vela de cera a Santo Antônio da Barra que, tendo a sua igreja situada na entrada do porto, podia facilmente impedir a importação da epidemia. Para logo, levar uma vela a Santo Antônio da Barra tornou-se a preocupação exclusiva de toda a população. E a romaria tomou proporções tais que em breve não havia mais espaço na igreja para receber velas votivas.[13]

Outro exemplo, mais uma vez fornecido por Nina Rodrigues, da interferência desses grupos específicos negros no plano social abrangente é o seguinte:

Quando em dias de abril de 1895 as lutas políticas das facções partidárias desse Estado chegaram a uma tensão tal que a toda hora se esperava o rompimento da guerra civil, aprazada para o dia da abertura do parlamento estadual, a população desta cidade, justamente sobressaltada e em parte em franco êxodo, foi um dia informada de que na porta do edifício das Câmaras amanhecera deposto um grande feitiço ou *coisa-feita*. A imprensa diária meteu o caso a ridículo sem se lembrar de que era aquele um modo de intervenção da população fetichista da cidade, tão lógica e legítima na sua manifestação sociológica, quanto era natural a intervenção do digno prelado arquidiocesano que, conferenciando com os chefes dos dois grupos litigantes, procurava restabelecer a paz e a concórdia.[14]

Como vemos, por esses dois exemplos, os grupos negros específicos interferem, direta ou indiretamente, nos problemas da sociedade global através dos seus símbolos mágicos.

Grupos Específicos Versus Sociedade Global

Uma das expressões mais visíveis do poder desses grupos religiosos no plano social, embora de maneira simbólica, é, incontestavelmente, a festa do Bonfim, em Salvador, e, em especial, a lavagem da sua igreja, agora praticamente proibida a não ser de forma *folclorizada*. Aproveitando-se de uma data católica, os grupos religiosos negros usavam o dia consagrado ao santo para festejarem Oxalá que, dessa forma, ia mostrar, fora dos terreiros, a sua força, o poder e a influência que exercia no conjunto da sociedade baiana. A trajetória dessa festa é bem uma demonstração da força social e mágica dos grupos religiosos negros que possuem um raio de influência – direta ou indireta – muito maior do que se presume. A autoafirmação social dessa festa de tão relevante significado para esses grupos, pois vinha possibilitar que o orixá poderoso dos afro-brasileiros se mostrasse em toda a sua força dentro do mundo dos brancos, já foi exaustivamente estudada, mas no plano de simples sincretismo religioso. De fato, a expressão exterior do culto ao Senhor do Bonfim, em especial no seu dia, dá a impressão, pelos detalhes de ritual, cânticos e outros pormenores, de uma festa essencialmente religiosa, a qual, apesar de os negros dela participarem, não é uma "festa pagã", mas cristã. Aliás, grande parte da polêmica que as autoridades eclesiásticas baianas criaram, objetivando impedir a lavagem, era que os negros estavam transformando a festa católica em um ritual pagão. É que elas sentiam muito bem esse papel social relevante que a festa representava e o conflito de liderança que se estabelecia, nesse dia, abertamente, perante toda a sociedade, entre o catolicismo oficial e o grande mundo religioso dos afro-brasileiros. A lavagem do Bonfim teve de ser proibida por isso, e a demonstração pública da importância social dos candomblés foi assim impedida para que a religião que compõe o aparelho de dominação ideológica da estrutura não fosse arranhada. A repressão que se seguiu às tentativas dos negros em continuar violando aquele recinto sagrado, bem demonstra como todas as vezes que os grupos específicos negros transpõem a barreira estabelecida pelos setores *brancos* dominantes, há um momento de ruptura e o conflito se estabelece.

Analisando a dinâmica que transformou a função da igreja do Bonfim de local onde se cultuava a morte em um santuário de fertilidade, Carlos Ott teve oportunidade de destacar como os negros penetraram no mundo religioso católico e impuseram a veneração do seu orixá. O autor ateve-se apenas a uma análise no nível religioso, não acentuando, por isso, a sua função especificamente social. É verdade que ele destaca o processo de invasão do templo. Em 1804, foi permitida a colocação de uma imagem de São Gonçalo do Amarante. As devotas desse santo, afirma ele: "faziam procissões pomposas na igreja do Bonfim terminando por rivalizar com a do próprio padroeiro da igreja. Paulatinamente, essas devotas foram sendo substituídas por filhas de santo de candomblés. Identificaram o santo casamenteiro com o orixá Oxalá, a personalidade da fertilidade humana no continente africano"[15].

Depois disso, a igreja suprimiu o culto a São Gonçalo para, segundo o autor que estamos acompanhando, "não ficar sufocado o culto de Senhor do Bonfim". E conclui:

> E os candomblezeiros não enganaram apenas os mesários da Irmandade do Senhor do Bonfim, mas a todos os católicos baianos. Antigamente eram as filhas de Maria e as devotas de São Gonçalo do Amarante que fechavam as fileiras das procissões da igreja do Bonfim. Agora são as filhas de santo que todas as sextas-feiras chegam em romaria à colina sagrada. Não querem adorar o Senhor do Bonfim, mas o seu santo da fertilidade, o orixá Oxalá, oxalufá chamado na língua nagô, até hoje falada na Bahia.[16]

Dessa forma, o candomblé penetrou no recinto da religião oficial, mesclou-o de africanidade e deu-lhe um conteúdo popular. A festa do Senhor do Bonfim era pretexto apenas para que o mundo religioso negro se manifestasse ante o conjunto da sociedade branca. A força mágica dos candomblés mostrava-se superior à teologia sofisticada da Igreja Católica[17].

O candomblé, como outros grupos específicos negros religiosos, conforme veremos adiante, tem outras funções sociais, inclusive curadoras: característica importante num país em que o povo sofre com a carência de médicos. Por isso mesmo, São Gonçalo de Amarante é santo curador em outros locais. É relativamente comum as entidades protetoras transformarem-se em curadoras. O povo canta, nas rodas de São Gonçalo:

> Eu pedi a São Gonçalo
> que tirasse as nossas dores,
> eu pedi quando sarasse
> seria sempre seu procurador.[18]

É a ligação do mágico com o profano através de atividades empíricas e úteis socialmente. Os centros de candomblés e umbanda são os grandes hospitais populares do Brasil. Por isso, tem razão Vittorio Lanternari quando afirma que nesses casos de relações de religiões dominantes com as oprimidas o que se dá não é "um sincretismo passivo e incoerente, mas a replasmação ativa e criadora de certos elementos fundamentais da cultura ocidental, por meio de culturas nativas"[19].

Essa replasmação que para nós modifica qualitativamente o processo sincrético, levando a que grupos específicos negros que têm função religiosa exerçam um papel social que extrapola seu objetivo inicial, é um dos elementos adaptativos dessas religiões à situação social concreta do Brasil, e cria as bases para que elas exerçam uma função social nos setores marginalizados e pauperizados, capaz de neutralizar as forças de desintegração social que atuam contra eles. Essas religiões vão transformando-se paulatinamente e, de simples sentimento de adoração contemplativa ao sobrenatural, passam a modificar empiricamente a realidade.

A medicina popular, impregnada de elementos mágicos, tem o seu centro mais poderoso nos terreiros de umbanda, que substituem os médicos que faltam e, ao mesmo tempo, exercem um papel de autoafirmação psicológica e cultural muito grande entre os seus adeptos. Isso explica a proliferação surpreendente dos centros de umbanda no Brasil, sendo, hoje, a religião popular mais difundida em todo o território nacional. Fazem o papel de consultório médico e psiquiátrico e ocupam o vácuo social que existe nesse particular. Por isso mesmo, quando os *caboclos* baixam, chamam os médicos de *burros da terra*, como a exprimir o desencanto pela sua ineficiência diante dos problemas que afligem as populações carentes que os procuram[20].

À medicina institucional contrapõem a medicina mágica dos terreiros.

No nível de atividade empírica, esses grupos específicos desempenham diversas funções sociais que transcendem, em muito, a simplesmente religiosa. Um exemplo disso podemos ver nos resultados de uma pesquisa feita no bairro de Pedreira, de Belém do Pará, sobre as formas de atendimento médico naquela área. Os pesquisadores dividiram esse atendimento em três categorias: atendimento científico, paracientífico e pseudocientífico. Na primeira estavam os médicos, na segunda, os farmacêuticos e enfermeiros, e, finalmente, na terceira, as tendas de umbanda e candomblé. Pois bem: "enquanto na primeira categoria o atendimento, numa população de 58.658 pessoas chegava a 13,9%, o chamado tratamento pseudomédico ia a 14,3%. Esses serviços eram prestados à população por 41 terreiros dos rituais nagô, jurema (pajelança) e umbanda"[21].

Esses terreiros tinham a seguinte distribuição quanto ao ritual: umbanda, 25; nagô, nove, e jurema (pajelança), sete. Como vemos, esses grupos religiosos de origem negra ou indígena suprem empiricamente a falta de medicina e assistência psiquiátrica, tornando-se elementos importantíssimos no cotidiano dessas populações. É interessante reparar como, no relatório analítico que os autores fazem desses terreiros, há o horário de consultas de todos eles, sendo que é quase unânime o seu funcionamento das segundas às sextas-feiras, muitos das 20 às 22 e alguns até às 24 horas. Os autores da pesquisa analisam, também, as possibilidades de cura e os medicamentos receitados, quase todos compostos de ervas e simpatias.

Com esse tratamento empírico-mágico, registraram os autores do trabalho uma média de 80% de curas. "Poucos são os que não curam e os que não terminam o tratamento."[22] Concluem com um detalhe que é muito importante para que se possa avaliar os motivos da relevância desses grupos específicos de origem negra no bairro: "Só pagam os que querem ou os que têm condições."[23]

Por essas razões, falando a um jornalista, o pai de santo da Tenda Espírita de Umbanda e Candomblé Ogum Beira-Mar, em São Miguel, bairro operário de São Paulo, disse:

> Os pobres vêm sempre com aqueles mesmos pedidos: fazer um trabalho para curar doenças. Isso em primeiro lugar (mas eu sempre desconheço a parte medicinal nesses casos; no máximo recomendo banhos, defumadores, enfim, ervas); trabalho para fazer o marido voltar para casa ou para arranjar emprego; é filho que bebe; é o namorado que foi embora; são amantes que estão atrapalhando a vida do casal; são os casos dos pobres. E os ricos me pedem trabalhos diferentes: para resolver uma rixa entre deputados; problemas de família; para ganhar eleições durante as campanhas eleitorais; para salvar firmas em decadência.[24]

Esse papel social relevante junto às camadas proletarizadas e marginalizadas – ou mesmo integradas na sociedade competitiva – é que dá ao candomblé, aos centros de umbanda e outros grupos religiosos de origem negra a vitalidade que possuem.

Um Símbolo Libertário: Exu

Dentro dos grupos específicos negros que se branqueiam, nascem movimentos intragrupais que criam valores emergentes conflitantes com aqueles que estão se institucionalizando. Um exemplo dessa dialética intragrupal é a quimbanda.

A trajetória de Exu, da África aos candomblés da Bahia e centros de macumba, e daí até as sessões de quimbanda, é um exemplo da modificação imposta por situações sociais concretas e diferentes à função de uma divindade. Inicialmente, ele tinha um papel inferior no panteão do litoral do Golfo da Guiné. Já nos candomblés baianos, adquire funções mais importantes. Passa a ser identificado com o demônio. Exu passa a ter, assim, uma importância bem maior do que aquela que possuía inicialmente. É o intermediário, o elo de ligação entre o mundo material e profano e as divindades africanas: os orixás. Executa o seu trabalho, só raramente perturbando as sessões de candomblés[25]. Diante da sua situação de religião perseguida, o candomblé precisava de uma entidade que fosse o menino de recado junto aos deuses, pois, naquela situação, a necessidade de proteção, através de um contato quase permanente com os orixás, era indispensável. O papel de Exu, em razão disso, cresce. Mas ele ainda não penetra no recinto sagrado. O seu *peji* fica longe da sala de culto. Seu *padê*, embora feito com reverência, e algumas vezes com temor, ainda não é de molde a igualá-lo aos orixás. É o homem das encruzilhadas. Sobre o seu papel nos candomblés da Bahia, assim escreve Edison Carneiro:

> Exu (ou Elêgbará) tem sido largamente mal interpretado. Tendo como reino as encruzilhadas, todos os lugares esconsos e perigosos deste mundo, não foi difícil encontrar-se um símile no diabo cristão. O *assento* de Exu, que é uma casinhola de pedra e cal, de portinhola fechada a cadeado, e a sua representação mais comum, em que está sempre armado com as suas sete espadas, que correspondem aos sete caminhos dos seus imensos domínios,

eram outros tantos motivos a apoiar o símile. O fato de lhe ser dedicada a segunda-feira e os momentos iniciais de qualquer festa, para que não perturbe a marcha das cerimônias, e, mais do que isso, a invocação dos feiticeiros a Exu, sempre que desejavam fazer uma das suas vítimas, tudo isso concorreu para lhe dar o caráter de orixá malfazejo, contrário ao homem, representante das forças ocultas do mal.

Prossegue Carneiro explicativo:

> Ora, Exu não é um orixá – é um criado dos orixás e um intermediário entre os homens e os orixás. Se desejamos alguma coisa de Xangô, por exemplo, devemos despachar Exu, para que, com a sua influência, a consiga mais facilmente para nós. Não importa a qualidade do favor – Exu fará o que lhe pedimos, contanto que lhe demos as coisas de que gosta, azeite de dendê, bode, água ou cachaça, fumo. Se o esquecemos não só não obteremos o favor, como também Exu desencadeará contra nós todas as forças do Mal, que, como intermediário, detém nas suas mãos. Eis por que o primeiro dia da semana lhe é dedicado: os dias subsequentes correrão felizes, suavemente, sem perturbação nem intranquilidades.[26]

Até aqui Exu ainda é confundido com o diabo católico naquilo que representa de negativo. Mas ele se multiplica e se transforma ao longo do tempo. Nos candomblés da Bahia, há o *compadre*, que é um Exu que se apresenta como, segundo Carneiro, "o cão de guarda fiel e vigilante". No entanto, pelo que sabemos, Exu até hoje não se transformou, nos candomblés, em símbolo de libertação social e sexual, embora seja uma divindade fálica. Pelo contrário. Ele, nos candomblés, para de evoluir na condição de intermediário dos orixás.

Aqui já podemos ver dois aspectos distintos dos processos de diferenciação de Exu: a. cresce a sua importância ao ponto de ser confundido por muitos como sendo um orixá; b. passa a ser visto como encarnação das forças do Mal, elemento malfazejo, invocado pelos sacerdotes nos momentos de necessidade dramática para resolver problemas do seu culto ou de seus fiéis. Esses dois elementos diferenciadores poderão ter sua origem no ambiente de perseguição em que viviam as religiões negras. É nesse contexto de tensão que o poder de Exu cresce ao ponto de ser adorado como um orixá, encarnando o Mal (para o inimigo do culto), aquela força capaz de impedir com o seu poder, de qualquer maneira, acima do Bem e do Mal, a perseguição ao terreiro[27].

Não é por acaso que na quimbanda (também perseguida), Exu consegue expandir todo o seu potencial de rebeldia e poder, transformando-se na sua divindade central e todo-poderosa.

É na quimbanda, de fato, que ele se manifesta como símbolo de destruição de tudo que é estabelecido. Numa sessão de quimbanda, tudo o que está recalcado (social e sexualmente) vem à tona, e Exu não é apenas *despachado*, mas se incorpora e domina todos os *cavalos* consagrados a outras divindades: caboclos, pretos velhos etc. É o centro da festa; tem uma visão crítica, irreverente e anticonvencional das coisas. Exige. Blasfema. Diz palavrões. Faz gestos tidos como indecentes.

Tivemos oportunidade de assistir a sessões de quimbanda em São Paulo e testemunhamos esse transbordamento libertário transmitido por Exu aos presentes. Na Tenda Cacique Bororó, todos os meses há uma sessão de quimbanda. Segundo um dos seus frequentadores, nessas noites descem os "espíritos do inferno, espíritos errados que muitas vezes trabalham para o mal"[28]. De acordo com o babalaô desse terreiro, essas sessões "são de doutrinação espiritual. Com elas pretende-se colaborar para que esses espíritos entrem no caminho do bem"[29].

Embora notando-se, já, nessas declarações, elementos de repressão às manifestações dos Exus, ninguém pode controlá-los quando descem. Vamos descrever uma dessas sessões da Tenda Cacique Bororó, de acordo com as nossas anotações feitas na época.

No início, cantam um único "ponto" para esses "espíritos sofredores" que, pouco a pouco, vão baixando. Ao "baixar", exigem que se apaguem as luzes e se cubram as imagens das paredes. Acendem-se velas, os atabaques prosseguem em ritmo cada vez mais rápido. O cumprimento passa a ser diferente: batem três vezes com a mão no chão. Urram e gemem desesperadamente, retorcem-se. Riem estrepitosamente, saltam, tombam, dizem palavrões. Fumam apenas cigarros e bebem continuamente cachaça. Aqueles que não estão tomados (a maioria) entoam cantos monótonos e em voz baixa.

Aproximamo-nos de um Exu que está pingando velas nas mãos, nos ombros e no peito. Perguntamos por que está fazendo aquilo: – Porque não presto –, responde.

Nesse momento, outro Exu se aproxima e lhe dá boa-noite. Responde agressivamente: – Tu me conheces? Não? Então como é que vais dizendo boa-noite a quem não conheces?

Outro Exu, que presenciara a cena, procura encarar o mal-criado. Aproxima-se dele, com uma cuia na mão, e ficam a se olhar em silêncio. Os presentes observam-nos. O que se aproximou, depois atira ao rosto do outro toda a cachaça que a cuia continha. O silêncio permanece até que o agredido sai de lado e diz: – Aqui não posso fazer nada, mas te pego noutro lugar, seu idiota. Quem ri por último ri melhor.

Um Exu passa cantando:

> Eu sou baiano,
> eu sou baiano de terreiro;
> eu sou baiano,
> eu sou baiano feiticeiro.

Agora é um que berra:

> Zé Pilintra chegou,
> Zé Pilintra chegou.

Desenham vários "pontos" no chão, continuam dizendo palavrões. O chefe do terreiro recebe Exu Giramundo, risca um "ponto" na entrada do terreiro e o cobre de pólvora. Coloca nele sete velas nas quais atira sete punhais que caem espetados sucessivamente nos pés das sete velas. À meia-noite, Exu Giramundo toca fogo na pólvora: ouve-se uma explosão. Diz que fez aquilo para *desmanchar* uma "malvadeza que estão querendo fazer com um filho da tenda". Depois olhou para todos e cantou:

> Eu sou Giramundo da beira do Rio.
> Eu sou Giramundo:
> Vão pra puta que os pariu.

Aproximamo-nos de um Exu. Perguntamos: – Como é seu nome?

Ele responde: Exu Batará.

Insistimos: De onde vem?

ELE: Das cavernas do poço fundo.

NÓS: Onde fica isso?

ELE: Num lugar todo de fogo.

NÓS: Lá é bom?

ELE: Não.

NÓS: Por que não foge?

ELE: Aqui é bom?

NÓS: Não.

ELE: Por que não foge?

NÓS: Tem escola?

ELE: Não.

NÓS: O que se faz lá?

ELE: Trabalha-se.

NÓS: Tem governo?

ELE: Não sei o que é isto.

NÓS: Tem um chefe, um mandachuva?

ELE: Tem.

NÓS: Quem é?

ELE: É um homem forte, alto.

NÓS: Posso falar com ele?

ELE: Não sei, vou tentar.

Afasta-se de nós, começa a fazer movimentos circulares. Volta depois de alguns minutos, com a voz completamente diferente. A moça em quem Exu Batará estava incorporado diz: – Eu sou Exu Buzanini. Que quer de mim?

NÓS: Quero marcar um encontro com você.

Responde com a mesma entonação: – Pois não, na próxima sexta-feira, às dez horas, em qualquer encruzilhada em que você estiver eu aparecerei.

NÓS: Aparecerá como você é no seu mundo?

ELE: Igualzinho. Agora, até sexta-feira.

Vai embora sem dizer mais nada, sempre fazendo corrupios. De repente, Exu Batará se incorpora outra vez. Voltamos a interrogá-lo: – Você é Exu Batará?

ELE: Sou. Falou com o meu chefe?

NÓS: Falei. A propósito, como é ele?

ELE: É um moço bonito, alto, forte, com uma capa preta, tem o corpo vermelho, chifres e um rabo. O resto é igualzinho a vocês daqui.

Os trabalhos caminham para o seu final. Os médiuns que não estão "tomados" fazem um círculo em volta dos Exus, cantam e assim todos eles vão abandonando os seus *cavalos*. O último a desincorporar-se é o Exu Buzanini, que baixara no chefe da tenda. Precisamente às duas horas da madrugada terminam as atividades.

Por essa descrição se vê como, na quimbanda, ao contrário do candomblé e da umbanda, não há nada que expresse uma rigidez hierárquica copiada do mundo institucionalizado. Os valores da sociedade tradicional são completamente ignorados. O próprio Exu Buzanini, que estava incorporado no chefe da tenda, quando desafiado incorporou-se em outro *cavalo* para responder quem o interpelara. Há uma liberação de instintos, sentimentos e vontades quase total. Quando se pergunta se, no seu mundo, há governos, diz não saber o que isso significa. Finalmente, aceita todos os desafios, responde criticamente às perguntas que lhe são feitas. Nada respeita[30].

Do ponto de vista que nos interessa metodologicamente, devemos salientar que mesmo nos grupos específicos negros há uma dialética intergrupal conflitante, uma série de choques internos que nos grupos religiosos refletem-se em reelaborações de significados dos seus deuses e rituais, de acordo com os mecanismos que determinaram o seu nível de consciência social.

A quimbanda surge no interior da umbanda como manifestação das contradições sociais, vem como elemento simbólico e compensador explosivo e se expande no interior dos centros umbandistas que se vão institucionalizando, que se vão *branqueando* progressivamente. A ambivalência de Bem e Mal se entrecruza e muitas vezes muda de significado diante de um fato concreto. Há uma reelaboração de valores, passando o que era mau a ser bom e vice-versa, reflexo da dualidade axiológica da sociedade abrangente. As camadas proletarizadas, ou marginalizadas, que precisam "fechar o corpo" ante a agressão permanente e a violência da sociedade competitiva, precisam de um protetor também violento, capaz de imunizá-las das agressões exteriores e permitir-lhes a vitória sobre os seus poderosos inimigos.

Exu surge para eles como essa divindade protetora. Não é mais um auxiliar de Ifá africano, ou auxiliar dos orixás dos candomblés baianos, mas uma entidade independente, superior, todo-poderosa, polimorfa e invencível, com poderes ilimitados e sem reservas no uso desses poderes, contanto que os seus protegidos sejam salvos.

A quimbanda, por isso, é apresentada como *linha negra*, e os donos dos centros de umbanda, quando perguntados por estranhos pela primeira vez, se trabalham com a quimbanda, negam o fato ou respondem evasivamente. Somente depois que a pessoa se socializa a conversa fica mais franca, embora muitas vezes alguns desses chefes continuem dizendo que não gostam de *trabalhar* com Exus.

Em algumas tendas de umbanda, segundo já observamos, Zé Pilintra (um Exu) está presente em imagens que variam de tamanho, ao lado direito do altar. Há sempre duas velas acesas aos seus pés. Isso corresponde, segundo pensamos, a uma penetração sutil do mundo da quimbanda no mundo *branqueado* e já institucionalizado, legalizado, da umbanda. Se, conforme nos disse o chefe da tenda Cacique Bororó, essas sessões de quimbanda são "de purificação", como explicar-se a presença de um Exu em plena função da liturgia umbandista e, além disso, fazendo um ato de proteção para *"desmanchar* uma malvadeza que estão querendo fazer com um filho da tenda"? Convém notar, ainda, que, pelo que constatamos, são exatamente nos terreiros mais pobres que a imagem de Zé Pilintra se encontra no local já por nós referido. Com isso, segundo pensamos, o negro procura incorporar ao seu mundo sofrido e desprotegido o símbolo rebelde de Zé Pilintra, um Exu que é chamado todas as vezes que há um impasse nos negócios, saúde ou amor, para ser resolvido.

Nas pesquisas feitas em macumbas cariocas, Georges Lapassade teve oportunidade de constatar que a quimbanda é praticada exatamente naqueles locais mais atingidos pela miséria e, por isso mesmo, perseguida pelas autoridades e pelo aparelho repressivo do sistema. É que a quimbanda ainda é o grande leque de rebeldia das religiões negras. Nela, através dos Exus, os segmentos marginalizados, expulsos do sistema de produção, procuram um combustível ideológico capaz de levá-los a sobreviver biológica e socialmente.

Por tudo isso, Lapassade, levantando o véu do fenômeno, afirma:

> Estamos muito longe do candomblé baiano. Em Salvador, Exu é despedido, através de uma cerimônia anterior, que às vezes se desenrola muitas horas antes do candomblé dos orixás. Exu é enviado para os deuses – ele é o mensageiro, o intermediário – e, ao mesmo tempo, para bem longe do lugar do culto. Diz-se que se essas precauções não forem tomadas, Exu pode perturbar a cerimônia a

ponto de fazê-la abortar. O candomblé, então, se desembaraça dele, tomando todos os cuidados que o seu poder exige. Mas Exu não é nunca celebrado. No Rio, pelo contrário, segundo Edison Carneiro, há maior fidelidade às tradições africanas que conhecem as danças de Exu, e maior proximidade do vodu haitiano, também composto de duas partes. Aqui Exu será o rei do ritual.[31]

Convém acrescentar, porém, que os grupos específicos negros religiosos, ou movimentos divergentes no seu próprio interior, como a quimbanda, apesar da grande influência social que exercem no seio dos negros e camadas de mestiços proletarizados, não desembocam nunca em soluções de conteúdo que transcendem às próprias limitações da ideologia religiosa, isto é, não se libertam do seu conteúdo alienador. Ao tempo em que exercem essa influência, atuam, em contrapartida, como forças frenadoras de uma consciência dinâmico/radical dos seus componentes. Especialmente nas tendas de umbanda, a subordinação dessa influência à ordem estabelecida é cada vez mais visível. O elemento negro, inclusive, está sendo descartado dos seus órgãos e cargos de liderança e prestígio. Por isso mesmo, em dado momento, deixam de refletir e projetar aquela solução adequada para os problemas que surgem com a maior complexidade estrutural de uma sociedade progressivamente conflitiva, para manter-se na posição de guardiães da ordem, agrupando os elementos oprimidos dentro de padrões e valores da sociedade atual e apresentando, sempre, a solução mágica para os seus problemas concretos.

Essa dupla função deve-se, de um lado, à necessidade de essas camadas se organizarem para se autodefenderem, mas, de outro, às limitações estruturais de toda a ideologia religiosa incapaz de abrir caminho cognitivo até a perspectiva dinâmico/radical.

Tem razão, por isso, Friedrich Engels quando escreve que:

> A religião, uma vez constituída, contém sempre uma matéria tradicional. Do mesmo modo que, em todos os domínios ideológicos,

a tradição é uma grande força conservadora. Mas as transformações que se produzem nessa matéria decorrem de relações de classes, consequentemente das relações econômicas entre os homens que dão lugar a essas transformações.[32]

Esse impasse surge do próprio conteúdo limitado do fenômeno religioso que supre o homem de um sucedâneo ideológico capaz de fazer com que ele se esqueça das suas necessidades concretas, materiais e sociais, e da viabilidade de solucioná-las objetivamente. Por essa razão, mesmo a quimbanda, com todo o seu potencial libertário e reivindicante, é limitada por essa contradição estrutural do pensamento religioso e suas manifestações, ficando com toda a carga dinâmica no nível do pensamento mágico e com sua força limitada às fronteiras do simbólico.

Fatores de Resistência

Os *fatores de resistência* dos traços de cultura africanos condicionam-se, portanto, à necessidade de serem usados pelos negros brasileiros no intuito de se autopreservarem social e culturalmente. Somente dentro de uma sociedade na qual os padrões conflitantes se separam, não apenas no nível das classes em choque ou fricção, mas, também, por barreiras estabelecidas contra segmentos que comparecem em diversos estratos inferiorizados e discriminados por serem portadores de uma determinada *marca*, esses traços podem ser aproveitados. De outra forma, eles se teriam diluído por falta de funcionalidade na dinâmica social. As contradições internas inerentes à dinâmica de uma sociedade competitiva, com a particularidade de haver saído do regime escravista, determinam, em última instância, a preservação ou diluição dessa chamada *reminiscência africana*. Um exemplo disso é a degenerescência do culto de Ifá, "generalizado entre as tribos do Golfo da Guiné"[33] e que aqui chegou na "mais modesta das suas formas", interpretando búzios, enquanto Exu – conforme já vimos antes –, que era um auxiliar na África, cresceu no Brasil como um símbolo libertador. É que o símbolo de Exu, conforme já analisamos, tem uma representatividade libertária muito maior no contexto social brasileiro do que muitos orixás importantes no panteão africano. Por outro lado, outros orixás passaram no Brasil a simbolizar proteção a atividades populares como Ogum, patrono das artes manuais, ou a exercer profissões tidas como preservadoras da vida, como Omulu, que passou a ser "o médico dos pobres"[34].

A barragem da sociedade competitiva à interação social do negro escravo e posteriormente livre causou – ao lado do *traumatismo da escravidão* – a necessidade de ele, usando elementos religiosos, artísticos ou organizacionais, tribais, se conservar organizado, não sendo destruído, assim, pelo processo de marginalização em curso. Tudo ou quase tudo que o negro escravo fez no Brasil, usando elementos das suas culturas matrizes, objetivava a um fim social: preservar o escravo e posteriormente o ex-escravo do conjunto de forças opressivas existentes contra eles. Isso se realiza através da criação de valores sociais de sobrevivência ou autoafirmação capazes de municiá-los de elementos ideológicos e sociopsicológicos aptos a se contraporem aos das classes dominantes e segmentos brancos racistas.

A área de tensão, ou melhor, as áreas de tensões e a insuficiente franja de interação permitida ao elemento negro e não branco no Brasil, que os colocam em um espaço social muito restrito, sem possibilidades de se integrarem socialmente através da mobilidade vertical em massa, leva-os a se preservar agrupando-se, isolada ou semi-isoladamente, embora em diversos níveis de contato com a sociedade global.

Assim, foi realizado um processo de reelaboração dos valores africanos anteriores, a fim de que eles exercessem uma função dialética dentro do novo contexto no qual se encontravam: em estado de inferiorização quase absoluta. Vemos, por aí, que eles se organizavam, formavam grupos (ou segmentos) específicos, mantinham-se e ainda se mantêm em grupos comunitários que os unem através da hierarquização intragrupal, conservando-os ligados às fontes matrizes que lhes servem de embasamento ideológico de compensação.

Esse aspecto do problema é que nos parece pouco estudado e pesquisado pelos sociólogos, antropólogos e cientistas sociais brasileiros em geral. Isso possivelmente se deva ao fato de que nas áreas em que os estudos africanistas e afro-brasileiros se desenvolvem com maior intensidade (em especial na Bahia e em Pernambuco), a fricção entre as diversas camadas que compõem a sociedade abrangente não se tenha desenvolvido com muita agudeza, levando isso a que não se considere de maior relevância o papel social desses grupos específicos. Isso conduz a que se passe a ver o candomblé e outros grupos específicos, principalmente religioso de negros, mulatos e mestiços em geral dentro de uma redoma parada, sem dinamismo interno, sem contradições intra e intergrupais e com a sociedade competitiva abrangente, aceitando-se, por esse motivo, como seu elemento transformador, apenas a conservação (maior ou menor) da sua herança cultural africana. Em outras palavras: são *folclorizados*.

Por que certos traços das culturas africanas desaparecem – insistimos em indagar – enquanto outros permanecem na sociedade brasileira, especialmente nos contingentes populacionais mais proletarizados? Essa pergunta deverá levar-nos a um nível de análise mais elevado do assunto, saindo-se daquele, para nós já superado, de vê-lo através de fatores mais importantes no processo de troca (dar e tomar) entre as culturas implantadas e as receptoras, como quer a antropologia tradicional. Há outras causas muito mais relevantes que não foram levadas em conta, fato que poderá deformar a interpretação do fenômeno. Uma dessas causas é exatamente o nível de integração na nova sociedade dos elementos transplantados. Dessa primeira análise decorrerá a compreensão da função social dos elementos dessas culturas no novo *habitat*[35].

No caso brasileiro, temos o exemplo da religião maometana que veio para o Brasil com os negros islamizados e os seus membros usaram os seus elementos explicativos do mundo, sua cosmovisão, como força social de união dos escravos contra o estatuto da escravidão que os oprimia. Reuniam-se em candomblés de outras *nações*, no sentido de criarem uma unidade de pensamento necessária à dinamização organizacional e à motivação ideológica indispensáveis ao êxito dessas revoltas.

Escreve Vivaldo da Costa Lima:

> O processo "aculturativo" entre os nagôs e jejes se deve ter acentuado na Bahia pelo começo do século XIX em movimentos de resistência antiescravista. Os candomblés eram, no começo do século passado, centros de reunião de nagôs mais ou menos islamizados que aqui viviam, como jejes, hauças, grumcis, tapas e os descendentes dos congos e angolas que há muito não eram trazidos da costa.[36]

Isso mostra como, em determinados momentos e diante de potencialidades deflagradas pela dinâmica social antinômica, esses grupos específicos negros, depois de formados, não perdem a interação com a sociedade inclusiva e mantêm, com ela, uma fricção ideológica permanente, que varia de grau, de acordo com o respectivo nível de antagonismo social. Mas, por outro lado, a superioridade econômica, cultural e política das classes dominantes e dos seus aparelhos de poder no particular, penetra cada vez mais nesses grupos, os quais, depois de um circuito vital muitas vezes longo, entram em processo de degenerescência, isto é, de integração ideológica com a sociedade global. Vão, assim, perdendo a sua *especificidade*. Ao mesmo tempo que tal fenômeno acontece em outros níveis, diversos outros grupos específicos se formam e se articulam, frutos de outras contradições, e recomeçam o ciclo. É uma interdependência/intermitência dialética e, por isso mesmo, contraditória que se verifica entre esses grupos e a sociedade competitiva que procura, ao marginalizá-los socialmente, desorganizando ou branqueando esses grupos, tirar-lhes o seu papel de resistência e transformá-los em apêndices das classes dominantes.

Há um intercruzamento de valores entre esses grupos negros e a sociedade *branca,* terminando, quase sempre, ou pela sua dissolução, ou por um processo de subordinação econômica, ideológica e cultural desses grupos aos estratos dominantes da sociedade. Acresce notar que, nesse processo, muitos membros dos grupos específicos em processo de desintegração ou *branqueamento* se destacam exigindo a manutenção dos antigos valores negros, travando-se uma luta intragrupal muitas vezes intensa.

Até que ponto as instituições e grupos de pressão da sociedade global exercem influência sobre esses grupos específicos negros e até que ponto eles resistem como podem? Isso é assunto para pesquisas que mostrarão, em cada caso particular, como os negros nessa situação usaram os seus valores culturais de origem para se fecharem e/ou resistirem. Por outro lado, há a tendência, cada vez maior, das estruturas de poder exigirem a institucionalização desses grupos – especialmente os religiosos – através de medidas reguladoras e fiscalizadoras. Até que ponto essa constelação de forças compressoras e desintegrativas contribui para a destruição ou degradação da função de resistência social e cultural desses grupos, modificando-lhes, inclusive, o papel? Até que ponto essas medidas não atingem o prestígio dos seus dirigentes nos grupos religiosos: candomblés, tendas de umbanda etc.? Até que ponto os *status* de prestígio dos seus dirigentes são afetados internamente por terem de obedecer a essas exigências? As medidas fiscalizadoras – licenças, alvarás etc. –, não abalarão o mundo mágico do candomblé? Os *status* de prestígio dos pais e mães de santo não teriam diminuído com a interferência regularizadora por parte das instituições da sociedade de classe? Ou não? Será que a repressão policial, como havia antigamente, não era um elemento que produzia a solidariedade grupal? Será que a própria magia não se consolidava à medida que eram necessários recursos mágicos para combater-se as forças coatoras e profanas da sociedade branca que, através do seu aparelho de repressão, combatia o mundo mágico dos negros? Será que atualmente os chefes de terreiros, ao verem institucionalizadas as suas casas, não perderam muito do papel todo-poderoso de sacerdotes, passando a ser encarados como meros administradores das casas de culto? São perguntas que somente poderão ser respondidas após pesquisas que objetivem esclarecer o assunto. Pelo menos em São Paulo, segundo nossas pesquisas, os candomblés e tendas de umbanda, ao se registrarem na Delegacia de Costumes e serem obrigados a preparar atas, levar relatórios periódicos das suas atividades, listas de sócios etc. sofrem um desgaste de prestígio, no plano simbólico, muito grande e bastante visível. Muitas vezes, como vimos, por exemplo, no Candomblé Afro-Brasileiro de Ogum, da mãe de santo Elizabeth, em São Miguel, eles não têm condições intelectuais e burocráticas para cumprir essas exigências. Por isso recorrem, muitas vezes, a elementos de fora do candomblé – para a execução dessas tarefas – que passam a ter uma importância tão grande como a do pai de santo no terreiro. Isso não teria influência na estrutura do terreiro e no prestígio do sacerdote? Será que a divisão nesses terreiros entre o sagrado e o profano é tão rígida que os sacerdotes permanecem com o mesmo prestígio apesar dessa interferência? Não haverá uma diminuição de prestígio da mãe de santo que, por exemplo, não recorre mais a rituais mágicos e ao recurso da ilegalidade para funcionar, mas sujeita-se a todos os preconceitos exigidos pelas autoridades como maneira de poder exercer as suas funções sagradas? E os orixás com a sua força, onde estão? E a força mágica do terreiro e da sua chefia espiritual, onde está?[37]

A primeira vez que, em São Carlos, interior de São Paulo, fomos ao Centro de Umbanda Caboclo Viramundo, encontramos, inicialmente, certa resistência do seu chefe, Geraldo. Depois dos primeiros contatos, porém, ele nos informou que a sua tenda era a mais antiga daquela cidade, funcionando há vinte anos. Apesar de a tenda ser frequentada predominantemente por pretos e mulatos, ele se mostrava orgulhoso da "segurança" que podia oferecer aos seus frequentadores e visitantes. Mas não era pela sua força de sacerdote ou pelo poder mágico dos cantos do Centro. Chamou-nos ao lado e nos informou que podíamos frequentar o terreiro com tranquilidade porque ele era muito amigo de inúmeros policiais, tendo garantida, por isso, a sua tranquilidade. Afirmou-nos, ainda, que muitos policiais o frequentavam, necessitando dos seus *serviços*.

Isso que ele nos confidenciou não poderia abalar a confiança e a fé dos seus frequentadores? E não estará aí um dos motivos da força de Exu no movimento quimbandista não institucionalizado e perseguido?

Um Exemplo de Degradação

O nascimento, desenvolvimento e decadência das escolas de samba cariocas devem ser estudados vendo-as como *grupos específicos* de resistência negra, que foram, paulatinamente, através de uma injeção de valores *brancos* no seu centro (ao pedirem a consciência de sua especificidade) transformados, apenas, em *grupos diferenciados*.

Os moradores dos morros, desde o fim da escravidão, criaram inúmeros grupos que se organizavam em vários níveis, objetivando fins diversos. Dentro da situação social concreta em que se encontrava, que era o da *marginalidade*, o negro do morro, favelado, tinha de organizar-se para que, dentro da situação que lhe impuseram, pudesse sobreviver e praticar uma série de atividades que o preservariam de um estado de anomia total. Dessa forma, a música popular do morro, o samba, com vistas a uma festa do asfalto (o carnaval), serviu de elemento aglutinador para que a escola de samba se organizasse. Tendo, inicialmente, a função de lazer[38], ela criou polos dinamizadores em diversos segmentos de moradores do morro, entrando em um processo de participação como *grupo específico*. Formou-se, assim, um grupo hierarquizado e, ao mesmo tempo, grupos de trabalho a ele subordinados – desenhistas, costureiras, decoradores e músicos – cujas atividades estavam centradas na escola de samba. Do ponto de vista da hierarquia interna, surgiu o mestre-sala, a porta-estandarte etc., que adquiriram *status* específico dentro da organização. Além disso, elas surgiam como ato de afirmação de uma contracultura que se opunha à das elites e representava, através dos sambas-enredo, da coreografia, das alegorias, de forma simbólica, os valores do morro que desfilavam durante o carnaval na cidade branca.

Todos esses elementos conjugados levaram a que se criasse um espírito de grupo competitivo entre as diversas escolas e uma consequente autoafirmação negra nessa competição. Assim, o morro se apresentava no asfalto. Os figurantes das diversas escolas, durante o carnaval, ao desfilarem, realizavam *catarticamente* o seu desejo de participação social, de integrar-se e dominar a cidade branca.

Edison Carneiro, analisando a sua origem, escreve acertadamente que:

> todas essas escolas, durante o carnaval, costumavam "descer o morro" a fim de fazer evoluções na Praça Onze, cantando sambas alusivos a acontecimentos nacionais ou locais, no domingo e na terça-feira gorda. Os grupos tinham, naturalmente, no começo, uma unidade precária – as mulheres preferiam fantasiar-se de baianas, os homens trajavam pijamas de listras, macacões ou camisas de malandros, o chapéu de palha caído sobre os olhos, sem ordem nem lei[39].

Simbolicamente sem ordem nem lei. Eram, assim, os valores negros – do negro marginalizado – que saíam das áreas de marginalização e miséria e se integravam, durante a festa, na coletividade, voltavam ao centro do sistema, adquiriam, de modo simbólico, o *status* negado. Como vemos, alegoricamente, era a dominação da cidade pelos habitantes do morro, através da sua organização e da sua contracultura.

Era o morro, a marginalidade, a miséria periférica e não vista pelo centro deliberante durante todo o ano, que vinha ocupar a área branca decisória e a dominava simbolicamente, ocupava os seus espaços e impunha a sua presença. Todos aqueles que olhavam o negro do morro como desordeiro, viam-no organizado; os que o tinham como analfabeto e ignorante, ouviam e aceitavam os seus sambas-enredo. Finalmente, ele, através da organização que lhe custara sacrifício, dinheiro, tempo e paciência, dominava a metrópole. Por outro lado, as instituições ou órgãos que o oprimiam e/ou perseguiam no morro agora estavam ao seu serviço; a mesma polícia que prendia abria alas para que a escola desfilasse.

O carnaval era, assim, sociologicamente, uma festa de integração, mas, especialmente, de um ponto de vista mais analítico, um ato de autoafirmação negra. Nesses dias, o branco é que era repelido, ridicularizado porque não sabia sambar. O branco era proibido (discriminado) de desfilar na escola de samba. Naqueles quatro dias, quando as escolas de samba estavam no esplendor da sua autenticidade e conservavam, por isso, a sua especificidade, as situações se invertiam, e o negro do morro, o favelado, o perseguido pela polícia, tinha, embora apenas de maneira simbólica, um *status* completamente diverso dentro da estrutura da escola daquele que ele desempenhava fora. Quem fazia a seleção era ele e não o branco: "Quando branco entra na escola estraga tudo", diziam. Os valores sociais e culturais se invertiam e o negro era o dominador e não o dominado, o seletor e não o discriminado. Tinha o poder simbólico da cidade durante quatro dias.

Do ponto de vista organizacional, a escola de samba representava a forma através da qual o negro e as populações não brancas marginalizadas se defendiam da sua situação de quem vive ao nível quase extremo de simples preservação biológica, sem nenhuma possibilidade de integração social.

Do ponto de vista cultural mais geral, a escola de samba surgiu no momento em que a sociedade brasileira fazia uma revisão dos seus valores, procurava rever posições culturais e políticas em consequência de uma série de conflitos estruturais já bastante estudados. A Semana de Arte Moderna, de São Paulo, é de 1922 e realizou-se no Teatro Municipal. As primeiras escolas de samba começam também na década de 1920, nos morros de favelados cariocas. Não é uma coincidência, é uma convergência e ao mesmo tempo uma dissidência. Enquanto a cultura dominante se autoafirmava no modernismo, procurando suprir o descompasso entre a realidade e a cultura das elites, a cultura popular, plebeia, não institucional, não acadêmica ou simplesmente renovadora do próprio código libertário tradicional, punha na rua as escolas de samba, num transbordamento do negro do morro, pois ele já não se continha mais nos seus grupos específicos religiosos costumeiros, ou nos pequenos cordões ou ranchos carnavalescos. Vinha para o asfalto exibir a sua contracultura.

O negro, dessa maneira, não via o carnaval como uma simples festa da mesma forma que o branco o vê. Era, de certo modo, o momento mais importante da sua vida, do ponto de vista de autoafirmação social, cultural e étnica.

Essas são – segundo pensamos – as causas mais relevantes que deram uma vitalidade tão grande às escolas de samba. Por outro lado, a sociedade *branca* sentiu essa potencialidade organizacional e cultural do negro através das escolas de samba, e, concomitantemente, a necessidade de transformá-las em complementos do carnaval oficial, tradicional, convencional, colocando-as como simples *objetos* dessa dinâmica; em última instância, *folclorizando-as*. Objetivando isso, iniciou um processo de corrupção através de formas sutis de institucionalização, fazendo-as, hoje em dia, simples atração turística para estrangeiros e a grande burguesia nativa, pois até a pequena burguesia e a massa operária dos subúrbios cariocas não têm mais condições de vê-las desfilar.

Desaparecido o conteúdo que lhes deu vitalidade, elas passaram por um processo de *branqueamento social e ideológico* não apenas em sua apresentação que descambou no colossalismo quantitativo e industrializado, manipulado pelo circuito capitalista, mas, também, nas próprias normas de conduta, nos objetivos dos seus organizadores, de grande número dos seus participantes e na sua própria sub-ideologia.

Assim, aqueles motivos sociopsicológicos que deram dinamismo interno e capacidade organizacional às antigas escolas foram substituídos por uma burocracia profissional oportunista, ligada, por necessidade de manter o colossalismo antipopular exigido pelos *mass media* e instituições governamentais, às estruturas de poder ou grupos.

Retratando muito bem esse processo de decadência e distanciamento dos seus objetivos iniciais, assim falou Candeia, compositor da Portela: "No início, essa invasão (branca) de certa forma era controlada. Mas lembro que a Mangueira só permitia que o pessoal que não fosse da escola entrasse na quadra após a meia-noite, porque antes era ensaio mesmo, visando o desfile. Depois, ficou incontrolável."[40]

E prossegue no seu depoimento: "Principalmente porque quem pagava o ensaio se achava no direito de participar, e o ensaio da escola acabou virando baile de carnaval. Hoje, mestre-escola e porta-bandeira já não ensaiam, porque a quadra foi invadida por gente que não tem nada que ver com o samba, não sabe sambar e na quadra já não se samba mais. Nem na avenida."[41]

Concluindo, Candeia afirma:

> As alegorias atuais representam uma falsa cultura, são feitas por gente de fora, profissionais. Acho que as alegorias de uma escola devem ser representativas de uma cultura própria, obrigatória do afro e do indígena. O barroco sofisticado não tem nada que ver com escola de samba e precisa ser eliminado. Me lembro do

tempo em que as alegorias da Portela eram feitas por Lino Maciel dos Santos, que é carpinteiro, e por Joacir, que é pedreiro. Isso sim é que é válido. Bacana é o crioulo do morro criar o seu primeiro desfile, sua própria arte. As fantasias precisam ser menos luxuosas e mais autênticas, também feitas pelo pessoal da escola.[42]

Mas, apesar dessa luta ideológica intragrupal, o processo de degradação das escolas de samba segue um ritmo avassalador[43]. Esse processo de degradação dos seus valores iniciais veio transformá-las em *grupos diferenciados* pela sociedade global. A luta interna entre elementos "conservadores" – tão bem retratada por Candeia – e aqueles que assimilaram a ideologia dos estratos deliberantes e que aliam essa ideologia à obtenção e compensações materiais mostra como esses grupos inferiorizados, marcados etnicamente, que chegam a ser específicos se, em determinado momento, não assimilarem uma ideologia dinâmico/radical totalizadora, tendem, mais cedo ou mais tarde, a serem envolvidos pela sociedade capitalista abrangente que os coloca a serviço dos seus interesses. A trajetória histórico-social da organização do negro nas escolas de samba vai desaparecendo por força de uma manipulação, de fora para dentro, de elementos estranhos ao mundo negro que as criou.

Além desses fatores básicos de degenerescência, outros surgiram em níveis menos relevantes, como, por exemplo, a sua utilização por artistas de rádio e TV, empresários, donos de shows, políticos, contraventores, pregadores religiosos e outras pessoas ou grupos que procuram tirar proveito artístico, comercial, publicitário, religioso ou político das escolas.

Escrevem, nesse sentido, Francisco Vasconcelos e Mário Pedra:

> E os donos da bola, outrora perseguidos e amesquinhados, incharam de vaidade, ao verem seus barracos, agora transformados em palácios, serem procurados com tanta insistência por aquelas figuras de proa de rádio, tevê, show, teatro, até por misses já no ostracismo, mas sempre misses, por pintores, arquitetos,

escultores e mesmo historiadores de nomeada, que aparecem parecendo que vêm dar mais brilho e projeção às agremiações, zelando até pelo seu patrimônio cultural, quando, na verdade, vêm em busca de grossa publicidade gratuita, muitas vezes até remunerada, contrariando todas essas regras do negócio e, o que é pior, propositadamente ou não, contribuindo aceleradamente para o desvirtuamento do verdadeiro samba.[44]

Outras razões que não têm nada a ver com as motivações sociopsicológicas e socioculturais que fizeram nascer as escolas de samba cariocas estão tornando-as, paulatinamente, apêndices da Riotur, e os negros estão sendo transformados, novamente, em objeto para divertimento do branco. Perdida aquela função inicial de autoafirmação do negro do morro, as escolas de samba foram transformadas em simples segmentos diferenciados, subalternizados a todos os esquemas e imposições institucionais, simples componentes do programa oficial da cidade do Rio de Janeiro.

II.

A DINÂMICA NEGRA
E O RACISMO BRANCO

A sociedade brasileira largou o negro
ao se próprio destino, deitando
sobre seus ombros a responsabilidade
de reeducar-se e de transformar-se
para corresponder aos novos padrões
e ideais de homem, criado pelo advento
do trabalho livre, do regime republicano
e do capitalismo.

FLORESTAN FERNANDES

1.

Sociologia da República de Palmares

Preferiram "a Liberdade Entre as Feras Que a Sujeição Entre os Homens"

Conseguir uma aproximação satisfatória com o tema sobre o qual vamos nos ocupar neste capítulo é mais difícil. Essa dificuldade tem origem em várias causas: algumas podem ser verificadas na própria situação da ciência histórica no que diz respeito aos estudos palmarinos; outras têm a ver com a natureza ideológica e política que decorre da própria essência polêmica da República de Palmares em relação à historiografia dominante e acadêmica. Como vemos, temos barreiras de ordem metodológica e ideológica que se cristalizam em cima de uma memória e consciência histórica e sociológica desfigurada e/ou reificada pela maior parte dos cientistas sociais que até hoje se ocuparam do assunto.

Isso é compreensível se levarmos em consideração que toda a documentação que se conhece sobre Palmares é aquela fornecida pelo dominador, pelo colonizador, isto é, não temos outro código de informação a não ser aquele que os seus destruidores nos oferecem. Dessa forma, o cientista social tem de se postar em uma posição muito cautelosa, a fim de reinterpretar de modo crítico esses documentos e informações, decodificá-los, sabendo discernir heuristicamente até onde vai a fantasia ocasional, o interesse ou a ideologia repressiva na elaboração do seu texto e onde se situa a veracidade do fato narrado e/ou interpretado. Esse sempre foi um desafio aos historiadores e sociólogos, pois representa o pique das lutas sociais e raciais que foram travadas no Brasil, até as revoltas dos negros urbanos de Salvador na primeira parte do século XIX. Essa historiografia procurou minimizar a sua significação histórico/ sociológica, apresentando-o como um valhacouto de bandidos, de bárbaros, fetichistas e criminosos. A própria biografia de Zumbi somente agora emerge em consequência de trabalhos de historiadores que resgatam a sua figura e provam a sua existência. Antes era lenda, era apenas um título que se transferia. Zumbi não existia como personagem histórica[1].

Achamos, por isso, que ainda não podemos, a não ser com muita cautela, elaborar uma interpretação sistemática da realidade social de Palmares, a sua estrutura interna, o seu dinamismo e o ritmo desse dinamismo, sistema de propriedade, organização familiar, estrutura de poder etc., a não ser de forma aproximada.

Outros obstáculos não menos difíceis se somam a esses. Um deles foi a destruição quase total da população primitiva de Palmares ou o seu envio para outras áreas depois da sua derrota, o que proporcionou a criação de um vácuo de memória histórica e social, fato que impede o pesquisador recolher na região, através de trabalho de campo, informações orais, tradições, lendas e mitos capazes de dar uma representação simbólica do que os atuais ocupantes das terras na região possuem do fato histórico através de transmissão oral dos seus antigos habitantes e descendentes. Finalmente, por ser Palmares uma república que seguiu a tradição africana, tinha uma estrutura de transmissão de pensamento, comunicação grupal fundamentalmente oral.

Na África, a tradição oral é praticamente responsável pela transmissão da memória coletiva. Vários gêneros de comunicação nesse sentido existem para que isso possa ser realizado. Temos: a.

poesia, forma de expressão mais frequente. Refere-se quase sempre ao passado da África, às civilizações que se sucederam e às culturas que lhes deram suportes; b. *conto*, que são grupos de fábulas, lendas, mitos intercalados com fatos reais, terminando o narrador ilustrando-o com um preceito moral; c. *provérbios*, máximas populares que exprimem, através de imagens, uma regra de conduta ou conselho de moral social; d. *ditado*, que difere do provérbio pelo fato de ser uma sentença que expressa o ideal de uma conduta ética.

Outras formas de literatura ou comunicação oral africana são: os poemas cantados (alôs); as adivinhações; os cantos e coros religiosos; as canções de invocação mística e de cenas da vida cotidiana.

Os depositários dessas tradições e formas de comunicação orais nas sociedades africanas poderão ser enumerados da seguinte maneira:

1. os detentores da autoridade política;
2. os nobres;
3. os chefes de cultos;
4. os velhos contadores.[2]

É evidente que não se pode verificar empiricamente até onde Palmares reproduziu, integral ou parcialmente, essa estrutura de comunicação oral africana, hierarquizada, no seu território, mas será interessante, ao se estudar a sua realidade social, levar em conta que, ao que tudo indica, esse código se conservou pelo menos de maneira parcial. De outra forma, teriam sido apreendidos documentos tanto durante a fase das diversas expedições punitivas como após a sua derrota final.

Quebrada, em Palmares, a continuidade das organizações, segmentos, grupos ou pessoas que funcionavam com a tarefa de passarem a experiência comunitária de geração a geração, extinguiu-se praticamente a memória e a consciência coletiva, sem deixar vestígios significativos no presente.

De tudo isso surge a dificuldade de se conseguir aquilo que poderíamos chamar de uma visão exata ou aproximativa da estrutura e o ritmo da dinâmica interna da República de Palmares. Isso que afirmamos sobre Palmares estende-se também aos outros quilombos mais importantes. Por fim, como coroamento dessa série de dificuldades, há todo um passado de historiografia tradicional, conservadora, ideologicamente comprometida com o colonizador e que procura esconder, escamotear ou deformar o verdadeiro significado e a importância sociológica, histórica, política e humana que foi Palmares, apresentando tão importante fato como sendo apenas "um valhacouto de bandidos e marginais".

Para fazermos uma análise sociológica sistemática da estrutura da República de Palmares, teríamos de aceitar um desafio que não cabe ser enfrentado senão particularmente no atual estágio em que estão os estudos palmarinos.

Se objetivássemos fazer um trabalho sistemático e exaustivo abordando a dinâmica da República decorrente da sua estrutura, teríamos de estudar as suas técnicas e outros tipos de produção; o que produzia e especialmente *como* se realizava essa produção; a interação do núcleo dirigente com camadas e/ou grupos de poder da sociedade colonial; a interação dos palmarinos com os escravos e negros dos engenhos e fazendas; a dinâmica interna da República nos seus diversos níveis; língua falada; estrutura organizacional do núcleo dirigente; forma fundamental de propriedade; organização familiar; sistemas de parentesco; religião predominante; estratificação social interna; formas de dominação e subordinação fundamentais; estrutura do grupo religioso; existência (ou não) do feiticeiro ou casta sacerdotal com monopólio do sagrado; organização militar e sua hierarquização interna; rituais iniciáticos; nível de poder político do núcleo militar; sistema de distribuição da produção; sistema de distribuição de excedentes etc.

Como se pode ver, por essa simples enumeração sumária e evidentemente incompleta, a tarefa seria impossível de ser realizada, pelo menos por uma só pessoa. Haveria, também, necessidade de investimento em pesquisas históricas e na região, em especial iniciar-se uma pesquisa arqueológica, para a possível reconstrução de sua cultura material, coisa que até o momento não foi feita. Com isso, talvez seja possível alcançar novas dimensões interpretativas para os estudos palmarinos[3].

Uma Economia de Abundância

Uma tentativa de descrição inicial da economia de Palmares deverá começar, segundo pensamos, por um inventário das terras, suas qualidades e limitações para a prática da agricultura, recursos hidrográficos, vegetação, fauna regional e grau de pluviosidade, entre outras. Evidentemente que isso seria uma preliminar necessária para se ter uma ideia da base física da República, embora, conforme posteriormente procuraremos analisar, não é isso o determinante na organização e desenvolvimento da República, pois outros elementos de ordem social, econômica, cultural e militar irão dar conteúdo à dinâmica dessa cultura.

Segundo a maioria daqueles que escreveram sobre Palmares, a República estava situada em uma das regiões mais férteis da Capitania de Pernambuco, na região atualmente pertencente ao estado de Alagoas. Para Edison Carneiro:

> a região era montanhosa e difícil – cômoros, colinas, montes, montanhas, rochedos a pique se estendiam a perder de vista... Vinha desde o planalto de Garanhuns, no sertão de Pernambuco, atravessando várias ramificações dos sistemas orográficos central e oriental até as serras dos Dois Irmãos e do Bananal, no município de Viçosa (Alagoas), compreendendo, entre outras, as serras do Cafuchi, da Jussara, da Pesqueira, do Comonati e do Barriga – o "oiteiro da Barriga" – onde se travou a maior parte dos combates pela destruição final de Palmares[4].

Décio Freitas, mais abrangente, descreve toda a região como:

> Uma faixa litorânea com 230 quilômetros de extensão, um planalto de pouca altitude ladeando a nesga do litoral e uma área mais ou menos considerável de terras altas. A costa baixa, sem acidentes e batida por vagas oceânicas não é convidativa à navegação, sendo a ponta de Jaraguá o único ancoradouro seguro em todo o trecho de Recife para baixo até a Bahia. Os rios que vazam para o mar são represados pelos alísios atlânticos, o que explicaria a formação de inúmeras lagoas características da região [...] Ao se refugiarem nos Palmares, os escravos tiravam partido do tipo de região que em todos os tempos constituiu o ponto forte das classes subalternas quando sublevam – a montanha inóspita, precisamente porque ali não chega o braço do Estado, ou pelo menos só chega com grande dificuldade.[5]

Ainda sobre a região, um autor desconhecido, em documento existente na Torre do Tombo, depois de descrever o cenário de Palmares, afirma que:

> estende-se pela parte superior do Rio São Francisco uma corda de mata brava, que vem a fazer termo sobre o sertão do Cabo de Santo Agostinho, correndo quase norte a sul, do mesmo modo que corre a costa do mar. São as árvores principais palmeiras agrestes que deram ao terreno o nome de Palmares; são estas tão fecundas para todos os usos da vida humana, que delas se fazem vinho, azeite, sal, roupas, as folhas servem às classes de cobertura; os ramos de esteio, o fruto de sustento, e da contextura com que as pencas se cobrem no tronco, se fazem corda para todo o gênero, ligaduras e amarras; não correm tão uniformemente esses Palmares que os não separam outras matas de diversas com que na distância de sessenta léguas se acham distintos Palmares[6].

Sumariamente descrita a região em que se localizava a República de Palmares, por três autores, sendo que o último possivelmente tenha sido contemporâneo dos acontecimentos, vejamos, agora, como os seus habitantes chegaram e se multiplicaram nessa área.

Rocha Pitta diz que foram quase quarenta negros de Guiné dos engenhos de Porto Calvo, no início, depois em bandos e de forma constante, homiziando-se nas matas de Palmares, que iniciaram o primeiro quilombo. Ele descreve a origem da República da seguinte maneira:

> Quando a província de Pernambuco estava tiranizada e possuída dos holandeses, se congregaram e uniram quase quarenta negros do Gentio de Guiné, de vários engenhos da Vila do Porto Calvo, dispondo fugirem aos senhores, de quem eram escravos, não por tiranias, que neles experimentassem, mas por apetecerem viver isentos de qualquer domínio. Com segredo (entre esta nação, e tanto número de pessoas, poucas vezes isso) dispuseram a fuga, e a executaram, levando consigo algumas escravas, esposas e concubinas, também cúmplices do delito da ausência, muitas armas diferentes, umas que adquiriram e outras que roubaram a seus donos na ocasião em que fugiram. Foram rompendo o vastíssimo sertão daquela vila, que acharam desocupado do gentio e só assistido dos brutos, que lhes serviam de alimento, a companhia com a qual se julgaram ditosos, estimando mais a liberdade entre as feras, que a sujeição entre os homens.[7]

O crescimento demográfico da República continua a partir desse núcleo básico inicial de forma ininterrupta, diversificando-se, posteriormente, com a incorporação de segmentos de marginais, índios, mamelucos e membros de outros grupos étnicos. Diversas situações surgiram paralelamente, permitindo o aumento de fugas que iriam fazer engrossar a sua população. Uma delas foi a ocupação holandesa em Pernambuco que desarticulou as estruturas de dominação portuguesas e nativas, criando condições para que os escravos, aproveitando essa situação de desarticulação dos mecanismos de controle social e repressão, fugissem para as matas, especialmente para Palmares.

Além da fuga desses escravos dos engenhos, continuava afluindo aos mocambos cada vez mais índios salteadores, fugitivos da justiça de um modo geral e elementos de todas as demais etnias que se sentiam oprimidas pelo sistema escravista. Certamente chegaram também brancos e brancas, pois de outra forma não se explicaria a existência, em 1644, entre os aprisionados por Rodolfo Baro, de "alguns mulatos de menor idade"[8].

Nos assaltos que eram feitos às populações locais, certamente os negros palmarinos raptavam negras, mas brancas também. Fala-se que Zumbi tinha, entre suas mulheres, uma que era branca. Devemos notar, a respeito, que o problema do equilíbrio entre os sexos em Palmares deve ter sido muito sério, pois, na seleção que o sistema de importação de negros realizava para o suprimento de escravos no Brasil a proporção de mulheres era bem menor que a de homens, calculando-se, segundo estimativas, três homens para cada mulher. Dessa forma, para que se estabelecesse um equilíbrio sexual relativamente estável, a necessidade de se conseguir mulheres fora da reprodução natural era imperativa. Como os palmarinos resolveram esse problema muito sério e estabeleceram tipos de famílias que acudiram a essas necessidades veremos oportunamente.

O certo, porém, é que através do crescimento vegetativo e do rapto de mulheres, da adesão de escravos e escravas dos engenhos e do aprisionamento de escravos passivos, a população de Palmares chegou a ter de vinte a trinta mil habitantes, população que atingiu um nível de densidade demográfica, na época, desafiador. Transformou-se Palmares no mais sério obstáculo ao desenvolvimento da economia escravista da região. Como a região, na época, era a mais importante para a prosperidade desse tipo de economia, podemos aquilatar a preocupação que Palmares representava para as autoridades da Metrópole.

Tanto isso é verdade que em 1671 o governador Fernão de Souza Coutinho dirigia-se à Metrópole denunciando o perigo. Dizia ele:

Há alguns anos que os negros de Angola fugidos do rigor do cativeiro e fábricas dos engenhos desta Capitania se formaram povoações numerosas pela terra dentro entre os Palmares e matos, cujas asperezas e faltas de caminhos os tem mais fortificados por natureza, do que pudera ser por Arte, e crescendo cada dia em número se adiantam tanto no atrevimento que com contínuos roubos e assaltos fazem despejar muita parte dos moradores desta Capitania mais vizinhos aos seus mocambos, cujo exemplo e conservação vai convidando cada dia aos mais que foge, por se livrar do rigoroso cativeiro que padecem e se verem com a liberdade lograda no fértil das terras e segurança de suas habitações podendo-se temer que com essas conveniências cresçam em poder de maneira que sendo tanto maior o número, pretendam atrever-se a tão poucos como são os moradores desta Capitania a respeito dos seus cativos; para evitar esse dano determino passar ao Porto Calvo na entrada deste verão, lugar mais proporcionado para se fazer esta guerra e dali, com contínuos troços de gente que se renda uma a outra, mandar abrir caminhos para os ditos Palmares por onde possam ser investidos e arrasadas as suas povoações continuamente até de todo se extinguirem e ficar livre esta Capitania desse dano que tanto a ameaça.[9]

Esse temor e providências das autoridades não impediram que Palmares continuasse crescendo. Montado no binômio "território e população", é que a sociedade civil de Palmares se estrutura e se dinamiza. Organiza-se criando um espaço humano e social dentro do espaço físico. Por diversas circunstâncias, os quilombos, ou cidades da República, começam a se formar, de acordo com o processo de desenvolvimento e diferenciação da divisão do trabalho interno. Surgem, em consequência da diversificação de funções e papéis de várias camadas e estratos no sistema produtivo, quilombos que tinham atividades sociais e econômicas específicas. Assim, segundo documento aproveitado por Edison Carneiro e que já usamos antes, era a seguinte a distribuição territorial dos principais quilombos que constituíam a República: a cinco léguas de Porto Calvo ficava o quilombo de Zumbi; a cinco léguas mais ao norte, o mocambo de Acotirene; a leste destes, dois mocambos chamados das Tabocas; a quatorze léguas a noroeste desses mocambos, o de Dambrabanga; a oito léguas mais ao norte, a "cerca" de Subupira; a seis léguas mais ao norte, a "cerca Real" do Macaco; a cinco léguas a oeste, o mocambo de Osenga; a nove léguas de Serinharém, para nordeste, a "cerca" de Amaro; a 25 léguas das Alagoas, para noroeste, o "palmar" de Andalaquituche, irmão de Zumbi; a 25 léguas de Porto Calvo e o mocambo de Aqualtuna, mãe do rei, afora outros menores, espalhados no seu território. Sabendo-se que *légua* é uma velha medida portuguesa que corresponde a aproximadamente seis quilômetros, podemos calcular a extensão geográfica da República. Edison Carneiro avalia em 27 mil quilômetros quadrados a superfície de Palmares. Numa articulação permanente, esses quilombos (ou cidades) produziam uma economia de abundância, apesar das contínuas expedições enviadas contra eles e que tinham, como sistemática, destruir sua agricultura e matar os seus homens e mulheres.

Como os Palmarinos se Comunicavam?

Como se articulava, do ponto de vista linguístico, a população da República de Palmares? Qual o sistema de comunicação, o seu código de linguagem através do qual socializavam o seu pensamento? A primeira hipótese surgida entre aqueles que estudaram Palmares foi a de que, como escreveu Décio Freitas, a língua era "basicamente o português, misturado com formas africanas de linguagem", pensamento idêntico ao de Edison Carneiro. Com o aprofundamento dos estudos palmarinos, essa primeira hipótese está sendo revista, como veremos adiante. De fato, embora haja referências ao envio de *línguas* (intérpretes) para entender-se com os palmarinos, poderíamos relacionar isso ao quase desconhecimento do português também por parte dos bandeirantes, isto é, a mistura da linguagem palmarina com termos africanos e a incorporação de termos indígenas à fala dos bandeirantes sugeria a necessidade de um intérprete que os auxiliasse no diálogo. Mas, apesar disso, dessa possível diversificação dialetal por parte dos palmarinos, todos os elementos indicam que o português foi a estrutura linguística que absorveu o vocabulário de origem africana usado pelos negros habitantes da República de Palmares para se comunicarem. Por outro lado, tem-se como quase certo que as palavras africanas incorporadas ao corpo léxico dos palmarinos eram de origem banto. Isso porque tem-se comprovado que a maioria esmagadora dos negros habitantes da República provinha de populações que falavam esses dialetos.

A professora Yeda Pessoa de Castro, em trabalho especializado de etnolinguística, mostra a precedência da importação banto em relação aos negros de outras partes da África, particularmente na região de Palmares. Para ela, na época da sua formação, a importação de negros para a lavoura escravista era basicamente das regiões da África que falam os seus diversos dialetos. O gráfico seguinte indica a realidade desse argumento:

ATIVIDADE PRINCIPAL	SÉCULOS DE IMPORTAÇÃO MACIÇA			
	XVI	XVII	XVIII	XIX
Agropecuária	B	B/J	B/J	
Mineração			B/J	
Agricultura	B	B/J	B/J/N	N/H
Serviços urbanos				N/J/H/B

Grupos: B = Banto; J = Jeje/Mina; N = Nagô/Iorubá; H = Hauçá.

FONTE: Yeda Pessoa de Castro, *A Presença Cultural Negro-Africana no Brasil: Mito e Realidade*, Salvador: CEAO, 1981.

A mesma autora escreve que:

> no que concerne à influência dos povos de língua banto, ela foi mais extensa e penetrante por também mais antiga no Brasil. Isso

se revela pelo número de empréstimos léxicos de base banto que são correntes no português do Brasil – uma média de 71 % – e pelo número de derivados portugueses formados de uma mesma raiz banto, inclusive os de conotação especificamente religiosa, sem que o falante brasileiro tenha consciência de que essas palavras são de origem banto. Exemplos: cacunda/corcunda, caçula, fubá, angu, jiló, bunda, quiabo, dendê, dengo etc.[10]

Isso acontece não apenas nos falares populares, mas também na elaboração de linguagem literária[11].

Em outro trabalho, *Os Falares Africanos na Interação Social do Brasil Colônia*, Yeda Pessoa de Castro escreve que:

os empréstimos léxicos africanos no português do Brasil, associados ao regime da escravatura, são em geral étimos bantos (quilombo, senzala, mucama, por exemplo); depois Zumbi, Ganga Zumba, nomes dos líderes de Palmares, são títulos tradicionalmente atribuídos a chefes locais no domínio banto. Sobre outro plano, os folguedos tradicionais brasileiros que portam nomes denunciando influência banto, tais como *quilombos*, *congos*, *moçambiques*, são atestados em diferentes zonas rurais do Brasil[12].

Finalmente, para concluir nossa argumentação, vamos transcrever trecho da documentação que Yeda Pessoa de Castro apresentou ao II Encontro Nacional de Linguística:

Nestas [as senzalas], onde se misturavam africanos de diferentes procedências étnicas a um contingente de indígenas, a fim de evitar rebeliões que pusessem seriamente em perigo a vida dos seus proprietários, numericamente inferiorizados e estabelecidos em áreas interioranas isoladas, a necessidade de comunicação entre povos linguisticamente diferentes deve ter provocado a emergência de uma espécie de língua franca, que chamaremos de *dialeto das senzalas*.[13]

A argumentação acima mostra como há evidência ponderável (histórica, sociológica e etnolinguística) de que os bantos influenciaram decisoriamente na língua falada em Palmares, criando aquilo que poderíamos chamar, pelas mesmas razões etnolinguísticas e sociológicas apontadas pela professora Yeda Pessoa de Castro, de *dialeto dos quilombos*, como sendo o código de linguagem através do qual eles se comunicavam. Ou então, por que não poderíamos chamar essa linguagem de *dialeto de Palmares?* Essa hipótese nós levantamos no Simpósio sobre a República de Palmares, organizado pela Universidade Federal de Alagoas, em 1981[14]. A sugestão que colocávamos ali como questão aberta, veio, ao que tudo indica, a ser confirmada pelas pesquisas posteriores sobre esse aspecto importantíssimo em relação a Palmares.

O historiador Décio Freitas, baseado em pesquisas pessoais procurando esclarecer o assunto, escreve:

> Antes de mais, não podiam adotar, sem desastroso sacrifício da unidade, uma das línguas nativas da África. Necessitavam de uma linguagem comum. Assim foi como se elaborou a linguagem palmarina: um sincretismo linguístico, em que os elementos africanos tiveram um ascendente decisivo, mas que incorporava, por igual, elementos do português e do tupi. "Falam uma língua toda sua, às vezes parecendo da Guiné ou de Angola, outras parecendo nenhuma dessas e sim outra língua nova", reparou o governador Francisco de Brito Freire.
>
> Os brancos não entendiam essa linguagem sem auxílio de intérpretes. Todos os emissários enviados pelas autoridades coloniais a Palmares para consertar trégua ou pazes faziam-se invariavelmente acompanhar de "línguas". As conversações entre o governador de Pernambuco e uma embaixada palmarina, no ano de 1678, no Recife, realizou-se através de "línguas".
>
> Desgraçadamente, não restaram vestígios significativos da linguagem palmarina.[15]

Assim, aquela hipótese que aventamos em 1981 veio a ser corroborada posteriormente. Podemos dizer, em face dessas razões, que existiu um *dialeto de Palmares* como código de linguagem através do qual seus habitantes se comunicavam.

Evolução da Economia Palmarina

Vejamos agora como se estruturava e se articulava a economia de Palmares.

Devemos dizer que vamos sumariar aqui, em primeiro lugar, *o que* se produzia; em segundo lugar, *como* se produzia na República. Achamos que no sistema produtivo de Palmares há, no início, uma fase basicamente recoletora, fase que, aliás, não desaparecerá; perde a sua importância, mas permanecerá como forma subsidiária durante toda a evolução da sua economia, caça e pesca, fundamentalmente. São conseguidas pelos palmarinos, além de frutas, vegetais medicinais, óleo de palmeira, fibras de vários tipos, frutos como jaca, manga, laranja, fruta-pão, coco, abacate, laranja-cravo, cajá e outras, nativas, que serviam para sua alimentação. Além disso, a caça era facilitada pela abundância de animais na região: diversos gêneros de onças, antas, raposas, veados, pacas, cutias, caititus, coelhos, preás, tatus, tamanduás, quatis e inúmeras outras espécies que davam base a uma alimentação através da caça, capaz de suprir a população da República, pelo menos no seu início.

Além desse setor recoletor, desenvolve-se o artesanal, no qual eram produzidos cestos, pilões, tecidos, potes de argila e vasilhas de um modo geral. Esse setor artesanal era o que produzia grande parte do material bélico usado: facas, flechas e outros instrumentos venatórios e de guerra. Havia ainda a produção de instrumentos musicais, cachimbos de barro (para fumarem maconha), além de objetos de uso cotidiano. Um dos setores mais desenvolvidos era a metalurgia, pois os africanos já eram exímios metalúrgicos na sua terra natal e aqui desenvolveram as suas aptidões e técnicas.

No particular, Edison Carneiro informa:

> A expedição holandesa de 1645 encontrou quatro forjas nos Palmares e o governador Fernão Coutinho, em 1671, dizia que os negros rebelados já possuíam "tendas de ferreiros, e outras oficinas, com

que poderão fazer armas, pois usam de algum fogo que de cá levam; e este sertão é tão fértil de metais, e salitre, que tudo lhes oferece para a sua defesa, se lhes não faltar a indústria que também se pode temer dos muitos que fogem, já práticos em todas as mecânicas".[16]

Com o aumento progressivo da população, a sua diversificação social e estratificação maior e mais complexa nos diversos segmentos ocupacionais, políticos, militares e produtores que a compunham, essa economia simples foi, paulatinamente, substituída pela agricultura intensiva, porém diversificada, ficando apenas como atividade complementar, subsidiária, o setor recoletor e artesanal. Usando técnicas de regadio trazidas da África e uma longa experiência agrícola, os palmarinos transformaram-se em agricultores. Posteriormente veremos como essa mudança no sistema de produção irá alterar os outros níveis organizacionais e estruturais da República. Palmares passa a ter uma economia fundamentalmente agrícola, criando excedentes econômicos para redistribuição interna e externa.

A base desse trabalho era a policultura, produzida intensivamente, porém de forma comunitária. Plantavam principalmente o milho, que era colhido duas vezes por ano. Depois da colheita descansavam duas semanas. Plantavam ainda feijão, mandioca, batata-doce, banana (pacova) e cana-de-açúcar. Isso constituía a produção básica da agricultura palmarina, sendo o excedente distribuído entre os membros da comunidade para as épocas de festas religiosas ou de lazer, ou estocado para os tempos de guerra. O que sobrava era trocado com vizinhos, pequenos sitiantes e pequenos produtores, por artigos de que a República necessitava.

A maneira *como* se produzia, podemos dizer que era, na sua essência, um sistema de trabalho que se chocava com o latifundiário escravista tipo *plantation* que existia na Colônia, com níveis de produtividade muito mais dinâmicos e de distribuição comunitária que era a própria antítese da apropriação monopolista dos senhores de engenho e da indigência total dos escravos produtores.

Comentando essa forma comunitária de produção existente em Palmares, Duvitiliano Ramos assim se expressa:

> Distinguindo muitas "roças ou plantações" onde abundavam bananeiras e canaviais, o cronista Blaer, implicitamente, destacou como curiosidade específica dos quilombolas, em oposição com o sistema de sesmaria que imperava nos engenhos sob exploração holandesa, uma forma diferente de cultura, denunciadora de trabalho individual e não de trabalho por turmas, como se fazia na terra dos engenhos. Não somente isso: a plantação variada de diferentes espécies, onde abundavam bananeiras (pacovais) e canaviais; e na lavoura do rei "uma roça muito abundante" que tanto pode ser compreendida na variedade de plantação (abundante), como na extensão da área plantada, embora a expressão seja limitada: uma roça, como pode exprimir a ignorância do cronista quanto ao nome da plantação "muito abundante". O fato real, contudo, é que a lavoura do rei era diferente na forma do trabalho da terra, das lavouras dos habitantes, que constituíam muitos roçados, com variados produtos, e ao rei resultava "uma roça muito abundante", prometedora de farta colheita em várias espécies e produtos. Essa forma de cultura – continua o mesmo autor –, introduzida nos quilombos, ganha consistência definitiva e afirma-se como característica social em confronto com a relação geral anotada por Blaer. Armamento, duas fileiras de casas, cisternas, um largo para exercícios, a casa-grande do Conselho, as portas do mocambo, paliçadas e fortificações. E isso porque entre os seus habitantes havia "toda sorte de artífices". Um aldeamento progressista.[17]

Concluindo, afirma:

> Disso se deduz que os quilombolas, ao repudiar o sistema latifundiário dos sesmeiros, adotam a forma do uso útil de pequenos tratos, roçados, base econômica da família livre; que o excedente da produção era dado ao Estado, como contribuição para a riqueza social e defesa do sistema; que a solidariedade e a cooperação eram praticadas desde o início dos quilombos, que deve remontar aos princípios do século XVII; que a sociedade

livre era dirigida por leis consagradas pelos usos e costumes; que não existiam vadios nem exploradores nos quilombos, mas, sim, uma ativa fiscalização como sói acontecer nas sociedades que se formam no meio de lutas, contra formas ultrapassadas de relações de produção; que, em 1697, já existiam nascidos e crescidos, habituados àquele sistema, nos quilombos, três gerações de brasileiros natos, somando provavelmente a população de dezesseis aldeamentos para mais de vinte mil indivíduos.[18]

Essa forma de organização dava, como consequência, uma economia de abundância. É outro estudioso, Décio Freitas, quem dá continuidade e conclusão à exposição de Duvitiliano Ramos, afirmando: "Faziam largo consumo de banana pacova, abundante na região. Criavam galinhas, suínos, pescavam e caçavam. Mas, fato singular, não criavam gado a despeito das excelentes pastagens de certas áreas da região por eles diretamente controladas."[19]

E aduz em seguida:

É que nas comunidades negras reinava a fartura que oferecia vivo contraste com a perene miséria alimentar da população do litoral. A abundância da mão de obra, o trabalho cooperativo e a solidariedade social haviam aumentado extraordinariamente a produção. O superproduto social se tornava abundante. Depois de alimentada a população, atendidos os gastos coletivos e guardadas em celeiros as quantidades destinadas às épocas de más colheitas, guerras e festividades, ainda sobrava algo para trocar por produtos essenciais das populações luso-brasileiras. O caráter nitidamente antieconômico do sistema escravista é ilustrado por esse contraste entre o rendimento do trabalho do negro quando livre e quando cativo. Era por ser escravo e não por ser negro que ele produzia pouco e mal nas plantações e nos engenhos. O trabalho cooperativo de Palmares tinha um ritmo de produtividade muito maior do que aquele que se desenvolvia nos latifúndios escravistas; a superioridade da agricultura palmarina em relação ao trabalho escravo era facilmente verificável.[20]

Analisemos, agora, quais eram as relações de produção que caracterizavam Palmares. Décio Freitas mais uma vez tem de ser citado. Diz ele que não

> há elementos seguros sobre o regime de propriedade da terra entre os palmarinos. Cabe conjeturar que as terras pertenciam à povoação como um todo. A plausibilidade da hipótese provém, em primeiro lugar, do fato de que os negros traziam da África uma tradição de propriedade coletiva da terra. Em segundo lugar, uma vez que o esgotamento do solo e razões de segurança determinavam periodicamente a mudança de toda a povoação para outro sítio, não teria sentido a propriedade privada da terra com todos os seus atributos, como compra e venda, sucessão etc.[21]

A dupla verificação de que Palmares se transformou em uma sociedade agrícola que produzia para toda a comunidade, leva-nos a outro nível de reflexão.

Quais as modificações estruturais significativas no interior da República, ao passar de simples ajuntamento seminômade, de um punhado de escravos, para uma república com território fixado pela necessidade de produção agrícola e permanente para alimentar a comunidade e de organização de normas reguladoras capazes de dar ordenamento a essa sociedade? Além da necessidade da formação de um Estado e de um governo, como veremos depois, foi, também, necessária a criação de uma força militar que resguardasse dos ataques de fora a produção coletiva, a vida e a segurança dos seus habitantes.

A fim de acudir à segurança de um número tão considerável de pessoas e um território tão grande e sempre ameaçado, necessitavam desenvolver uma técnica militar, estabelecer um sistema defensivo eficaz, capaz de assegurar o sossego dos moradores. Para tal, a sociedade palmarina teve de admitir a constituição de um segmento militar que se organizou como instituição, embora nas épocas de guerra todo o povo fosse mobilizado para lutar. Esse exército aumentou consideravelmente. Iniciaram-se as construções de fortificações, paliçadas, plataformas, fossos, estrepes, tudo visando a sua defesa. Por outro lado, o setor artesanal e metalúrgico deve ter desviado grande parte das suas atividades para a fabricação de material bélico indispensável para que esse exército estivesse em condições operacionais satisfatórias todas as vezes que a República fosse atacada.

Esse exército era comandado pelo Ganga Muiça e bem armado, embora, na última fase da resistência, o seu comando tenha passado inquestionavelmente para as ordens de Zumbi, que ficou como uma espécie de comandante-chefe. Suas armas eram arcos, flechas, lanças, facas produzidas pelo setor artesanal da República e armas de fogo tomadas das expedições primitivas, dos moradores vizinhos, compradas daqueles com os quais os palmarinos mantinham relações pacíficas e provavelmente também fabricadas na própria República. Como vemos, Palmares, para defender-se dos ataques inimigos, teve de dirigir grande parte da sua economia para fins bélicos e manter, também, uma grande parte da sua população produtiva em armas.

Evolui o segmento militar, por isso mesmo, adquirindo uma função importante na área de domínio e prestígio político. Daí o aparecimento de uma espécie de casta militar. A guerra de movimento, o movimento de guerrilhas, sustentado por outros quilombos menores e que deram frutos tão positivos na tática militar da quilombagem não pode ser continuada em Palmares. As guerrilhas foram transformadas em operações de envergadura e, depois de realizadas, tinham um local fixo para voltar. O nomadismo militar inicial dos palmarinos, possível numa sociedade recoletora, foi substituído pelo sedentarismo e pela luta de posições. À medida que as atividades agrícolas se desenvolviam, iam sendo, ao mesmo tempo, transformadas as táticas e técnicas militares para a defesa do patrimônio coletivo. É, por outro lado, essa fração ou segmento militar, adestrado para defender o patrimônio coletivo, que irá revoltar-se contra a capitulação de Ganga Zumba. Porque o exército de Palmares tinha essa característica: não foi montado para defender nenhum tipo de propriedade privada, mas para defender o patrimônio de toda a comunidade. Daí ter-se insurgido, através de Zumbi e outros componentes do segmento militar, contra a capitulação de Ganga Zumba que significava, em última instância, a destruição de toda essa estrutura comunitária. Nesse particular, o general Zumbi, ao se insurgir contra a ação capitulacionista de Ganga Zumba e os seus seguidores, estava representando os interesses e o consenso de toda a comunidade da República ameaçada de ser dominada e os seus habitantes voltarem ao *status* de escravos. Esse tipo de economia levará, também, a que não se corporifique um direito de propriedade definido e regulamentado em código. Os crimes que eram punidos severamente através de um tipo de direito consuetudinário (costume) eram o adultério, o homicídio e o roubo individual, pois ele era considerado uma lesão ao patrimônio comum.

Organização Familiar: Poligamia e Poliandria

O casamento era feito sem nenhum ritual significativo, ou solenidade maior. Pelo menos até o momento não há informações que evidenciem o contrário. Por outro lado, Palmares reproduzia, dentro das suas fronteiras, a desproporção de sexos existente na população escrava, isso porque os senhores preferiam comprar, para os trabalhos do eito, homens jovens e mulheres as quais eram destinadas à escravidão doméstica, cujo número era insignificante em relação à grande massa de escravos trabalhadores na agroindústria açucareira. Por esse motivo, os traficantes selecionavam essa mercadoria humana de acordo com as preferências do mercado e a vontade dos fazendeiros. Calcula-se que para cada mulher havia três ou mais homens, com variações regionais. Tal fato irá refletir na composição, por sexos, da população palmarina com desequilíbrios evidentes na organização familiar.

Por isso, se os palmarinos mantivessem, nas suas fronteiras, o casamento monogâmico que os senhores impunham nas suas fazendas, ou a promiscuidade também ali permitida, haveria um desequilíbrio na vida familiar e sexual tão agudos que a desarticulação social seria inevitável, com repercussão de desajuste em todos os níveis da estrutura social. Para resolver esse impasse de importância fundamental, os palmarinos foram obrigados a instituir dois tipos fundamentais de organização familiar. Um seria a família polígama e outro a família poliândrica.

Essa dupla organização familiar, surgida de causas que já apontamos, isto é, o desequilíbrio da população palmarina segundo o sexo, veio equilibrar o comportamento dos dois sexos e ordenar socialmente essa instituição.

No primeiro caso, a poligamia seria praticada pelos membros principais da estrutura de poder. Isto é, a capa dominante, o rei, membros do Conselho e possivelmente os chefes dos mocambos teriam direito a várias mulheres, cujo número não temos elementos para precisar.

Um documento da época dizia que "o apetite é a regra da sua eleição", o que não é verdade. Se isso acontecesse, haveria conflitos internos muito grandes e níveis de desorganização familiar que desequilibrariam a normalidade da República.

O rei Ganga Zumba tinha três mulheres, duas negras e uma mulata, e Zumbi teve mais de uma, havendo a hipótese de que uma delas era branca. A instituição da poligamia nessa casta dominante é incontestável. Quanto à possibilidade de Zumbi ter uma mulher branca, a hipótese não é absurda, pois muitas brancas pobres e mesmo prostitutas conseguiram fugir para Palmares, como forma de se livrarem da discriminação a que estavam sujeitas na sociedade escravista. Além disso, muitas "mulheres e filhas donzelas" foram raptadas pelos negros de Palmares, como registra documento da época.

Mas, em contrapartida, havia a família poliândrica. Era a que funcionava de forma majoritária no conjunto da comunidade, naquelas camadas que não tinham poder decisório nos assuntos importantes, mas participavam em pé de igualdade com todos os membros da comunidade na produção e no consumo. A poligamia, em todos os povos onde ela existiu, sempre foi um privilégio, isto é, mesmo sendo um direito para todos, somente aqueles que possuem condições materiais, sociais ou econômicas para usá-lo o exercem.

Em Palmares, no entanto, tanto um tipo de organização familiar como outro surgiram em consequência das circunstâncias especiais que os seus habitantes não podiam controlar em face de terem a ver com causas externas: a desproporção gritante entre os sexos, consequência da imposição dos compradores de escravos no mercado negreiro.

Daí a poliandria ter sido estabelecida na República. Com esses dois tipos fundamentais de organização familiar, criaram-se mecanismos de equilíbrio para a sua funcionalidade, sem antagonismos agudos e conflitos no grupo família. Os estratos políticos e militares que mantinham a direção da sociedade, especialmente o rei, tinham uma família polígama, ao contrário dos outros segmentos e grupos onde a poliandria era a norma permanente.

Décio Freitas, ao abordar o problema, escreve que:

> para preservar a coesão social, instituiu-se o casamento poliândrico. As referências a esse tipo de casamento são inúmeras, mas as mais minuciosas são as de um documento de 1677. Sucede que um certo Manuel Inojosa – o patronímico aparece também grafado como Jojosa –, laureado exterminador de índios e de negros, grande proprietário de terras e de escravos, aspirava apaixonadamente a glória de destruir Palmares. Nesse intuito, apresentou à Coroa vários planos. Para colher informações, infiltrou um dos seus escravos em Palmares em troca de promessa de alforria. O negro viveu entre os palmarinos pelo espaço de seis meses, para, afinal, fugir e transmitir ao amo o quanto vira em Palmares[22].

O espião prestou plenas informações ao seu amo e o mesmo dirigiu-se ao rei de Portugal com um relato dos costumes da República. Não se conhece a íntegra do documento enviado, mas um resumo feito do mesmo aborda o assunto que nos interessa, ou seja, a poliandria de Palmares. Diz ele:

> que cada negro que chega ao mocambo fugido de seus senhores logo é ouvido pelo conselho de justiça que tem que saber de suas tenções porque são grandemente desconfiados, nem se fiam só no fato de ser negro que se apresente; que tanto se certificam das boas intenções do negro que chega lhe dão mulher a qual possuem juntos com outros negros, dois, três, quatro e cinco negros, pois sendo poucas as mulheres adotam esse estilo para evitar contendas; que todos os maridos da mesma mulher habitam com ela o mesmo mocambo, todos em paz e harmonia, em arremedo de família, mas próprio dos bárbaros sem as luzes do entendimento e a vergonha que a religião impõe; que todos esses maridos se reconhecem obedientes à mulher que tudo ordena na vida como no trabalho; que cada uma dessas chamadas famílias os maiorais, em conselho, dão uma data de terra para que a cultivem e isso o fazem a mulher e os seus maridos… que à guerra açodem todos nos momentos de maior precisão, sem exceção das mulheres que nessas ocasiões mais parecem feras que pessoas do seu sexo.

Visto como funcionava a família poliândrica em Palmares, cabe uma indagação complementar. Teria havido um matriarcado em Palmares? Os mais importantes estudiosos do assunto acham que não. Mas Joaquim Ribeiro, exagerando, ampliando ou mesmo deformando os traços possivelmente de um matriarcado existente entre os negros brasileiros, refere-se a um matriarcado africano em Palmares, partindo da afirmação de que o quilombo não era uma expressão de luta contra a escravidão. Para ele: "o quilombo (e essa é a sua verdadeira significação histórica) é uma reação contra a cultura dos brancos, contra os seus usos e costumes; é a restauração da velha tribo afro-negra nas plagas americanas; é a ressurreição do organismo político tribal; é o retorno, sobretudo, ao seu fetichismo bárbaro"[23].

Daí, para ele, a poliandria de Palmares e os seus vestígios no Nordeste serem feitos dessa *regressão cultural*. Por isso, afirma: "A poliandria da escrava negra é uma sobrevivência do matriarcado originário. E foi esse resíduo matriarcalista que favoreceu, através das relações sexuais entre brancos e negras, a atenuação da luta entre o senhor e o escravo."[24]

Não há dúvida de que essa interpretação fantasiosa, que remete para um possível *resíduo* atávico os sistemas organizacionais do momento, especialmente das comunidades e grupos oprimidos, baseados na *cultura história* como Joaquim Ribeiro determina o seu método, poderá provar tudo porque não prova nada cientificamente. As origens tanto da poligamia como da poliandria em Palmares surgiram da dinâmica social interna da comunidade, da sua composição por sexo desequilibrada e das soluções estruturais que os habitantes encontraram para conseguir o seu equilíbrio sexual e social. O que não se pode aceitar é reduzir a dinâmica social a simples regressão cultural, o que não faz sentido nem tem nenhuma possibilidade de explicar a dinâmica da sociedade que se formou ao nível de contestação social como Palmares.

Religião Sem Casta Sacerdotal

Para a maioria dos estudiosos de Palmares, a sua religião era formada por um sincretismo no qual entra o catolicismo popular e crenças africanas, principalmente banto. Acrescentamos, agora, a influência das religiões indígenas que tão bem se fundiram às religiões banto em outros lugares, como na Bahia, dando inclusive dessa fusão o chamado "candomblé de caboclo"[25].

Segundo Sebastião da Rocha Pitta, eram "cristãos cismáticos" e explicava por que isso, no seu entender, era verdadeiro:

De católicos não conservavam já outros sinais que o da Santíssima Cruz, e algumas orações mal repetidas, e mescladas com outras palavras e cerimônias por eles inventadas, ou introduzidas das superstições da sua Nação; com que, se não eram idolatras, por conservarem a sombra de cristãos, eram cismáticos, porque a falta de Sacramentos e de Ministros da Igreja, que eles não buscavam, pela sua rebelião, e pela liberdade dos costumes, em que viviam, repugnantes aos preceitos da nossa Religião Católica, os excluía do consórcio, grêmio e número de fiéis.[26]

Edison Carneiro, no primeiro trabalho fundamental de revisão histórica da República de Palmares, afirma que:

os negros [de Palmares] tinham uma religião mais ou menos semelhante à católica, o que se explica pela pobreza mítica dos povos bantos a que pertenciam e pelo trabalho de aculturação no novo *habitat* americano. No mocambo do Macaco, possuíam uma capela, onde os portugueses encontraram três imagens, uma do Menino Jesus, "muito perfeita", outra da Senhora da Conceição, outra de São Braz [...] Os palmarinos escolhiam um dos seus "mais ladinos" para lhes servir de sacerdote, especialmente para as cerimônias do batismo e do casamento, mas provavelmente também para pedir o favor celeste para as suas armas [...] Não era permitida a existência de feiticeiros no quilombo.[27]

Carneiro refere-se, ainda, a uma dança que, segundo Barléus, era praticada em conjunto e que se prolongava até a meia-noite, batendo-se com os pés no chão "com tanto estrépito que se podia ouvir de muito longe"[28].

Parece-nos que essa "dança" devia ser alguma cerimônia derivada das religiões africanas e indígenas, pois tudo leva a crer que era uma manifestação coletiva do mundo religioso da comunidade que englobava, além de negros que eram hegemônicos, também membros de outras etnias que compunham a República, como índios, mamelucos, pardos e brancos. Parece-nos que Edison Carneiro subestimou um pouco esse elemento na análise que fez das práticas religiosas de Palmares. Essa manifestação coletiva de contato com o sobrenatural devia manifestar-se periodicamente, com datas ou tempo determinados, e deveria ter um significado de expiação ou de invocação propiciatória à colheita e/ou à guerra.

Até hoje, segundo informações que conseguimos em Maceió, em 1983, a população de União dos Palmares acredita ouvir, de vez em quando, esses batuques de negros no cimo da Serra da Barriga.

Achamos, por tudo isso, que a execução do sagrado era praticamente comunitária. Não havia uma carreira de sacerdote com rituais iniciáticos, com diversos níveis hierárquicos que garantissem ao iniciado o monopólio do sagrado. Pelo contrário. Os feiticeiros eram proibidos de agir em Palmares. Assim, a prática religiosa, quando necessária, era executada por pessoas escolhidas ocasionalmente, os "ladinos mais expertos", que não se identificavam com o sagrado através de ritos de iniciação. O eventual prestígio adquirido durante a prática do culto desaparecia depois da sua realização. O que se pode deduzir, das informações que se tem, é que os atos religiosos em Palmares eram uma comunhão coletiva com o sobrenatural.

Administração e Estratificação na República

Na parte da administração pública podemos ver no cimo da pirâmide o rei que exercia poderes quase absolutos. Em seguida o Conselho, com os representantes dos chefes dos diversos quilombos (cidades), os quais decidiam de forma autônoma, nos seus respectivos redutos isoladamente, mas em conjunto quando o assunto envolvia problema de relevância para os destinos da República, como a guerra e a paz. A escolha do rei era eletiva. Embora exercendo poderes quase absolutos (apenas controlados pelo Conselho nos casos mais importantes), em situações extremas como traição havia a pena de morte para ele, como, por exemplo, no caso de Ganga Zumba.

Quanto ao sistema monetário, não se tem notícias de uma moeda cunhada e em circulação na República de Palmares. O comércio pessoal e as trocas deveriam ser realizadas através do sistema de escambo, pois assim como não se pode conceber uma sociedade sem troca, não se pode também afirmar que deveria haver moeda metálica para realizar essa operação. O que isso vem demonstrar é o relacionamento comunitário e pré-monetário entre os seus membros. A troca em espécies deveria ser, ao que acreditamos, o costume de comercialização (se é que assim poderíamos chamar tal operação) sem a existência do lucro. Daí, talvez, não haver necessidade de uma moeda que circulasse como equivalente geral ao valor de cada mercadoria.

O problema da estratificação social devia ser complexo e o seu dinamismo, por meio da mobilidade social horizontal e vertical, poderia medir-se pela passagem de um membro ou grupo de um estrato para outro ou, horizontalmente, de um mocambo para outro ou da República para outro local, através da fuga. Do ponto de vista de mobilidade vertical podemos citar, em primeiro lugar, o membro da República que era eleito rei, e, no outro polo, o exemplo dos escravos da República que podiam ascender ao nível de membros livres de Palmares se trouxessem um ou mais negros cativos para o núcleo. Da mesma forma, parece-nos, as mulheres ascendiam socialmente quando se casavam com algum chefe de quilombo ou comandante militar. Quanto aos jovens, não temos nenhuma informação de qualquer ritual de passagem (quer para homens quer para mulheres) ou outra cerimônia iniciática para incorporá-los à comunidade, embora não descartemos a possibilidade de sua existência, pois elas funcionavam sistematicamente nos grupos étnicos banto.

O certo é que toda a dinâmica de estratificação e integração social era feita no nível de segurança e estabilidade dos seus membros e segmentos em relação à situação do conjunto da comunidade, fugindo, por isso, de qualquer semelhança com os tipos de mobilidade existentes em uma sociedade competitiva.

Quanto ao nível, tipo e intensidade de interação da comunidade com moradores da região e com a estrutura de poder colonial, podemos dividi-los basicamente em três: a. interação conflitiva; b. interação competitiva; c. interação pacífica.

O conflito deve ter sido o mais frequente e significativo especialmente em nível do enfrentamento militar com as tropas holandesas, portuguesas e de mercenários bandeirantes. Os choques militares, as guerrilhas, as batalhas e escaramuças defensivas, as sortidas para o roubo de víveres essenciais e não produzidos em Palmares, rapto de negros ou mulheres, tudo isso foi uma constante nesse nível de interação.

O competitivo seria caracterizado pelas relações com moradores locais. Havia, com certeza, um pacto não formal (e possivelmente não em nível de consciência) que neutralizava aparentemente o conteúdo das mesmas, através da troca de interesses e do estabelecimento de um escambo muitas vezes voluntário, outras vezes compulsório para aqueles que não podiam defender-se da força militar de Palmares. Aquilo que Rocha Pitta chamava "trocar o cabedal pela honra" da parte dos proprietários locais, talvez exemplifique esse tipo de interação, ou seja, uma relação competitiva acobertada por um pacto de interesses. Em outros casos, contudo, haveria um tipo de interação pacífica entre pequenos proprietários, camponeses pobres com os palmarinos.

Quanto à interação pacífica com as estruturas de poder colonial, parece-nos que foi excepcional e não caracteriza o relacionamento dos palmarinos com a sociedade abrangente, isto é, as estruturas de poder coloniais. Podemos dar como exemplo disso apenas o envio de uma embaixada em 1678 que foi ao Recife parlamentar com o governador da Capitania, o recém-nomeado Aires de Souza e Castro. Na ocasião foi acordada a paz entre as autoridades coloniais e a República de Palmares, através dos seus representantes, tendo a sua embaixada sido recebida em nível de representatividade plenipotenciária. O governador mandou que fosse tomado por termo "as deliberações e encarregou um sargento-mor do Terço de Henrique Dias, que sabia ler e escrever, se seguir para Palmares, em companhia dos negros, para comunicá-las ao rei Ganga Zumba e aos seus auxiliares. O filho mais velho do rei, que não podia viajar, ficou no Recife, sob cuidados médicos"[29].

Palmares: Uma Nação em Formação?

Queremos colocar, no final deste capítulo, em nível de simples reflexão preliminar, uma interrogação: teria sido Palmares uma nação em formação? Se não tivesse sido destruída, ou sitiada permanentemente, a comunidade palmarina teria dinamismo interno capaz de estruturar-se em nacionalidade?

Antes de colocarmos alguns elementos teóricos para dar continuidade à nossa proposta, ou hipótese, queremos dizer preliminarmente que mesmo aqueles autores que abordaram o assunto no passado, jamais viram Palmares como uma unidade política com dinâmica própria, mas sempre viram Palmares como um movimento *divergente* em relação à nação brasileira ainda em formação. Jamais fizeram uma análise de duas unidades paralelas que podiam, desejavam e tinham possibilidades de desenvolver-se de maneira autônoma. Queremos dizer com isso que ninguém procurou analisar Palmares a partir das leis internas (econômicas, sociais e políticas) que lhe davam estabilidade, continuidade e dinamismo, mas sempre como um território de negros e ex-escravos que haviam fugido às leis econômicas, sociais e políticas da Colônia, essas, sim, aceitas como capazes de dar continuidade e desenvolvimento àquilo que se convencionou chamar a sociedade brasileira. Em razão disso, Euclides da Cunha via em Palmares uma "grosseira odisseia", o mesmo fazendo Nina Rodrigues quando afirma que foi um relevante serviço prestado pelos bandeirantes a sua destruição, elogiando a ação desses mercenários ao nível de *arautos da nossa unidade nacional*.

Isto é, o referencial de *normalidade* era a unidade do Brasil colonial. O patológico, a fragmentação dessa unidade.

Mas, de um parâmetro científico, essa perspectiva chauvinista estereotipada teria razão? Parece-nos, pelo contrário, que Palmares teve todas ou pelo menos as principais condições de ser uma nação, possivelmente independente, ou componente do país que se formava, se esses chamados civilizados (os colonizadores) não tivessem mobilizado contra ela todo o seu arsenal repressor e deixassem a República palmarina desenvolver as suas instituições internas, as suas forças produtivas e aprimorar a sua dinâmica econômica e social de modo pacífico. Mas a história não se faz sem contradições. Pelo contrário. A contradição faz parte imanente das leis sociológicas que determinam a dinâmica ou retrocesso dos grupos, classes, comunidades e nações. Por isso Palmares foi destruída. Não por ser uma ameaça à civilização, como quer Nina Rodrigues, mas, pelo contrário, por ter sido uma ameaça à sociedade escravista que a rodeava, pelo seu exemplo de eficiência organizacional. Um viajante que aqui esteve em 1871, Oscar Constatt, observou muito bem o problema e escreveu:

> A prosperidade da república dos negros preocupou no mais alto grau o governo. Os portugueses resolveram por isso pôr-lhe fim, e não tardaram a enviar tropas, num total de 7 mil homens contra os temíveis palmarenses. Como se tinha o inimigo em muita pouca conta, não foi julgado necessário armar a força com canhões, e a completa derrota desta depressa mostrou aos portugueses que não lhes seria fácil alcançar o desígnio visado. Só depois de levarem canhões e abrirem brechas nos muros de Palmares, formados de grossos troncos sobrepostos, foi que a resistência desesperada, que os palmarenses tinham oferecido até então, cedeu um pouco, e permitiu que por fim os portugueses se assenhoreassem da cidadela.[30]

O que deve ser destacado aqui é que o autor assinalou a prosperidade da República como a causa de sua destruição através de uma operação militar. De fato, não eram as escaramuças dos negros palmarinos, rapto de escravos ou mulheres, que preocupavam o governo, pois esse tipo de bandoleirismo era muito comum naquela época. O que determinou, segundo pensamos, a empresa de destruir Palmares foi, exatamente, o seu exemplo de uma economia alternativa, com ritmo de produtividade maior do que a Colônia, desafiando, com isso, a outra economia (escravista) em confronto com a economia comunitária praticada na República.

Poderíamos, por isso, considerar Palmares como uma nação em formação? O que é uma nação na sua definição clássica? É uma comunidade estável, historicamente formada, que tem sua origem na comunidade de língua, de território, de vida econômica e conformação psíquica que se manifesta em uma cultura comum.

Nesse nível de raciocínio teórico, o que pensamos da República de Palmares? Um movimento separatista que queria afastar-se da *nação brasileira* por motivos fortuitos e que deveria ser reincorporada à unidade nacional da qual fazia parte e, por isso, justificava-se o uso da força armada para esmagá-la e reparar os nossos brios patrióticos?

Nesse particular de nação dominada, até hoje temos um exemplo clássico: a Irlanda do Norte está dominada política e economicamente pela Grã-Bretanha, mas isso não lhe tira a condição de ser uma nação nem o direito de separar-se da Inglaterra. Evidentemente que do ponto de vista histórico e sociológico as diferenças são imensas. Não queremos equiparar os dois exemplos, mas apenas mostrar como, através do conceito de unidade nacional, muitas vezes os direitos das nacionalidades são esmagados.

Depois dessas considerações vamos apresentar algumas razões que, supomos, podem iniciar a análise do ponto de vista que sugerimos. No nível de análise teórica, Palmares correspondia aos requisitos sociológicos, políticos e econômicos suficientes para ser considerada uma nação em formação?

Porque – destaquemos esse detalhe – o Brasil, naquele tempo, não era um país independente, tendo, como nação, mais contradições regionais e políticas do que Palmares. Há mesmo sociólogos e historiadores que consideram, até hoje, o Brasil uma nação inconclusa. O que levou a República de Palmares a ser condenada e extinta foi, como já dissemos, a sua estrutura social e econômica comunitária que se chocava com o sistema baseado nas relações escravistas. Aqui, parece-nos, é que está a chave do problema: Palmares era uma negação, pelo seu exemplo econômico, político e social da estrutura escravista-colonialista. O seu exemplo era um desafio permanente e um incentivo às lutas contra o sistema colonial no seu conjunto. Daí Palmares ter sido considerada, sempre, pela crônica histórica tradicional, um valhacouto de bandidos e não uma nação em formação, que estava desenvolvendo uma trajetória altamente dinâmica e desafiadora a todas as técnicas produtivas e estruturas de relacionamento social do escravismo. A sua destruição, por isso mesmo, foi festejada com as pompas e homenagens de uma guerra vitoriosa. O governador Melo de Castro comunicava ao reino o notável feito dizendo que: "A notícia da gloriosa restauração dos Palmares, cuja feliz vitória se não avalia por menos que a expulsão dos holandeses e, assim, festejada por todos esses povos com seis dias de luminárias, sem que nada disso se lhes ordenasse."[31]

Como vemos, pela importância que se deu à destruição de Palmares, temos a evidência de que, no bojo da estrutura colonial e escravista que existiu na época, a existência da República de Palmares, a sua vitalidade e desenvolvimento, o seu exemplo de dinamismo econômico, e o seu exemplo de relação comunitária e harmonia social determinaram a sua extinção. Isso porque, segundo pensamos, era uma alternativa surpreendentemente progressista para a economia e os sistemas de ordenação social da época. Um embrião de nação que foi destruído para que o seu exemplo não determinasse uma economia que transcendesse os padrões econômicos e políticos do sistema escravista.

2.

O Negro Visto Contra o Espelho de Dois Analistas

Um Fluxo Permanente de Estudos Sobre o Negro

Um vasto e profundo fluxo de literatura sobre o negro brasileiro, de todas as tendências e graus de importância, vem atestando, de maneira inequívoca, a relevância que assume, em nossa sociedade competitiva e preconceituosa, o problema das relações interétnicas. Esse fluxo bibliográfico e essa discussão permanente, em vários níveis, que procuram suprir de elementos interpretativos e/ou fatuais aqueles que se interessam pelo assunto, é bem uma evidência de que a nossa *intelligentsia* está sensibilizada diante do fato/problema e, de uma forma ou de outra, procura oferecer elementos capazes de ajudar a manipulação de uma práxis capaz de resolvê-lo. Por outro lado, o interesse de segmentos e grupos em relação ao assunto, mostra como ele saiu do nível de discussão meramente universitária e acadêmica para compor uma das preocupações relevantes da sociedade brasileira. O assunto *Negro* chegou, mesmo, a estar em moda em determinada época. Estudiosos de todas as tendências procuravam, à sua maneira, abordar o tema e oferecer, muitas vezes, soluções de acordo com as suas preferências pessoais ou grupais.

Atualmente, essa curiosidade transformou-se em grande parte em interesse acadêmico, em especial no plano de teses para a obtenção de títulos de professores ou a conquista de cátedras. Deixou de ser visto por muitos como problema social e passou a ser encarado como tema universitário. Ficou, assim, desvinculado daquelas razões iniciais que imprimiram aos primeiros trabalhos sobre o negro um *éthos* interessado, operacional e participante.

Muitos desses estudiosos, pela sua situação na estrutura da sociedade competitiva brasileira, especialmente ao nível de concordância ideológica com os seus padrões normativos, procuram dar-lhe uma solução (quando a procuram) paternalista e filantrópica, fato que levou, por outro lado, a que se descurassem de maneira quase total dos problemas teóricos e metodológicos capazes de desmitificar o assunto, dando-lhe, assim, as premissas para que seja possível uma interferência prática e dinâmica no plano de resolvê-lo através de parâmetros operacionais científicos.

Esse abandono (parcial ou total) dos problemas enunciados acima tem, também, sua explicação na própria realidade étnica que esses estudiosos procuram interpretar. É que o problema do negro se entronca em outro: o problema do *escravo*.

A criação dessa imagem dicotômica (negro/escravo), no bojo da sociedade competitiva que substituiu a escravidão e dos blocos intelectuais, surgiu, portanto, como resposta alienada de uma sociedade altamente conflitante a um problema polêmico, pois o negro, trazido do continente africano, era integrado, ou melhor, era coercivamente integrado em uma sociedade escravista. A imagem do escravo do passado ficou automaticamente incorporada ao negro do presente. Os cientistas sociais ou estudiosos de um modo geral que partiram para analisar essa realidade tinham, obrigatoriamente, de sofrer a influência dessa situação.

Esse condicionamento do sujeito ao objeto veio dificultar durante muito tempo o seu esclarecimento. Isso porque, ao abordar-se o problema do negro, tinha-se, de forma subjacente, mas com implicações variáveis no nível de interpretação, a imagem do *escravo*, o homem/coisa, que atuava de permeio, deformando e desfocando a imagem concreta do negro que se desejava retratar e conhecer.

Superando essa visão alienada, está surgindo uma produção que parece marcar um novo nível na perspectiva de se conhecer a contribuição do negro na formação do Brasil, contribuição que em parte surge das universidades e, de maneira significativa, dos grupos e entidades negras que se articulam com dinamismo em várias regiões do país.

Na área universitária, podemos citar os trabalhos de Napoleão Figueiredo[1], no Pará, trabalhos de vários cientistas sociais da Universidade Federal da Bahia[2] e, especialmente, a atividade nesse sentido desenvolvida pela Universidade de São Paulo. Borges Pereira, ao expor o programa do Departamento de Ciências Sociais, salienta que o interesse pelos estudos sobre o negro varia de área e que essas pesquisas estão praticamente centradas na área de antropologia e episodicamente na de sociologia. Afirma ainda que "na de ciência política nenhum trabalho se propõe a explorar o tema"[3]. Como vemos, há ainda uma falta de sintonia dessas análises com um interesse político em relação ao problema do negro[4].

Por outro lado, várias entidades negras têm dado contribuições e dinamizado esses estudos de forma não acadêmica, trazendo a problemática para um espaço mais próximo e polêmico. Entidades como o Movimento Negro Unificado, o Centro de Cultura Negra do Maranhão, o Centro de Estudos do Negro no Pará (este fundado em 1890, sediado em Belém), o Grupo de Trabalho André Rebouças, o Instituto de Pesquisas das Culturas Negras (IPCN), a Sociedade de Estudos da Cultura Negra no Brasil (Secneb) e o Instituto Brasileiro de Estudos Africanistas, entre outros, têm participado ativamente no sentido de tirar a discussão do problema do negro do nível de mera constatação universitária, para dinamizá-lo rumo à sua solução.

Como vemos, há toda uma reformulação epistemológica em relação ao assunto que saiu do circuito fechado das áreas acadêmicas para se incorporar ao cotidiano crítico de grandes camadas da população brasileira que são atingidas pelo seu núcleo de conflito. Recentemente, refletindo essa preocupação crescente pelo assunto, apareceram dois livros que analisam o escravismo no Brasil e na Afro-América. Eles serão motivo de reflexão no presente capítulo.

O primeiro, de Kátia de Queiroz Matoso[5] é, antes de tudo, um livro apaixonado pelo tema e pelos problemas paralelos que são levantados. Isso não o desmerece, pelo contrário. Não foi outro senão Karl Marx quem escreveu que "o homem como ser objeto sensível é, por isso mesmo, um ser que *padece*, e por ser um ser que sente paixão, um ser apaixonado. A paixão é a força essencial do homem que tende energeticamente para o seu objeto"[6]. A autora interroga-se inicialmente se não será audácia da sua parte pretender ir ao encontro dos escravos brasileiros e enumera as razões do seu temor, colocando, em primeiro lugar, tratar-se de uma "multidão obscura que jamais teve voz própria, cujas sabedorias não são as nossas" e, em segundo, o fato de querer "abordar um tema tão amplo, de um país tão vasto, num período tão extenso".

Por isso mesmo, escreve: "meu ensaio anima-se desse duplo esforço. Seu título, na voz passiva, não é uma figura de estilo: implica o desejo de adotar o próprio ponto de vista do escravo. Aponta a vontade de acompanhar cada passo de sua vida individual e coletiva".

Como vemos, a autora assume conscientemente a postura de levar seu discurso no mesmo nível do negro escravo e não sobre ele, acima dele.

A partir dessa posição sensível, a autora traça um painel histórico/interpretativo daquilo que foi o regime escravista entre nós. Procura, ao mesmo tempo, unir o problema do escravismo à herança cultural africana, mostrando como o primeiro fenômeno não conseguiu sufocar as manifestações culturais daquela população que, mesmo submetida ao mais odioso sistema de exploração, procurava drenos e fissuras na estrutura através dos quais conseguia manter, mesmo remanipulando ou camuflando, os seus padrões culturais fundamentais. Dava-lhes uma função de resistência cultural.

A autora inicia o seu livro com um painel interessante e profundo do mercado negreiro na África, mostrando de maneira convincente as diversas formas através das quais o império português organizava esse comércio: o tráfico como empreendimento privado, o tráfico exercido em comum com outras atividades e o tráfico submisso às normas do *asiento*. Acha a autora que houve um excepcionalismo no caso brasileiro, pois acredita ter ele escapado ao clássico tráfico triangular, de acordo com a teoria de Eric Willems. Acreditamos, no entanto, que embora não tendo o mesmo comportamento do tráfico triangular das Antilhas, não há como explicar a existência e prosperidade desse tipo de comércio no Brasil e a acumulação de capitais nas metrópoles sem os mecanismos da triangulação.

É verdade que ele não se manifesta de forma tão clara e transparente como nas Antilhas. Mas, nas diversas fases do tráfico, não podemos explicar o crescente número de negros importados e, ao mesmo tempo, a descapitalização permanente da Colônia, sem se concordar com o fato de que a nossa produção foi exportada em parte significativa em troca do braço escravo. Se assim não fosse, teríamos conseguido a acumulação de capitais suficiente para que o ciclo capitalista se completasse no Brasil no seu sentido clássico e não teríamos desembocado no capitalismo dependente. Nos Estados Unidos, como o tráfico é extinto em 1808 e as proporções dele são bem menores do que no Brasil, além de outros fatores, como o fato de ele ser colonizado pela nação capitalista mais desenvolvida da época, o tráfico triangular não teve proporções capazes de descapitalizar aquela nação. Sobre o tráfico triangular voltarei a insistir neste capítulo.

Kátia de Queiroz Matoso não fica, porém, apenas no nível de explicação economicista. Pelo contrário. Procura, com penetrante argúcia, destacar certos aspectos sociopsicológicos que acompanharam o processo. Faz, por isso, distinção entre o *cativo africano* e o *escravo brasileiro.*

É evidente que essa abordagem sutil (e nos parece inédita) não destrói ou dilui a visão sociológica da divisão da sociedade brasileira da época em duas classes fundamentais, a dos senhores e a dos escravos, mas abre perspectivas para entender-se o negro, ao ser capturado na África, como um ser embutido em uma cultura, e os mecanismos de defesa ao ser incorporado a uma sociedade estranha na qual os seus padrões culturais são inteiramente negados e ele é engastado como *coisa.* Destacando a sobrevivência, no escravo, da sua interioridade como *ser,* a autora demonstra como o escravo pode atuar também como agente ativo do processo de dinâmica social, pois não perdeu a sua interioridade humana.

Kátia de Queiroz Matoso, dentro desse esquema interpretativo, ao destacar as relações de produção e, ao mesmo tempo, os elementos sociopsicológicos que permanecem no escravo, aborda outros parâmetros do escravismo brasileiro, alguns já bastante estudados e debatidos, como a taxa de mortalidade no tráfico, média de vida do escravo e, especialmente, taxa de mortalidade durante a viagem do cativo africano no navio negreiro da África aos portos de desembarque no Brasil. Narra a viagem de um navio negreiro e conclui:

> Nessas condições a taxa de mortalidade a bordo é elevada. A vida é dura no navio para todos os homens, os da tripulação e os escravos. Para esses calculou-se uma taxa média de mortalidade de 15 a 20%. Na verdade, os estudos quantitativos são quase inteiramente inexistentes e estamos mal informados. No entanto, é possível estabelecer certas ordens de grandeza para os séculos XVI e XVII, com o apoio de casos isolados, e para os séculos XVIII e XIX, com a ajuda de estudos exemplares mas limitados a alguns anos. Em 1569, Frei Tome de Macedo cita o caso de uma nave que

transportava 500 cativos. Somente numa noite morreram 120, ou seja, um quarto do carregamento (24%). Em 1625, o governador de Angola, João Correia de Souza, envia ao Brasil cinco navios, cada um deles com sua respectiva carga:

195 cativos dos quais 85 morrem (44,4%)
220 cativos dos quais 126 morrem (57%)
357 cativos dos quais 157 morrem (43,9%)
142 cativos dos quais 51 morrem (35,2%)
297 cativos dos quais 163 morrem (54,8%)

De uma carga total de 1 211 cativos somente 628 sobreviveram à travessia (49,2%). E outros 68 morrem imediatamente após o desembarque.[7]

Temos dúvidas e reservas a fazer quanto à técnica de cálculo estabelecida pela autora, o que pode ser visto nas páginas seguintes do seu livro. Queremos ressaltar, no entanto, aquilo que nos parece mais relevante e transparente, ou seja, muitas vezes a autora, para justificar uma posição maternalista em relação ao escravismo brasileiro, aproveita-se de situações atípicas, exceções do sistema, para fazer interrogações que revelam a sua perplexidade. Outras vezes afirma coisas desconcertantes como quando diz que o escravo, ao vender os seus serviços no mercado de trabalho, é explorado e explorador ao mesmo tempo.

Ora, o escravo, exatamente por sê-lo, não pode, pela sua condição estrutural e jurídica alienada, alugar os seus serviços para, com isso, conseguir uma taxa de lucro pessoal. Quem o faz é o seu senhor, através de normas por ele estabelecidas e que são transmitidas ao cativo para serem cumpridas. O senhor sub-roga ou transfere ao escravo um direito que lhe é inalienável. Por isso mesmo o escravo não pode alugar autonomamente os seus serviços. Quem os aluga, embora sem participar direta ou pessoalmente da transação, é o seu senhor, apesar de na transação ele não se encontrar presente. Tanto assim que as normas de serviço são estabelecidas pelo senhor e não por nenhuma organização de escravos, e aquilo que o escravo recebe pelo trabalho executado é, na sua totalidade, do seu senhor, o qual transfere voluntariamente ao escravo, em retribuição, uma parte do mesmo para sua subsistência pessoal pela qual, aliás, o senhor é responsável para manter a máquina de trabalho em perfeitas condições operacionais. Se o *escravo de ganho* transfere uma parte do que recebe da alimentação para poupança pessoal, isso não modifica, no fundamental, a essência das relações da total subordinação ao seu senhor.

Quando o Detalhe Quer Superar o Conjunto

A autora aprofunda o seu painel de dúvidas e reflexões interrogativas, perguntando se o escravo que é também possuidor de escravos será escravo ou senhor. Devemos, inicialmente, dizer que, quando isso acontece em uma formação social escravista, representa uma situação de exceção e, desse modo, é incaracterística.

Ninguém caracteriza uma formação econômico-social pelas exceções como seria o caso acima. E quando a autora destaca esse detalhe que surgiu, muito esporadicamente, nas brechas do sistema escravista (tanto no antigo como no moderno), está assumindo uma posição metodológica (e teórica) de um relativismo absoluto e equivocado, pois se fôssemos analisar um tipo de formação social sem distinguir aquilo que lhe é fundamental do que é acidental, irrelevante e tópico, não haveria possibilidades de uma ciência social.

No caso, o que se deve analisar não é o nível de exploração do escravo, a situação melhor ou pior no nível de tratamento senhorial no processo da extração do trabalho do escravo. O que se deve destacar é que o escravo é um ser *estruturalmente alienado,* isto é, ele pode inclusive possuir bens pessoais e até pequenas propriedades, mas o que ele não possui e não pode possuir enquanto escravo é o seu próprio ser, que é propriedade de um terceiro. Tal condição de alienação total da pessoa do escravo, ou seja, a impossibilidade de ele possuir o seu próprio corpo, que funciona como mercadoria de um proprietário estranho, é que configura a essência do sistema escravista e não possíveis diferenças no nível de estratificação da pessoa do escravo dentro desse sistema.

Outro aspecto que queremos destacar no livro é exatamente essa posição um tanto tímida, e ao mesmo tempo dúbia, sobre a essência das relações de trabalho que se estabeleceram no Brasil durante a vigência da escravidão. Diz a autora que: "as relações de produção não bastam, pois, para definir a escravidão, elas limitam abusivamente tudo aquilo que permite situar essa massa de indivíduos não obrigatoriamente participante de um modo definido de produção, mas que, ao contrário, são adstritos a tarefas e funções das quais depende a própria existência da classe dominante, numa inversão do relacionamento habitual entre exploradores e explorados"[8].

Aqui desejamos tecer alguns comentários de ordem teórica. Acreditamos que a autora, como aliás acontece amiúde entre os nossos cientistas sociais, ao procurar situar certas particularidades de como o escravismo moderno manifestou-se no Brasil, cai no erro de substituir o conjunto pelo detalhe, o que é fundamental pelo que é secundário. No entanto, o sistema escravista, como modo de produção, é caracterizado, no fundamental, pelas suas relações de produção. O caso concreto do Brasil não foge à regra, mas, pelo contrário, a confirma. Sobre a situação de estrutural alienação do escravo, diz Karl Marx:

> O trabalho nem sempre foi trabalho assalariado, isto é, *trabalho livre*. O *escravo* não vende a sua força de trabalho ao possuidor de escravos, assim como o boi não vende o produto do seu trabalho ao camponês. O escravo é vendido, com sua força de trabalho, de uma vez para sempre a seu proprietário. É uma mercadoria que pode passar das mãos de um proprietário para as de outro. *Ele mesmo* é uma mercadoria, mas a sua força de trabalho não é *sua* mercadoria.[9]

Dessa forma, as tarefas e funções que a autora vê como modificadoras do conceito fundamental de escravo como coisa surge da perspectiva de que a simples diversificação da divisão do trabalho dentro da estrutura escravista, divisão que se verifica apenas internamente no espaço social da classe escrava, possa modificar, no fundamental, a essência das relações entre senhor e escravo. O fato de que, dentro dessa estrutura alienada e alienadora, o escravo ainda conserve os elementos humanos do seu ser, embora social e economicamente seja tido como coisa, não nega o que dissemos acima. Pelo contrário, concordamos com os termos em que a autora desenvolve em seguida o assunto, mostrando as vertentes psicológicas dessa preservação. Isso comprova que, mesmo socialmente alienado, o escravo ainda tinha condições de reencontrar a sua humanidade existencial como ser, sem o que ele deixaria de participar do processo de mudança social, de tomar consciência da sua situação e contra ela lutar. E a história, dentro da estrutura escravista, não teria mais dinâmica sem sua participação. O que não se pode negar (ao concordar com isso) é que, de fato, as relações de produção determinam, no fundamental, as relações de trabalho e propriedade, as relações sociais básicas entre as classes, grupos e indivíduos, isto é, no caso em questão, as relações entre senhores e escravos.

Nesse sentido, no sistema capitalista há, também, no seio da classe operária, de forma mais complexa e diferenciada, essa divisão do trabalho entre os seus membros. Não é, porém, essa diversificação que caracteriza o sistema capitalista, o modo de produção capitalista, mas aquilo que lhe é fundamental, isto é, o trabalhador como dono de uma mercadoria (a sua força de trabalho) que é vendida ao capitalista, detentor dos meios de produção e do capital. A mobilidade social do escravo (com as exceções óbvias de quando ele comprava alforria ou ela lhe era concedida pelo senhor) somente funcionava dentro do espaço social escravo. A sociedade escravista, uma sociedade de classes fechadas, não permitia que houvesse a possibilidade de que essa mobilidade fosse além da fronteira estabelecida pela rigidez do sistema.

É exatamente por não compreender a essência sociológica dessa dicotomia rígida que a autora afirma que: "Os problemas e tensões se apresentam no interior do mundo dos escravos pelo menos com a mesma intensidade que entre os senhores."[10]

Não sabemos em quais fontes a autora se apoiou para fazer tal afirmação. A nós, no entanto, nos parece uma afirmativa temerária e sem nenhum apoio, pelo menos do nosso conhecimento, na pesquisa empírica. Tal afirmativa nivela, teoricamente, todas as contradições do sistema escravista, equiparando aquela que era fundamental (existente entre senhores e escravos) às possíveis divergências ocasionais existentes entre os diversos estratos dos negros escravos ou aquelas que poderiam surgir entre os diversos segmentos da classe senhorial.

Da Visão Apaixonada à Rigidez Cientificista

Se o primeiro livro que comentamos pode ser considerado obra de paixão e ciência, o de Ciro Flamarion Cardoso é aquilo que se pode chamar de um trabalho elaborado de acordo com uma *objetividade científica* quase perfeita[11]. Segue aquela postura neopositivista, a qual coloca o cientista social equidistante, frio e teoricamente neutro em face do fato, problema ou processo observado. Armado de vasto fichário bibliográfico, sabendo manipulá-lo com maestria, realiza um trabalho erudito dentro daquilo que se poderia chamar de erudição acadêmica. Nesse particular, sua obra é perfeita. Ele poderia colocar como epígrafe a mesma frase de Max Weber segundo a qual "a ciência é, atualmente, uma 'vocação' alicerçada na *especialização* e posta a serviço de uma tomada de consciência de nós mesmos e do conhecimento das relações objetivas".

O autor procura estudar em detalhes, embora o livro seja de síntese, a escravidão na área denominada Afro-América, ou seja, a região do Caribe, boa parte do Brasil, porções relativamente reduzidas da América espanhola (costa do Peru, partes do que são hoje Venezuela e Colômbia) e sul dos Estados Unidos. Vê-se, portanto, que há uma abrangência muito grande na temática para que ele a desenvolva em apenas 110 páginas de texto, o que somente foi possível pelo grande domínio que possui do assunto e, ao mesmo tempo, uma didática respeitável.

Logo no início o autor, procurando resguardar a sua posição rigorosamente científica e objetiva, cria dúvidas quanto ao critério de alguns trabalhos surgidos recentemente sobre a escravidão. Para ele, esses trabalhos são "excessivamente marcados por ideologias conflitantes: 'etnonacionalismo', marxismo de diversa coloração, negritude, *black power*"[12].

Antes disso, convém notar, o autor chama a atenção para aqueles interpretadores convencionais da escravidão que

> consciente ou inconscientemente, assumiam o ponto de vista dos administradores e dos senhores de escravos. Ainda em 1968, um historiador da colonização francesa afirmava que o governador Maurice Cointet "teve dificuldade e muito mérito" em voltar a prender à terra, em 1794, os ex-escravos da Guiana Francesa, libertados pela Convenção em 1794, submeteu-os de novo aos seus senhores, que receberam de volta "o direito" de infligir-lhes tormentos físicos![13]

Invocando, em seguida, o apelo de R. Hofstadlter para que a escravidão fosse escrita, em grande parte do ponto de vista do escravo, reporta-se ao perigo de distorção e exagero daqueles que se colocam nessa posição e afirma:

> L Manigat (p. 420-38) mostrou, por exemplo, que quase todas as análises disponíveis sobre a revolução do Haiti estão excessivamente marcadas por ideologias conflitantes: "etnonacionalismo",

marxismo de diversa coloração, negritude, *black power*. No Brasil não estarão certos autores incorrendo em alguns excessos interpretativos ufanistas semelhantes aos do já clássico escritor de Trinidad e Tobago C. L. R. James (The Black Jacobins), em livros sobre os quilombos e as revoltas negras?[14]

É evidente que ao se fazer uma revisão da história social da escravidão onde se encontram fortes barreiras ideológicas conservadoras, é possível que sejam praticados alguns excessos que surgem exatamente da impossibilidade de o cientista social conseguir dados fatuais suficientes que o supram de informações compactas capazes de demonstrar o sentido geral e progressivo do processo e a sua essência sociológica. Esses excessos são, porém, supridos à medida que as áreas de informação sobre a escravidão ficam franqueadas. Isto é, aquilo que poderia ser classificado de excesso ufanista nada mais é do que a certeza do *sentido* geral do processo e da falta de detalhes secundários. Nesse contexto, eu chamaria isso de *imaginação sociológica*, como quer W. Mills, e não de ufanismo. Não há, ao nosso ver, um movimento pendular entre a primeira tendência tradicional e a segunda revisionista, mas uma espiral rumo ao conhecimento em favor da segunda.

Essa posição excessivamente cautelosa do autor é, por isso, para nós, nada mais do que um reflexo em diagonal da influência da bibliografia tradicional sobre o assunto e que visa negar, basicamente, a importância das lutas dos escravos (no Brasil e alhures) no processo de transformação do escravismo. Porque o que está acontecendo é exatamente o contrário. À medida que historiadores, cientistas sociais e pesquisadores militantes aprofundam-se em pesquisas originais, constatam a participação, em nível cada vez maior, do escravo negro nesse processo dinâmico. Parece-nos que o desconhecimento ou a negação dessas lutas está sendo destruído, gradativamente, por uma reavaliação que substitui a antiga ideologia do escravo dócil por uma realidade oposta. É a realidade objetiva destruindo a mitificação ideológica das classes dominantes.

As pesquisas de um Décio Freitas sobre Palmares, de Josemir Camilo de Melo, em Pernambuco (século XIX), de Vicente Salles, no Amazonas, de Pedro Tomás Pedreira, na Bahia, de Ariosvaldo Figueiredo, em Sergipe, de Walter Piazza, em Santa Catarina, de Waldemar de Almeida Barbosa, em Minas Gerais, e de Mário Maestri Filho, no Rio Grande do Sul, vêm comprovando que, ao invés de uma posição ufanista desses historiadores, antropólogos e sociólogos, o que está havendo é uma inversão total do processo interpretativo da história social do Brasil, apagado por uma geração de estudiosos, eles sim ufanistas, que desejavam apresentar (contra os fatos) a nossa escravidão como imune às contradições e à violência, naturais ao sistema escravista.

Para simplificar, na esteira do nosso raciocínio, queremos lembrar que outro aspecto, também colocado sob reserva pelo autor do livro, está também sendo reestudado de um ângulo que esclarece uma série de faces do prisma. Referimo-nos à repercussão da revolução do Haiti entre os escravos negros[15].

Quem compulsa documentos de arquivo no Brasil vê sempre, como um referencial permanente, quer da parte das autoridades da Colônia, quer da Metrópole, o perigo que representou essa revolução, os cuidados necessários para que ela não fosse divulgada, medidas tomadas diante do perigo e recomendações sobre estratégias ideológicas e repressivas para bloquear essa ressonância. Mas além dessa documentação de arquivo (no folclore nordestino há também reminiscências dessa memória), recentes pesquisas do professor Luiz R.B. Mott demonstram como a revolução haitiana teve repercussão muito mais relevante entre os escravos brasileiros do que supunham até agora os historiadores tradicionais. Mostra como, em 1805 (um ano apenas, portanto, após a proclamação da independência do Haiti), no Rio de Janeiro "o Ouvidor do Crime mandara arrancar dos peitos de alguns cabras e crioulos forros o *retrato de Dessalines*, Imperador dos Negros da Ilha de São Domingos. E o que é mais notável era que esses mesmos negros estavam

empregados nas tropas da Milícia do Rio de Janeiro, onde mano-
bravam habilmente a artilharia"[16].

Ainda, segundo o mesmo autor,

> Em 1808, na sua famosa "Análise Sobre a Justiça do Comércio do
> Resgate da Costa da África", o bispo Azeredo Coutinho apontava
> os "novos filósofos", que se diziam defensores da humanidade
> oprimida, como os culpados não só pela Revolução Francesa,
> mas também pela carnificina da Ilha de São Domingos. Esse
> temor das classes dominantes fica explícito em documento secreto
> escrito por um agente francês a D. João VI, redigido entre 1823
> e 1824, no qual o seu autor afirma que "deve-se demonstrar as
> desgraças a que certamente se expõem as pessoas brancas, prin-
> cipalmente brasileiros brancos, não se opondo à perseguição e
> aos massacres que sofrem os portugueses europeus, pois embora
> havendo aparentemente no Brasil só dois partidos (o liberal e o
> conservador), existe também um terceiro: o partido dos negros
> e das pessoas de cor, que é o mais perigoso pois trata-se do
> maior numericamente falando. Tal partido vê com prazer e com
> esperanças criminosas as dissenções existentes entre os brancos,
> os quais, dia a dia, têm seu número reduzido.
>
> Todos os brasileiros, e sobretudo os brancos, não percebem,
> suficientemente, que é tempo de se fechar a porta aos debates
> políticos, às discussões constitucionais? Se se continua a falar dos
> direitos dos homens, de igualdade, terminar-se-á por pronunciar
> a palavra fatal: liberdade, palavra terrível e que tem muito mais
> força num país de escravos do que em qualquer outra parte. Então,
> toda a revolução acabará no Brasil com o levante dos escravos que,
> quebrando algumas algemas, incendiarão as cidades, os campos e
> as plantações, massacrando os brancos e fazendo deste magnífico
> império do Brasil uma deplorável réplica da brilhante colônia
> de São Domingos".[17]

Se esse era o temor das classes dominantes escravistas e de suas
autoridades, outro era o comportamento dos negros e pardos os
quais, sem temerem represálias, organizavam-se para lutar contra a
escravidão. Na vila de Laranjeiras, Sergipe, os negros distribuíram

por toda a cidade, em muros, nas portas e em locais mais destacados, pasquins afixados com cera de abelha, com os seguintes dizeres: "Vivam mulatos e negros, morram os marotos e caiados."

Ainda em Sergipe, documento enviado ao Governador das Armas descreve:

> Uma pequena faísca faz um grande incêndio. O incêndio já foi lavrado. No jantar que deram nas Laranjeiras os "Mata Caiados" se fizeram três saúdes: a primeira à extinção de tudo quanto é do Reino, a quem chamam de "marotos"; a segunda a tudo quanto é branco no Brasil, a quem chamam de "caiporas"; a terceira à igualdade de sangue e de direitos [...] Um menino R... irmão de outro bom menino, fez muitos elogios ao Rei do Haiti, e porque não o entendiam, falou mais claro: São Domingos, o Grande São Domingos.[18]

Outro documento importante, também transcrito por Luiz R.B. Mott, refere-se ao temor das autoridades de um possível contágio direto da revolução haitiana no Brasil. Trata-se de um ofício do Desembargador Encarregado da Polícia da Corte do Rio de Janeiro, Pedro Antônio Pereira Barreto, dirigido ao ministro da Justiça. Informa o policial que os negros de São Domingos desembarcaram no Brasil. Diz ele:

> Relativo aos pretos da Ilha de São Domingos que aqui existem, informo que ordenei ao Comandante da Polícia a sua apreensão. Conseguiu-se prender Pedro Valentim, que residia na Hospedaria das Três Bandeiras. Tenho continuado na diligência de apreender o outro, que consta que é clérigo, e fui informado que foi visto ontem na rua dos Tanoeiros, em meio de muitos pretos, não sendo porém encontrado quando foi mandado prender.[19]

Em outro trecho do livro que estamos comentando, o autor, surpreendentemente, generaliza de forma peremptória um problema duvidoso em relação às suas conclusões enfáticas. É quando afirma que "na sociedade hispano-americana eram os índios os elementos que ocupavam o setor mais explorado e humilhado da estrutura social: em comparação com eles, os escravos e libertos de origem africana estavam em situação melhor"[20].

Acontece, porém, que recentes pesquisas em torno do assunto não confirmam de forma tão categórica e genérica essa afirmativa do autor[21]. Pelo menos no Peru, as pesquisas de Emílio Harth-Terré provam exatamente o contrário. Segundo essas pesquisas, índios peruanos dedicaram-se a traficar escravos negros e, mais ainda, a comprá-los para trabalhar em seus teares e em outros gêneros de atividade. Suas pesquisas demonstram, por outro lado, que o tráfico de escravos negros pelos índios peruanos (inclusive por comunidades indígenas) em três séculos de vice-reinado fica fartamente evidenciado. A extensão desse tráfico e dessa apropriação de negros por parte de índios que se situavam, ao contrário do que afirma o autor, em estratos superiores na sociedade do Peru colonial está sendo verificada. Essas pesquisas, ainda pouco divulgadas, marcam, no Peru, uma abertura nova e que segue de perto a posição de brasileiros que procuram reformular a história do escravismo, fugindo às prenoções de uma ideologia paternalista e sedutoramente consagrada.

Uma série de outras questões levantadas no livro, nós gostaríamos de debater mais profundamente, o que fica para outro local. Algumas afirmações categóricas, como a insuficiência das fontes em que se basearam Marx e Weber, a correção feita a essa insuficiência pela contribuição que "estudiosos modernos" deram no sentido de corrigir ou complementar esses autores deveriam ser explicitadas no texto, o que surpreendentemente não acontece.

Ainda questionaria o radicalismo crítico em relação à obra de Eric Willems, que me pareceu exagerada e ao mesmo tempo não sustentável em seu conjunto. Depois de refutar categoricamente os dados estatísticos apresentados por Willems no seu livro clássico, afirma que os "recursos estreitos apresentados por Willems para demonstrar as conexões entre capitalismo e Abolição foram demolidos sem apelação". Volta-se, em seguida, para a obra de Ianni, concordando com a sua tese de que "a vinculação capitalismo/Abolição não deve ser limitada ao influxo do capitalismo metropolitano: precisa igualmente levar em conta os elementos *internos*". Procura argumentar sobre a influência da revolução do Haiti no Caribe, que ninguém pode negar, e mesmo no sul dos Estados Unidos, como sustenta Genoveses, afirmando que:

> É completamente falso que a Ideologia dos líderes daquela revolução tenha tido a influência que lhe empresta Genovese. Sem esquecer que o tipo de situação que instalaram no Haiti durante os seus governos representava para os negros algo quase equivalente à própria escravidão (longas horas de trabalho diário, vinculação forçosa a uma *plantation* específica, castigos físicos). Não vemos por que os escravos do resto do continente, mesmo se informados das ideias de Toussaint e seus sucessores (o que é duvidoso), se sentiriam compelidos a lutar pelos planos, como os daqueles líderes, em lugar de o fazer, por exemplo, pela extensão da pequena economia camponesa![22]

O que acho que devemos levar em conta na reflexão de um processo tão complexo como esse é que os escravos negros, ao saberem da revolução haitiana, não raciocinavam em termos de projetos políticos e/ou econômicos concretos, mas a viam como uma *ideologia de libertação* ou utopia de libertação, isto é, mesmo não tendo conhecimento do seu cotidiano positivo ou negativo, incorporavam ao seu universo essa revolução sem maior análise, dando-a como o detonador das suas forças para libertá-los da escravidão, sem compará-la a possíveis projetos econômicos. Ver essa influência através de uma racionalidade é não compreender o seu significado social. Seria desejar-se uma *racionalização* weberiana no raciocínio radical do escravo.

Por outro lado, parece-me que o fundamental na obra de Eric Willems não é a análise da conexão capitalismo/Abolição, mas o conceito de tráfico triangular. Mesmo com as possíveis deficiências estatísticas, o fato é inquestionável. Aliás, o autor, em outro local, escreveu com justeza sobre o assunto, afirmando:

> A principal obra de E. Willems, *Capitalisme et esclavage*, publicada em 1943, constitui um trabalho pioneiro e uma tentativa de desmistificação. O autor procura explicar, mais do que o funcionamento do sistema escravista nas colônias – aspecto do problema que também não deixa de ser analisado –, o nexo existente entre a escravidão, o tráfico negreiro e o conjunto da economia inglesa: para isso, estuda seu papel "na formação do capital que financiou a revolução industrial e o papel que cumpriu o capitalismo industrial constituído na posterior destruição desse mesmo sistema escravista. No decorrer dos capítulos, assistimos às origens da escravidão negra no Caribe, ao desenvolvimento do comércio triangular, ao entrelaçamento dos interesses antilhanos e britânicos ao esplendor de Bristol, de Liverpool, de Glasgow, baseado no tráfico negreiro, à acumulação primitiva do capital, premissa da revolução industrial e, tudo isso com uma documentação considerável, bastante detalhada e precisa. […]" Foi considerável a importância desse livro para a desmistificação da historiografia colonial tradicional, na medida em que destrói os velhos mitos e combate especialmente a deformação que consiste em considerar que a escravidão surgiu do racismo ou de incapacidade do *homem branco* para trabalhar sob o sol tropical.[23]

Em outro trecho, Ciro Flamarion Cardoso escreve conclusivamente: "Willems foi acusado de postular 'explicações economicistas'. É possível que se tenha equivocado em algumas explicações, mas não há grande dificuldade em desculpá-lo se levarmos em conta o caráter pioneiro de sua obra."[24]

Com o que estamos plenamente de acordo.

3.

A Imprensa Negra em São Paulo

Razões da Existência de uma Imprensa Negra

A chamada *imprensa negra* de São Paulo, pouco conhecida e divulgada, sendo apenas relacionada em circuitos universitários, abarca um período que vai de 1915, quando surge *O Menelick*, até 1963. Essa extensão de atividades no tempo, bem como o papel social e ideológico que desempenhou na comunidade negra da época em que existiu, vem colocar em evidência e discussão a sua importância e, ao mesmo tempo, indagar por que em um país que se diz uma *democracia racial* há necessidade de uma imprensa alternativa capaz de refletir especificamente os anseios e reivindicações, mas, acima de tudo, o *éthos* do universo dessa comunidade não apenas oprimida economicamente, mas discriminada pela sua *marca* de cor que os setores deliberantes da sociedade achavam ser estigma e elemento inferiorizador para quem a portasse.

Pouco conhecida e não incluída nos programas das escolas de comunicação como um capítulo a ser estudado e interpretado[1], a imprensa negra ficou na penumbra, como se fosse pouco significativa. A própria *História da Imprensa no Brasil*, de Nelson Werneck Sodré, não a registra[2]. A sua importância foi subestimada e desgastada por uma visão *branca* da imprensa, que marginalizou os jornais negros impressos na época. Assim como o negro foi marginalizado social, econômica e psicologicamente, também foi marginalizado culturalmente, sendo, por isso, toda a sua produção cultural considerada subproduto de uma etnia inferior ou inferiorizada.

Uma imprensa que tem circulação restrita e penetração limitada à comunidade a que se destina irá exercer uma função social, política e *catártica* durante a sua trajetória, mudando de conotação ideológica com a passagem do tempo, conforme veremos oportunamente.

Durante todo o tempo em que a imprensa negra circulou, através de jornais de pequena tiragem e duração precária, as atividades da comunidade negra de São Paulo ali se refletiam, dando-nos, por isso, um painel ideológico e existencial do universo do negro. Nela se encontram estilos de comportamento, anseios, reivindicações e protestos, esperanças e frustrações dos negros paulistas. É uma trajetória longa, dolorosa muitas vezes, a desses jornais que praticamente não tinham recursos para se manter por muito tempo, mas sempre exprimindo, de uma forma ou de outra, o universo da comunidade. Lá estão as festas, aniversários, acontecimentos sociais; lá está o intelectual negro fazendo poesias; lá estão os protestos contra o preconceito de cor e a marginalização do negro. Nessa trajetória refletem-se as inquietações da comunidade e lá se encontram os conselhos para o negro ascender social e culturalmente, procurando igualar-se ao branco.

A preocupação com a educação é uma constante. O negro deve educar-se para "subir na vida", conseguir demonstrar que ele também pode chegar aos mesmos níveis do branco através do aprimoramento educacional. Para isso, deve deixar os vícios como o alcoolismo, a boêmia, deve abster-se de praticar arruaças em bailes, deve ser um modelo de cidadão. Em quase todas as publicações, é visível a preocupação com uma ética puritana capaz de retirar o negro da sua situação de marginalizado. Daí haver, em muitos deles, a condenação aos excessos em festas de negros, que eram tidas pelos brancos como centro de corrupção e de desordens. Os jornais servem, portanto, para indicar, através de regras morais, o comportamento que deveriam seguir os membros da comunidade negra.

É evidente que há variações de ideologia ou de posição em face da sociedade global. Levando-se em conta que o primeiro jornal, *O Menelick*, é de 1915 e o último, *Correio d'Ébano*, é de 1963 não é para ficarmos surpresos com as diferenças do enfoque de detalhes ou mesmo discordâncias de posições ideológicas. Mas o núcleo básico do pensamento é o mesmo: a posição do negro diante do mundo dos brancos. Algumas vezes, eles assumem um caráter reivindicativo, outras, um conteúdo pedagógico e moral, mas sempre procurando a integração do negro.

Uma Trajetória de Heroísmo

Roger Bastide, que estudou a imprensa negra em São Paulo, fez a sua primeira periodização. Para ele, a fase inicial vai de 1915, com *O Menelick*, até 1930. A segunda começa em 1930 e vai até 1937, ano-limite da sua pesquisa. Para ele, o segundo período caracteriza-se pela passagem "da reivindicação jornalística à reivindicação política"[3]. No final do segundo período, de fato, o jornal *A Voz da Raça* assume posição política transparente, pois representava o pensamento da Frente Negra Brasileira, que reivindicou e conseguiu ser registrada como partido.

Da primeira fase, o mais representativo foi *O Clarim da Alvorada* (1924), que desempenhou forte e expressiva influência no meio negro. Fundado por José Correia Leite e Jayme Aguiar, ficou sendo o mais representativo jornal negro até o aparecimento de *A Voz da Raça*. Sobre a sua fundação, assim se expressou Jayme Aguiar, que faleceu pouco tempo depois da seguinte entrevista:

> Os negros tinham jornais das sociedades dançantes e esses jornais das sociedades dançantes só tratavam dos seus bailes, dos

seus associados, os disse que disse, as críticas adequadas como faziam os jornais dos brancos que existiam naquela época; jornal das costureiras, jornal das moças que trabalhavam nas fábricas etc. O negro ficava de lado porque ele não tinha meios de comunicação. Então esse meio de comunicação foi efetuado através dos jornais negros da época. São esses jornais que nós conhecemos e tratavam do movimento associativo das sociedades dançantes. *O Xauter, O Bandeirante, O Menelick, O Alfinete, O Tamoio* e outros mais. *O Menelick* foi um dos primeiros jornais associativos que surgiram em São Paulo, criado pelo poeta negro Deocleciano Nascimento, falecido mais ou menos há oito anos atrás. Esse *O Menelick*, por causa da época da guerra da Abissínia com a Itália, teve repercussão muito grande dentro de São Paulo. Todo negro fazia questão de ler *O Menelick*. E tinha também *O Alfinete*. Pelo título, os senhores já estão vendo: cutucava os negrinhos e as negrinhas... Depois, então, é que surgiram os negros que queriam coisa de mais elevação, de cultura, de instrução e compreensão para o negro. Então surgiram os primeiros jornais dos negros dentro de um espírito de atividade profunda. Modéstia à parte, eu e o Correia Leite, a 6 de janeiro de 1924, fundamos *O Clarim*.

O Clarim, em primeiro lugar, chamava-se simplesmente *O Clarim*. Mas existia, como existe ainda hoje em Matão, *O Clarim*, o grande jornal espírita. A redação de *O Clarim* era a minha casa, na rua Ruy Barbosa. Nós publicávamos o jornal com o pseudônimo de Jin de Araguary e Leite. Foi uma espécie de hieróglifo que formamos, para não aparecermos como jornalistas. Depois, este jornal foi tomando projeção. Eu devo – abrindo um parêntese –, de minha parte, uma grande influência na fundação do jornal a um amigo já falecido e que na época era estudante de Direito, José de Molina Quartin Filho, que tinha o pseudônimo de Joaquim Três. Ele trabalhava em *O Correio Paulistano* e fazia crônica carnavalesca na época, juntamente com Menotti Del Picchia que, na época, fazia crônicas com o pseudônimo de Helius. Eu e o Quartin trabalhávamos juntos numa mesma repartição, então ele me disse: "Jaime, os negros precisam ter um outro meio de viver." Eu disse: "Compreendo."; "E por que você não faz um jornal?" E foi assim que eu procurei o meu amigo José Correia Leite e nós começamos a fazer *O Clarim da Alvorada*. [...] Havia também *A Princesa do Norte*. *A Princesa do Norte* era um jornal feito com muito carinho, com muitas dificuldades, por um preto que era cozinheiro do antigo Instituto Disciplinar, onde é o Pró-Menor. E esse cozinheiro chamava-se Antônio dos Santos e tinha um pseudônimo que os senhores vão rir: Tio Urutu. Era um preto gordo, cabelos grandes, um boné ao lado, morava na mesma rua em que eu morava. Rua Ruy Barbosa, uns dois quarteirões após a minha casa. Todas as manhãs ele passava com a sua cesta, fazia as compras que ia levar para o Instituto Disciplinar. Um dia ele me disse: "O senhor já leu o jornal?" e me mostrou *A Princesa do Norte*. Eu gostei do jornalzinho. Vi aquelas críticas e vi uns versos. E como todos nós brasileiros, não há quem não goste de música, não há quem não goste de poesia, começamos a publicar alguma coisa no jornal do Tio Urutu. Depois, com o aparecimento do nosso jornal, Tio Urutu continuou com o seu *A Princesa do Norte* e depois acabou o seu bairro e acabou o seu jornal; surgiu *O Clarim da Alvorada* que, no início, era um jornal de cultura, instrutivo etc., e apareceram os primeiros literatos negros dentro do nosso meio.[4]

Como vemos por esse longo e ilustrativo depoimento de Jayme Aguiar, *O Clarim da Alvorada* surgiu da necessidade imperiosa de os negros possuírem um órgão mais abrangente e que substituísse aqueles microjornais que refletiam os interesses e opiniões dos pequenos grupos sociais negros que se aglutinavam em associações recreativas ou esportivas.

Ainda segundo a periodização de Roger Bastide, na segunda fase o jornal que se destaca é *A Voz da Raça*, que já representa uma tomada de posição ideológica do negro em nível de uma opção política, pois era órgão da Frente Negra Brasileira, fundada em 16 de setembro de 1931. A Frente já possuía uma estrutura organizacional bastante complexa, muito mais do que a quase inexistente dos jornais que a precederam e possibilitaram o seu aparecimento.

Era dirigida por um Grande Conselho constituído de vinte membros, selecionando-se, dentre eles, o Chefe e o Secretário. Havia, ainda, um Conselho auxiliar, formado pelos cabos distritais da Capital. Apesar de *A Voz da Raça* já reivindicar politicamente uma posição para o negro, ainda perduram, dentro do contexto do protesto, aqueles postulados anteriores de um código ético para o negro, via instrução e consciência de que ele deveria igualar-se, pela educação, ao branco.

Numa periodização posterior e mais abrangente, Miriam Nicolau Ferrara estabelece novos níveis de evolução da imprensa negra em São Paulo. Ela avança até o ano de 1963. Diz:

> Os jornais da imprensa negra, considerados a partir de uma amostra, são descritos em três períodos: no primeiro período (1915-1923), há tentativa de integração do negro na sociedade brasileira e a formação de uma consciência que mais tarde irá ganhar força. Com a fundação do jornal *O Clarim da Alvorada*, em 1924, o segundo período atinge seu ápice em 1931, com a organização da Frente Negra Brasileira, e em 1933 com o jornal *A Voz da Raça*. Esse período termina com o Estado Novo.
>
> O momento das grandes reivindicações políticas marca o terceiro período (1945-1963), com elementos do grupo negro se filiando a partidos políticos da época ou se candidatando a cargos eletivos.[5]

Embora basicamente o núcleo dessa periodização esteja embutido no de Bastide, a autora desdobra até 1963 o universo estudado.

Miriam Nicolau faz uma revisão na periodização de Bastide porque, segundo ela, "o material de que dispomos é mais amplo", apresentando um quadro minucioso de praticamente toda a publicação desses jornais. Seguindo a autora citada, poderemos apresentar um painel de publicações diacronicamente ordenado desses jornais da seguinte forma: 1915, *O Menelick*; 1916, *A Rua* e *O Xauter*; 1918, *O Alfinete* e *O Bandeirante*; 1919, *A Liberdade*; 1920, *A Sentinela*; 1922, *O Kosmos*; 1923, *O Getulino*; 1924, *O Clarim da Alvorada* e *Elite*; 1928, *Auriverde*, *O Patrocínio* e *Progresso*; 1932, *Chibata*; 1933, *A Evolução* e *A Voz da Raça*; 1935, *O Clarim, O Estímulo, A Raça* e *Tribuna Negra*; 1936, *A Alvorada*; 1946, *Senzala*; 1950, *Mundo Novo*; 1954, *O Novo Horizonte*; 1957, *Notícias de*

Ébano; 1958, *O Mutirão*; 1960, *Hífen* e *Niger*; 1961, *Nosso Jornal*;
e 1963, *Correio d'Ébano*.

Miriam Nicolau Ferrara inclui, ainda, na sua lista, os jornais
União, de Curitiba, *Quilombo* e *Redenção*, do Rio de Janeiro, *A Alvorada*, de Pelotas e *A Voz da Negritude*, de Niterói. Evidentemente
essa inclusão de jornais negros de outros Estados, por fugir ao
universo que estamos analisando, não será considerada na interpretação subsequente que faremos do conteúdo e da funcionalidade
dos seus textos. Acresce notar que no esquema de periodização
de Bastide há a inclusão do *Princesa do Oeste*, informação que
Miriam Nicolau omite.

Partindo dessa listagem, Miriam propõe o seguinte esquema
de periodização da imprensa negra:

> 1º período, de 1915 a 1923;
> 2º período, de 1924 a 1937; e
> 3º período, de 1945 a 1963.[6]

Para a interpretação subsequente do material que iremos analisar, essa periodização servirá como um polo de apoio metodológico,
acrescentando-se, em seguida, que, se atentarmos mais detalhada e
analiticamente, veremos que ela reproduz determinadas etapas da
evolução política da sociedade brasileira. A primeira fase termina
em 1923, quando a Abolição da pequena burguesia radical e militar
desemboca na Coluna Prestes. A segunda abrange o período que
passa pela revolução de 1930 até a implantação do Estado Novo,
e, finalmente, a última vai da redemocratização do país, após o fim
da Segunda Guerra Mundial, às vésperas do golpe militar de 1964.

No entanto, há uma particularidade na imprensa negra: ela não
reproduz, nas suas páginas, a dinâmica dessas etapas da sociedade
abrangente. Muito raramente há referência a esses fatos. Ela é, fundamentalmente, uma imprensa setorizada ou, como a caracteriza
Bastide, apoiado nos norte-americanos, uma imprensa adicional.
Queremos dizer, com isso, que os leitores dos jornais dos negros,

para se informarem dos acontecimentos nacionais e/ou internacionais, tinham de recorrer à imprensa *branca*, ou seja, à denominada grande imprensa. É um fenômeno singular, especialmente em São Paulo. Sabemos, por exemplo, que no movimento de 1932 o povo paulista, ou pelo menos a maioria esmagadora da sua classe média, empolgou-se com o chamado movimento de reconstitucionalização do país. Os negros de São Paulo organizaram inclusive uma Legião Negra, chefiada por Joaquim Guaraná, segundo informação de Francisco Lucrécio. O seu comandante procurou aliciar negros do interior, objetivando levá-los a lutar pelo movimento armado de 1932. Há informações, embora não sendo de todo confiáveis, de que os componentes dessa legião foram praticamente dizimados, pois eram destacados para os locais mais perigosos dos combates. Essa participação dos negros no movimento de 1932 propiciou, inclusive, uma cisão na Frente Negra Brasileira, pois a entidade colocou-se em posição de estrita neutralidade em relação ao fato.

No entanto, a imprensa negra da época não reproduz o fato, não o enfatiza, não o apoia e, o que é mais relevante, não o registra. É como se o acontecimento não tivesse existido. Essa posição de pequeno universo é uma constante nesses jornais. A sua tônica é a integração do negro brasileiro (mais negro brasileiro do que afro-brasileiro) em nossa sociedade como cidadão. E isso deveria acontecer através da cultura e da educação, das boas maneiras, do bom comportamento do negro. No número 2 de *O Alfinete*, podemos ler:

> Quem são os culpados dessa negra mancha que macula eternamente a nossa fronte?
> Nós, unicamente nós que vivemos na mais vergonhosa ignorância, no mais profundo absecamento (sic) moral, que não compreendemos finalmente a angustiosa situação em que vivemos. Cultivemos, extirpemos o nosso analfabetismo e veremos se podemos ou não imitar os norte-americanos.[7]

Do Negro Bem-Comportado à Descoberta da "Raça"

Em toda a trajetória dessa imprensa há uma constante, conforme já assinalamos: a ascensão do negro deverá realizar-se através do seu aprimoramento cultural e do seu bom comportamento social. Para que isso aconteça, há sempre a recomendação de que a família deve educar os filhos, especialmente as moças, para que assim consigam o reconhecimento social dos brancos. Por outro lado, a educação é considerada como uma missão da família. A educação é uma questão privada e somente uma vez, ao que apuramos, há uma referência explícita ao recurso do ensino público como veículo capaz de solucionar o problema do negro; trata-se de um artigo de Evaristo de Morais. No mais, todas as referências ao problema educacional vinculam-no a uma obrigação familiar, ligando-o a um nível de moral puritano. Como vemos, o problema da mobilidade social depende da educação e esta da família, dos pais, da sua autoridade perante os filhos. Os negros devem destacar-se pela cultura, e os exemplos de Luiz Gama, José do Patrocínio e Cruz e Souza são sempre invocados como símbolos e espelhos da possibilidade desse caminho para o êxito. Há uma reconstrução quase que mítica dessas biografias, como, aliás, Bastide salientou no seu trabalho. É por aí que o negro conseguirá a redenção "raça".

E aqui cabe uma consideração maior e mais detalhada sobre esse conceito de "raça" que em determinado momento passa a circular entre os negros.

A imprensa negra reflete como os negros articulam esse conceito em relação a si mesmos. Oprimidos socialmente e discriminados etnicamente, estigmatizados pela sua *marca* étnica, os negros concentram nessa *marca* o potencial de sua revalorização simbólica, do reencontro com a sua personalidade. Daí por que se referem à "raça", à "nossa raça" sempre em nível de exaltação, pois tudo aquilo que para a sociedade discriminadora é negativo passa a ser positivo para o negro, e esse fenômeno se reflete na sua imprensa. Não é por acaso que o seu mais significativo e polêmico jornal tem como título *A Voz da Raça*. A "raça" é, portanto, exaltada, e quando o negro se refere a outro, fala que ele é "da raça". Isso está explícito nos textos dos jornais negros. Eles chegam a extremos de comparação analógica como, por exemplo, a posição de Hitler, que defende a raça ariana, e a dos negros brasileiros: Hitler defendendo a sua raça, e os negros brasileiros, por seu turno, defendendo, também, a sua. Daí chegarem a extremos de acreditar na necessidade do aparecimento de um "Moisés de Ébano".

Essa atitude dos negros, que se reflete em sua imprensa, deve ser considerada mais detalhadamente. O conceito de raça e de pureza racial deveria ser aquele que os negros descartariam sistematicamente por ser fruto de uma antropologia que visava colocá-los como inferiores, a fim de que as nações colonizadoras pudessem justificar a aventura colonial. Mas tal não acontece. É que o negro, no caso específico do negro brasileiro, dele se aproveita, para, numa reviravolta ideológica, autoafirmar-se psicologicamente. E isso é que a imprensa negra de São Paulo consegue refletir em suas páginas. O conceito de "raça" é sempre usado por isso como motivo de exaltação da negritude dos produtores dessa imprensa. Daí também não se interessarem pelos movimentos políticos da sociedade brasileira, não tomarem posições ideológicas, quer de direita, quer de esquerda, nesses jornais. Sobre esse assunto, José Correia Leite depõe:

> A comunidade negra em São Paulo vivia – como minoria que era – com as suas entidades e seus clubes. Por isso, tinha necessidade de ter um veículo de informação dos acontecimentos sociais que tinham na comunidade, porque o negro tinha a sua comunidade: uma série de comunidades recreativas e sociedades culturais. Como é natural, a imprensa branca não ia cuidar de dar informações sobre as atividades que essa comunidade tinha. Daí surgiu a imprensa negra. Havia também nossos literatos, nossos poetas que queriam publicar os seus trabalhos, e essa imprensa

cumpria tal função: de servir de meio de comunicação. São Paulo era pequena e as comunicações muito mais fáceis. Então, na nossa imprensa, fazíamos notícias de aniversários, de casamentos, de falecimentos. Tudo isso era feito pela nossa imprensa. As festas também eram feitas pela nossa imprensa. Ainda não tinha surgido um movimento ideológico, um movimento de luta de classes.[8]

Correia Leite refere-se, embora de forma sumária, ao problema de lutas de classes. Mas o que predominava ou passou a predominar depois de certa época foi a exaltação à "raça". O lema do jornal oficial da Frente Negra Brasileira tinha como *slogan* "Deus, Pátria, Raça e Família", diferenciando-se do *slogan* do movimento Integralista apenas pela inclusão da palavra "Raça". No seu primeiro número, Arlindo Veiga dos Santos escrevia em sua primeira página:

Neste gravíssimo momento histórico da NACIONALIDADE BRASILEIRA, dois grandes deveres incumbem os negros briosos e esforçados unidos num só bloco na FRENTE NEGRA BRASILEIRA: a defesa da gente negra e a defesa da Pátria, porque uma e outra coisa mudam juntas, para todos aqueles que não querem trair a Pátria por forma alguma de internacionalismo. [...] E a Nação somos nós com todos os outros nossos patrícios que conosco, em quatrocentos anos, criaram o Brasil. Não podemos, pois, permitir que impunemente uma geração atual, que é um simples momento na vida eterna da Nação, traia a Pátria, quer atirando-se nos erros materialistas do separatismo (que nada mais é do que o efeito da concepção do "materialismo histórico" – a economia, a riqueza material acima de tudo), quer namorando a terra-a-terra socialista na sua mais legítima expressão que desfecha no bolchevismo, pregado pelos traidores nacionais ou estrangeiros, e cuja resposta é e há de ser o aniquilamento violento, seja ele adotado por cidadãos do povo, seja ele adotado por governos que traíram a nacionalidade. [...] Não dar atenção aos fracos que foram caindo ou desanimando pelo caminho! Os poucos ou muitos bravos que restarem das longas caminhadas de sofrimento e conquista serão suficientes para despedaçar a última trincheira dos inimigos da Pátria e da Raça, que são quase sempre os mesmos.[9]

O que desejamos destacar aqui é o apoliticismo da imprensa negra em relação àquilo que Correia Leite chama de luta de classes. O artigo de Arlindo Veiga, do qual citamos os trechos principais, mostra apenas uma visão abstrata do conceito de Pátria e Nação, para descambar em um antissocialismo acentuado e na equiparação dos conceitos de Pátria e Raça.

Do Isolamento Étnico à Participação Política

De fato, nas suas páginas não há nenhuma referência à participação concreta do negro nos sindicatos, nas lutas reivindicatórias, ou de participação política radical em partidos de esquerda. Pelo contrário. Há uma cautela, parece que deliberada, dos diretores e colaboradores desses jornais, que os levava a não abordar certos problemas críticos, possivelmente considerados *perigosos* para eles.

Essa ideologia absenteísta e isolacionista em relação aos problemas conflitantes será substituída, para Miriam Nicolau Ferrara, por uma outra participante, a partir de 1945, com a volta do regime democrático. Para essa autora:

> Com a volta do regime democrático, em 1945, inicia-se o terceiro período da imprensa negra. O que diferencia este dos anteriores é a situação política geral que, de certa maneira, reflete-se nos jornais negros. Temos a propaganda política aberta e o apoio a candidaturas tanto de negros quanto de brancos. Isso seria reflexo ou decorrência da formação de outros partidos políticos da sociedade brasileira: o Partido Social Democrático (PSD), o Partido Trabalhista Brasileiro (PTB), a União Democrática Nacional (UDN), o Partido Social Progressista (PSP), a legalização do Partido Comunista Brasileiro (PCB), o Partido Socialista Brasileiro (PSB), o Partido Social Trabalhista (PST), o Partido de Representação Popular (PRP) e outros.[10]

Como se pode ver, há uma reviravolta ou, pelo menos, uma nova perspectiva de reflexão na última fase da imprensa negra paulista. O absenteísmo político das duas primeiras fases, quando o negro cria mecanismos de defesa para não se pronunciar sobre os problemas políticos abrangentes, e aquilo que Correia Leite chamou com propriedade luta de classes, passa a ser considerado como relevante ou pelo menos significativo no seu contexto. As modificações políticas da sociedade brasileira passam, a partir daí, a ser registradas nessa imprensa.

Miriam Nicolau escreve, aliás concordando com Bastide, que:

> Sinal de amadurecimento foi a fundação da Associação dos Negros Brasileiros, que fez uma revisão dos erros anteriormente cometidos, no sentido de uma autocrítica, e se apresenta como a saída possível para o negro. Assim, no jornal *Alvorada* de 1945, os artigos, de um modo geral, têm uma finalidade: mostrar aos negros os objetivos e a importância da A.N.B., criada para que os negros não se dispersassem; ao contrário, temos agora, com o advento de uma fase nova de reestruturação dos quadros da nossa vida política e social, a Associação dos Negros Brasileiros, ideia sugerida, pode-se dizer, do "amadurecimento das nossas antigas experiências", segundo texto do jornal *Alvorada* de 1946.[11]

A imprensa negra registrava, portanto, nas suas páginas, a saída do país da ditadura do Estado Novo e o início de uma era democrática.

Com todas essas modificações de caráter ideológico na trajetória da imprensa negra, um problema é permanente e dos mais importantes: o problema financeiro.

Como manter jornais representativos de uma comunidade cuja maioria era constituída de marginais, subempregados, favelados, biscateiros e desocupados? Ora, como já vimos, esses jornais eram destinados à comunidade negra composta de elementos desarticulados, desajustados ou marginalizados pela sociedade *branca*. As fontes de financiamento desses veículos, que não tinham praticamente publicidade, a não ser do próprio meio, eram, portanto, precárias e constituíam um problema permanente. Daí a irregularidade dessas publicações. Um dos seus fundadores, Raul Joviano do Amaral, explica em depoimento como eles conseguiam se manter:

> Os jornais surgiram com a finalidade de integrar associativamente o negro. Os iniciadores da imprensa negra, por pertencerem à base da sociedade, colocados no seu grau mais baixo, não tinham condições econômicas para manter a imprensa. É de se adivinhar as dificuldades que se tinha para editar esses jornais. Como mantê-los, se a coletividade, o grupo, não tinha nenhum poderio econômico? Apenas o sacrifício, a boa vontade de abnegados permitiam a existência desses jornais. Muitos deles despendiam o que ganhavam modestamente para manter e publicar esses jornais. Não havia, por isso, uma periodicidade regular de publicação: quando havia dinheiro, o jornal saía com regularidade; quando não havia, saía com atraso. Uma das maneiras de sustentar esses jornais era franquear as sociedades negras existentes na época, distribuí-los e pedir uma contribuição para o próximo número.
>
> Os próprios diretores, os próprios redatores iam levá-los às sedes dessas associações. Com o tempo foram criadas cooperativas. Mas, mesmo assim, foi muito difícil mantê-los à base da cooperação porque o negro não tinha condições econômicas.[12]

O sacrifício do negro, para Raul Joviano do Amaral,

> foi imenso, e o seu êxito se deve a homens humildes como Tio Urutu, que era um cozinheiro do Instituto Disciplinar, como José Correia Leite, que era auxiliar de uma drogaria, o qual, além de escrever e orientar o jornal, tirava dos seus parcos vencimentos uma parcela para mantê-lo, para que ele pudesse sair com alguma regularidade. Outros abnegados da imprensa negra foram Jayme Aguiar, o argentino Celso Wanderley, com O Progresso, Lino Guedes e Salatiel Campos. Todos contribuíam com duzentos réis ou um tostão, no máximo um cruzeiro, para que o jornal

saísse. O jornal *O Clarim da Alvorada*, por isso mesmo, nunca teve caixa e, como o objetivo da imprensa negra era difundir à comunidade negra as suas ideias, os seus organizadores nunca procuraram organizações financeiras para ajudá-la. Também não procuravam políticos da época. Sem ter praticamente anúncios, ela vivia da solidariedade. Foi dentro desse espírito que a imprensa negra viveu por quase vinte anos.[13]

Por esse valioso depoimento de um dos seus organizadores, vemos que essa imprensa vivia na base da solidariedade étnica da comunidade negra. Roger Bastide acha que a imprensa negra era o reflexo do pensamento da classe média negra em São Paulo. Embora pudesse questionar a existência de uma classe média negra ponderável e estruturada em nível significativo naquela época, o próprio depoimento de Raul Joviano do Amaral mostra, pelo contrário, que o seu suporte econômico eram os homens de baixa renda que municiavam com os seus centavos e os seus tostões, para usarmos o seu termo, a continuidade dos jornais.

Esse problema da manutenção dos jornais é derivado da situação de marginalização do negro de uma forma global na sociedade discriminadora. Embora Bastide afirme que os jornais surgiram de uma classe média negra, o depoimento de Raul Joviano do Amaral, repetimos, parece que demonstra, ao contrário, que era a estratégia de um mutirão permanente entre os negros que dava sustentáculo a esses órgãos.

Como vemos, os jornais da imprensa negra surgiram quase que na base de informações, notícias, mexericos e destaques sobre a vida associativa da comunidade negra. Com o tempo, no entanto, toma conotações de reivindicação racial e social. Isso aconteceu em consequência do aguçamento da luta de classe e da exclusão do negro dos espaços sociais mais remunerados e socialmente compensadores na estrutura do sistema de capitalismo dependente que se formou após a Abolição.

Segundo Aristides Barbosa:

O preconceito, que até 1936, quando se escrevia nos porões do Bexiga, "Aluga-se quarto, não se aceita pessoas de cor", e nos jornais saíam anúncios pedindo empregadas brancas, foi-se acalmando. Com isso, o negro pensou que o motivo da luta também se acalmou. As contradições raciais ficaram diluídas nas contradições sociais e econômicas. Dessa forma, o negro pensa que não há mais necessidade de uma imprensa negra de protesto.[14]

Com o jornal *Novo Horizonte*, fundado em 1948, um dos últimos da imprensa negra, a situação se repete: são os velhos, os veteranos que haviam fundado *O Clarim da Alvorada*, que irão ajudar a nova geração e mantê-lo. Por outro lado, do ponto de vista organizativo e financeiro nada mudou: são os seus fundadores e redatores que têm de sair com os exemplares do jornal embaixo do braço para vendê-los entre os negros. Por isso, em 1955 o *Novo Horizonte* desaparece.

Dois outros jornais negros de São Paulo surgiram no interior. Ainda segundo depoimento de Jayme Aguiar, foram *O Getulino*, de Campinas, fundado pelos irmãos Andrade, Lino Guedes e outros, e *O Patrocínio*, de Piracicaba, fundado por Alberto de Almeida. A esse respeito, Jayme Aguiar informa: "Esses dois jornais foram um sucesso. A vinda, logo após a revolução, de jornalistas campineiros para São Paulo, como Gervásio Oliveira, Benedito Florêncio, Lino Guedes e outros, possibilitou a sua participação também na grande batalha em prol da grandeza do negro. Todos eles irão participar da imprensa negra paulistana."[15]

Dentro desse quadro de descenso da funcionalidade da imprensa negra, José Correia Leite ainda faz nova tentativa, em 1946, que também não sobrevive por muito tempo. Geraldo Campos de Oliveira edita *Senzala*, já com tendências socialistas. Surgem, ainda, *Ébano* e *Niger*. A partir daí, a imprensa negra adquire nova conotação e vai se diluindo ou se cristalizando em posições ideológicas definidas.

Analisando esse período da vida do negro paulista, escreve Oswaldo de Camargo: "Os jornais que representam o pensamento da coletividade negra variam segundo a múltipla experiência do negro na vida paulistana. Alguns ficaram apenas no nível do contato de notícias sobre um pequeno grupo de negros; outros alcançaram um alto nível de exposição de ideias; outros ainda se propuseram a ilustrar e preparar o negro para o livre debate e procurar soluções dos problemas comuns dentro da comunidade negra."[16]

Isso leva a que compreendamos o saudosismo daqueles que participaram dessa trajetória, todos se recordando do *jour de gloire* desses jornais. Mas, com a diversificação progressiva da sociedade paulista e, especialmente, da comunidade negra, parece-nos problemático um renascimento negro em São Paulo através da reativação dessa imprensa. Outros objetivos se apresentam para o negro registrá-los e enfrentá-los. A sociedade de capitalismo dependente, poliétnica e preconceituosa que se desenvolveu no Brasil está a exigir do negro uma participação na qual o específico étnico fique embutido no programa de modificações que esse tipo de sociedade está a exigir. E, a partir daí, não haverá mais necessidade de uma imprensa alternativa que defenda os interesses de uma comunidade oprimida e discriminada, isso porque terão desaparecido a opressão e a discriminação.

4.

Da Insurgência Negra
ao Escravismo Tardio

Modernização Sem Mudança

Estamos assinalando o centenário da Abolição do escravismo no
Brasil. O fato leva a que possamos estabelecer uma série de níveis
de reflexão sobre o que ocorreu em resultado da sua mudança para
o chamado trabalho livre, as aderências históricas, sociais e culturais
que permanecem em consequência de quase quatrocentos anos de
trabalho escravo e os entraves estruturais que ainda persistem na
sociedade brasileira em decorrência desse longo período trauma-
tizante da nossa história.

Parece-nos que há, de fato, um atraso teórico muito grande na
análise e interpretação do sistema escravista no Brasil e, especialmente, no detalhamento das suas particularidades em relação aos
demais países da América. Arquitetamos um pensamento mono-
lítico sobre as economias que foram criadas pelo mercantilismo e
pelo colonialismo e não procuramos analisar, em cada caso particular, as suas singularidades mais importantes. No caso brasileiro,
ao que nos parece, temos um conjunto de fatos que determinam
não apenas a especificidade de certos aspectos relevantes do modo
de produção escravista no Brasil em relação aos outros países da
América, mas, também, em decorrência do seu longo tempo de

duração, a permanência de traços e restos da formação escravista na estrutura da sociedade brasileira atual.

Consideremos o seu primeiro aspecto: a duração do escravismo até o ano de 1888. O significativo e relevante aqui não é apenas o tempo no seu sentido cronológico, mas as transformações técnicas, sociais e econômicas que se operaram durante esse período na sociedade brasileira em decorrência das modificações que se registraram na economia mundial da qual éramos dependentes. Do sistema colonial que determinou o perfil da primeira fase do escravismo brasileiro, que vai até o ano de 1850 e, posteriormente, de 1851 até o término do escravismo, modificações profundas se verificaram na economia mundial que passou da fase da exportação de mercadoria para a de exportação de capitais. Os mecanismos reguladores e o comportamento quer da economia interna, quer daquelas nações das quais éramos dependentes, também se modificaram. O fluxo de capitais investidos no Brasil em setores estrategicamente controladores da nossa economia determinou a fase de *modernização* das cidades e dos hábitos dos brasileiros. Tudo aquilo que significava *civilização* no seu conceito do capitalismo clássico era trazido de fora e se incorporava à nossa sociedade civil (excluídos os escravos).

O processo de *modernização* da última fase dessa sociedade escravista era, por essas razões, injetado. A tecnologia era introduzida do exterior, os meios de comunicação mecanizavam-se, abriam-se estradas de ferro em todo o território nacional, o cabo submarino era inaugurado, tínhamos gás de iluminação, telefone, bondes de tração animal, mas tudo isso superposto a uma estrutura traumatizada no seu dinamismo pela persistência de relações de produção escravistas. Era, portanto, uma *modernização* sem mudança social. Em outras palavras: as estruturas básicas da sociedade brasileira ainda eram aquelas que procuravam manter e eternizar essas relações obsoletas, criando, com isso, uma contradição flagrante e progressiva com o desenvolvimento das forças produtivas que se dinamizavam.

Nesse panorama geral podemos assinalar particularidades regionais. E não apenas regionais, mas também diferenciações de níveis de prosperidade e decadência em função das preferências dos nossos clientes do mercado internacional. Disso resultou uma complexidade muito grande na caracterização das relações sociais fundamentais do modo de produção escravista no Brasil. Eram zonas que floresciam, outras que entravam em decadência, algumas que estacionavam ou diversificavam a sua produção; finalmente, havia uma teia muito complexa de relações e interações que criava diferenças regionais e diacrônicas. Mas, em todo esse processo de diferenciação, uma coisa era patente: o trabalho escravo. Quer na agroindústria canavieira do Nordeste ou nos campos de algodão do Maranhão, nas charqueadas do Sul, nos canaviais da Bahia, na região urbana de Salvador e do Rio de Janeiro, nas fazendas de café paulistas e fluminenses, ou na pecuária, o escravo negro era quem produzia, quem criava. Por outro lado, as diversificações regionais, que determinavam particularidades na situação do escravo – escravo de ganho, escravo doméstico, escravo no eito agrícola, escravo na mineração etc. –, não modificarão o essencial. Ele até podia possuir alguns objetos de uso pessoal. Porém, o que ele não tinha e não podia ter era a posse do seu próprio corpo, que era propriedade do seu senhor. Essa é a condição básica que se sobrepõe a qualquer outra para definir-se a situação de escravo. Isto é: um ser alienado da sua essência humana. E é a partir da compreensão desse nível extremo de dominação e alienação de um ser humano por outro que poderemos compreender os níveis e o conteúdo social, político e psicológico da insurgência negra durante o período escravista no Brasil e as suas particularidades históricas.

Essa grande duração do escravismo no Brasil, de um lado, e, de outro, as grandes transformações havidas nos interesses e comportamento das nações centrais (modificações internas e externas) criaram contradições que vão se acumulando e agudizando-se com o tempo.

Podemos, por isso, dividir a escravidão no Brasil em dois períodos que se completam, mas têm características particulares. O primeiro vai da chegada ao Brasil dos africanos em número significativo, como escravos, até a Lei Eusébio de Queiroz, que extingue o tráfico negreiro com a África, em 1850. É o período dos grandes piques do trabalho escravo no Nordeste açucareiro, da mineração em Minas Gerais.

Rasgos Fundamentais do Escravismo Brasileiro Pleno (1550-1850)

Nesse período, podemos dizer que os seus rasgos fundamentais e que o caracterizam são os seguintes:

1. Produção exclusiva para exportação no mercado colonial, salvo produção de subsistência pouco relevante;

2. Tráfico de escravos de caráter internacional e tráfico triangular como elemento mediador;

3. Subordinação total da economia colonial à Metrópole e impossibilidade de uma acumulação primitiva do capital interno em nível que pudesse determinar a passagem do escravismo ao capitalismo não dependente;

4. Latifúndio escravista como forma fundamental de propriedade;

5. Legislação repressora contra os escravos, violenta e sem apelação;

6. Os escravos lutam sozinhos, de forma ativa e radical, contra o instituto da escravidão.

O sistema escravista consolida-se nessa fase. O número de escravos cresce constantemente. A produção, através do trabalho escravo, cria um clima de fastígio da classe senhorial e os negros passam a ser os pés e as mãos dos senhores na expressão de um cronista da época. Essa consolidação do trabalho escravo reflete-se, por outro lado, naquilo que determinará esse fausto da classe senhorial: a situação de total dominação econômica e extra econômica sobre o elemento escravizado, as condições sub-humanas de tratamento, um sistema despótico de controle social e, finalmente, um aparelho de Estado voltado fundamentalmente para defender os direitos dos senhores e os seus privilégios. Esses senhores, donos de escravos e de terras, são, ao mesmo tempo, exportadores de tudo ou quase tudo o que se produzia no Brasil.

Para que isso pudesse ter êxito e esse dinamismo não entrasse em colapso, criou-se o tráfico com a África que supria de novos braços aqueles que morriam ou eram inutilizados para o trabalho. Dessa forma, o fluxo permanente de africanos permitia ao senhor níveis de exploração assombrosos e uma margem de lucro que propiciava a manutenção de todo um aparato de luxo e lazer sem precedentes. Esse fastígio tinha, porém, interna e externamente, fatores de deterioração contínuos. O monopólio comercial da Metrópole determinava um nível de transação mercantil unilateral, pois a parte compradora era quem estabelecia os preços. Com isso, os senhores tinham de aceitar aquilo que lhes era imposto. Mas, por outro lado, o preço do escravo era estabelecido praticamente pelos traficantes ou por intermediários desses proprietários de navios negreiros. Enquanto o tráfico conseguia equilibrar a demanda de novos braços para a lavoura e outras atividades, as coisas se equivaliam e a aparência de prosperidade contínua permanecia à superfície. Quando, porém, por qualquer motivo, esse desequilíbrio se rompia, os senhores começavam a protestar contra aquilo que julgavam ser uma exploração unilateral contra eles.

Por outro lado, essa economia não permitia a acumulação interna de capitais em nível capaz de poder-se dar um passo de mudança econômica e social qualitativo e que fossem transformadas as relações de produção fundamentais. Com isso, ficava estagnado o seu dinamismo interno no nível de reprodução contínua do trabalho escravo quase que de maneira circular. O escravismo criava os seus próprios mecanismos de estagnação econômica e social. O latifúndio escravista era, por essas razões, a forma fundamental, senão a única, relevante de propriedade. Instala-se no Brasil, nacionalmente, o modo de produção escravista moderno em sua plenitude.

Os níveis de repressão nesse contexto eram totais, a fim de que a taxa de lucro do senhor não fosse atingida. O trabalho escravo ganha, assim, proporções extremas de exploração. Fecham-se todas as possibilidades de uma sociedade na qual existissem mecanismos mediadores dos conflitos das duas classes sociais fundamentais: escravos e senhores.

Significado Social da Insurgência Negro-Escrava

É nessa estrutura que se manifesta a insurgência do escravo negro. Somente através da compreensão da situação social e política que a economia escravista produzia, nesse período, em relação ao escravo, que poderemos reconhecer a sua importância. Nesse sentido, José Honório Rodrigues escreve que:

> A rebeldia negra foi um problema na vida institucional brasileira, representou um sacrifício imenso, violentou o processo histórico e originou um debate historiográfico. Com relação ao sistema escravocrata, a rebeldia negra, insurreição racial, foi um processo contínuo, permanente e não esporádico, como faz ver a historiografia oficial. O debate historiográfico resultou da interpretação oficial do sistema escravocrata, apresentado como tendo por base a legitimidade da propriedade e não o preconceito da inferioridade racial, muito mais forte nos Estados Unidos.

A versão de um quadro paternal e doce, no qual a confraternização predominou sobre a animosidade, especialmente nas relações domésticas, falsamente generalizado, subverteu a verdadeira inteligência do processo.[1]

Em decorrência dessa extrema exploração do trabalho do escravo, e da sua consequente rebeldia, surgiram os *racionalizadores* do sistema. No particular, os dois maiores sistematizadores desse processo foram Antonil e Benci. É interessante notar que ambos são jesuítas e procuram difundir uma ideologia através da qual o sistema escravista poderia ser racionalizado. Não por motivos altruístas e cristãos, mas, em última instância, objetivando maior produtividade do escravo, mais tempo da sua vida útil e medidas capazes de impedir a sua fuga. Com as medidas por eles preconizadas, poderia ser amortecido o potencial de rebeldia do escravo negro contra o seu senhor. Expondo o seu pensamento, André João Antonil escreve:

> O que pertence ao sustento, vestido e moderação no trabalho, claro está que se lhes não deve negar; porque a quem o serve deve o senhor de justiça dar suficiente alimento; mezinhas na doença, e modo, com que decentemente se cubra, e se vista, como pede o estado de servo, e não aparecendo quase nu pelas ruas; e deve também moderar o serviço de sorte que não seja superior às forças dos que trabalham, se quer que possam aturar.[2]

Antonil é explícito nas suas intenções e pondera que se essas medidas não fossem tomadas pelos senhores, os escravos "ou se irão embora, fugindo para o mato; ou se matarão por si, como costumam, tomando a respiração ou enforcando-se, ou procurarão tirar a vida aos que lha dão tão má, recorrendo (se for necessário) a artes diabólicas, ou clamarão de tal sorte a Deus que os servirá"[3].

E insiste: o bom tratamento deveria ser concedido aos escravos porque, em caso contrário, eles "fugirão por uma vez para algum mocambo no mato, e se forem apanhados poderá ser que se matem a si mesmos, antes que o senhor chegue a açoitá-los, ou que algum seu parente tome a sua conta a vingança ou com feitiço, ou com veneno"[4].

Jorge Benci é mais refinado, mais teórico do que Antonil, mas chega às mesmas conclusões. Referindo-se às faltas dos escravos e à necessidade de o senhor julgá-los com isenção, afirma:

> Não tendo pois o servo o castigo, como há de fazer sua vontade? E quando ainda não chegue a despir totalmente o medo, porque o castigo pode saber bem; da muita continuação dele nasce outro inconveniente não pequeno. Porque sabendo o escravo que o senhor lhe não passa em claro falta alguma e que lhe não valem padrinhos; em chegando a cometer algum delito, e vendo que não tem outro remédio para evitar os rigores do mesmo senhor, toma carta de seguro e foge.[5]

No entanto, tais medidas nunca foram aplicadas, pelo menos na primeira fase do escravismo brasileiro. Pelo contrário, a *síndrome do medo* domina profundamente a classe senhorial e *condiciona* o seu comportamento. A possível revolta dos escravos estava sempre em primeiro plano quer das autoridades, quer dos senhores e do seu aparelho repressivo.

No Nordeste, com a República de Palmares, essa síndrome se aguça e permanece durante quase um século. A luta dos escravos da Serra da Barriga foi o centro de preocupações da Metrópole e dos senhores de engenhos não apenas na Capitania de Pernambuco, à qual pertencia o território emancipado, mas em toda a região. Palmares converge, em pleno século XVII, para si as atenções da Metrópole, mas, mesmo assim, assume proporções de um ato de resistência que não teve similar na América Latina. A vasta documentação que existe a respeito, especialmente de origem portuguesa (sabe-se também da existência de documentos em arquivos holandeses e italianos), bem demonstra a preocupação da Metrópole, de um lado, e, de outro, a importância social, econômica e militar de Palmares. Essa dicotomia básica era o motor do comportamento das duas classes fundamentais do escravismo brasileiro. A preocupação substantiva, portanto, quer dos senhores quer das autoridades locais ou da Metrópole, era manter a coerção econômica e extra econômica através da qual se conseguiria extrair todo o sobretrabalho do escravo. Por isso, no sistema de trabalho escravo em sua plenitude, os níveis de repressão despóticos funcionavam constantemente e faziam parte da normalidade do comportamento dos dominadores. Nesse sistema de trabalho, a *racionalidade*, ou melhor, a *racionalização* pretendida por Antonil e Benci não podia funcionar. Conforme já dissemos, não havia nenhum nível de mediação e a exploração tinha de ser total para que o senhor pudesse ter lucros compensadores, dentro da forma como era feita a distribuição da renda no sistema colonial. À produção interna estava ligada a divisão internacional do trabalho, e isso impedia qualquer possibilidade de um comportamento que não fosse o da absoluta exploração. Karl Marx dizia, por isso:

> Desde que os povos cuja produção se move ainda nas formas inferiores da escravidão e da servidão são atraídos pelo mercado internacional dominado pelo modo de produção capitalista e que em decorrência a venda dos seus produtos no estrangeiro se torna o seu principal interesse, desde esse momento os horrores do sobretrabalho, esse produto da civilização, vem se juntar à barbárie da escravidão e da servidão. Enquanto a produção, nos Estados do Sul da União Americana, era principalmente dirigida para a satisfação das necessidades imediatas, o trabalho dos negros representava um caráter moderado e patriarcal.
>
> À medida, porém, que a exportação do algodão tornou-se o interesse vital desses Estados, o negro foi sobrecarregado e a consumação de sua vida em sete anos de trabalho tornou-se parte integrante de um sistema friamente calculado. Não se tratava mais de obter dele certa massa de produtos úteis. Tratava-se da produção da mais-valia ao máximo.[6]

Isso pode ser aplicado perfeitamente ao escravismo brasileiro. As estruturas de dominação e os seus mecanismos estratégicos, tanto em um caso como no outro, eram idênticas e não podiam permitir que o escravo fosse tratado a não ser como coisa, pois de outra forma o sistema não funcionaria de acordo com os seus objetivos.

Por esse motivo, dando continuidade à linha ideológica de Antonil e Benci, vamos encontrar, após a Abolição, toda uma literatura que idealiza a escravidão no Brasil, criando vertentes históricas que defendem a sua benignidade. Como vemos, é todo um espectro de pensamento que procurou antes racionalizar e atualmente tenta romantizar, através de vários argumentos, a forma despótica como existiu a escravidão no Brasil.

É exatamente nesse período que vai da Colônia até meados do Segundo Império que as revoltas de escravos, assumindo diversas formas, contestam e desgastam mais violentamente o sistema. A quilombagem é uma constante nacional e acontece nesse período de forma muito violenta. A última dessas insurreições arquitetadas nessa fase, e que fracassa ainda em projeto, é em Salvador, em 1844, seis anos antes, portanto, da Lei Eusébio de Queiroz.

Podemos constatar que onde há o pique do escravismo na sua primeira fase, há, também, o pique de revoltas. Na fase colonial, temos Palmares, a que já nos referimos, e os seus desdobramentos posteriores na região nordestina que se prolongam até o século XIX. Em Minas Gerais, quando se chega ao auge da exploração aurífera e diamantífera, o Quilombo do Ambrósio e inúmeros mais perturbam e desgastam a harmonia social e econômica da região. Há, como podemos ver, uma correspondência entre o nível de exploração e a incidência dessas revoltas.

Palmares acontece em um momento em que o Nordeste estava no auge da produção açucareira, fato que levou a Holanda a ocupar a região para explorá-la em seu proveito. Em Minas, o Quilombo do Ambrósio, que chegou a ter cerca de dez mil habitantes, foi destruído em 1746 também em um momento de prosperidade. Não queremos estabelecer, porém, uma relação mecânica entre os níveis de opressão e rebeldia. Mas podemos estabelecer uma linha de frequência no particular.

Convém particularizar, também, o tipo de atividade desses escravos rebeldes na divisão técnica do trabalho. Os escravos que fugiram para Palmares estavam estruturados na agroindústria açucareira. Já nas revoltas urbanas do século XIX, em Salvador, o escravo *de ganho* será o núcleo dinamizador mais relevante. Por outro lado, como veremos oportunamente, na segunda fase da escravidão essas revoltas terão um significado bem diferente, quer em quantidade, quer em nível de radicalização. Com exceção dos quilombos sergipanos de 1870 a 1875, a revolta *passiva* será típica do comportamento dos escravos.

Prosperidade, Escravidão e Rebeldia

Em contrapartida, é exatamente nos momentos em que os escravos se revoltam que as leis repressivas são aprovadas e executadas. Ainda no ciclo de Palmares surge o Alvará de março de 1741, mandando que fosse ferrado com um *F* em sua espádua todo escravo fujão encontrado em quilombo. No ciclo mineiro de revoltas encontramos, além do bando de Gomes Freire de Andrade, recomendando o cumprimento do alvará daquele ano, a Carta Regia de 24 de fevereiro de 1731, que autorizava o governador de Minas Gerais a aplicar a pena de morte aos escravos.

Finalmente, vem o ciclo das insurreições baianas. Em consequência, surge, em primeiro lugar, a criação no Código Criminal do Império, em 7 de janeiro de 1831, da figura jurídica de *insurreição* em relação às revoltas dos escravos. Para os cidadãos livres, que conspiravam contra a tranquilidade pública, a denominação seria de *conspiração* ou *rebelião*. No artigo 113 do Código, era considerada insurreição a reunião de "vinte ou mais escravos para haverem a liberdade pela força"[7].

Mas logo depois da insurreição escrava da capital baiana de 1835, é aprovada a Lei n. 4, de 10 de junho daquele ano, acerca da punição dos escravos que matassem ou ferissem os seus senhores. A íntegra da lei deve ser transcrita para uma análise do seu significado jurídico e político:

> A Regência Permanente em Nome do Imperador D. Pedro Segundo faz saber a todos os súditos do Império que a Assembleia Geral Legislativa Decretou, Ela sancionou a Lei seguinte: Art. 1º – Serão punidos com pena de morte os escravos ou escravas, que matarem por qualquer maneira que seja, propiciarem veneno, ferirem gravemente ou fizerem outra qualquer ofensa física a seu senhor, a sua mulher, a descendentes ou ascendentes, que em sua companhia morarem, e administrador, feitor e às suas mulheres que com eles conviverem. Se o ferimento ou ofensa física forem leves, a pena será de açoites à proporção das circunstâncias mais ou menos agravantes. Art. 2º – Acontecendo algum dos delitos mencionados no Art. 1º, o de insurreição e qualquer outro cometido por pessoas escravas, em que caiba a pena de morte, haverá reunião extraordinária do Júri do Termo (caso não esteja em exercício) convocada pelo Juiz de Direito, a quem tais acontecimentos serão imediatamente comunicados. Art. 3º – Os Juízes de Paz terão jurisdição cumulativa, em todo o Município para processarem tais delitos até a denúncia com as diligências legais posteriores, e prisão dos delinquentes, e concluído que seja o enviarão ao Juiz de Direito para este apresentá-lo ao Júri, logo que esteja reunido e seguir-se os mesmos termos. Art. 4º – Em tais delitos a imposição da pena de morte será vencida por dois terços do número de votos; e para as outras pela maioria; e a sentença se for condenatória, se executará sem recurso algum. Art. 5º – Ficam revogadas todas as Leis, Decretos e mais disposições em contrário. Dada no Palácio de Rio de Janeiro, aos 10 dias do mês de junho de 1835.[8]

Como podemos ver, havia uma conexão entre a insurgência escrava (quilombagem) e a legislação repressiva. Articulou-se uma legislação baseada na síndrome do medo criada pelos antagonismos estruturais do escravismo e que atingia a classe senhorial de forma a deformar-lhe o comportamento. As lutas dos escravos foram um elemento de desgaste permanente. Como podemos ver, se as constantes lutas não chegaram ao nível modificador da estrutura, criando um novo modelo de ordenação social, foram, no entanto, um motivo de permanente desgaste do sistema. Podemos dizer que esse desgaste permanente apresenta-se em três níveis principais: a. desgaste econômico; b. desgaste político; c. desgaste psicológico.

O Desgaste Econômico

No primeiro nível de desgaste devemos considerar o fato de que o escravo fugido correspondia a um patrimônio subtraído ao senhor. Mas, além disso, era um patrimônio que produzia valor através do seu trabalho, e esse valor não produzido também onerava o seu senhor, pois, além da perda física do escravo, ele perdia aquilo que deveria ser produzido durante o tempo em que permanecia evadido, muitas vezes para o resto da vida. Além disso, devemos computar as despesas com a captura, pagamento a capitães do mato, recompensas a informantes, despesas com o tempo em que o escravo se encontrava em prisões do Estado e muitas outras. Soma-se a todas essas razões a desvalorização no mercado do valor do fugitivo, dificilmente adquirível por outro senhor a não ser por baixo preço.

Esse desgaste econômico, que não podemos quantificar, mas foi significativo, onerava obviamente o custo de produção. Daí vermos, constantemente, as queixas dos senhores contra a fuga dos seus escravos. José Alípio Goulart, abordando apenas um dos aspectos do desgaste econômico – o preço do escravo evadido –, afirma que:

> Negros fugidos contavam-se aos milhares, muitos milhares, fossem aquilombados ou ribeirinhos. Representando cada cabeça

determinado valor monetário, torna-se possível aquilatar o volumoso capital improdutivo, concentrado na população de calhambolas espalhados por esses brasis. Calculando o preço unitário de cada escravo, *grosso modo*, em 100$000, valor corrente durante largo espaço de tempo; e considerada a informação de que apenasmente nos Palmares concentravam-se em torno de 60.000 fugitivos, conclui-se que só aquele quilombo representou acúmulo de capital inoperante da ordem de seis mil contos de réis (6.000:000$000), verdadeira fábula em dinheiro naquela época. Em idêntica ordem de raciocínio, cita-se o Quilombo de Trombetas, no Pará, região financeiramente pobre e onde por tal razão a incidência de escravos negros foi relativamente pequena. Aquele quilombo, com seus 2.000 calhambolas, representava uma imobilização de capital da ordem de trezentos contos de réis (300:000$000), pois ali, ao surgirem, os africanos eram vendidos, quando menos, por 150$000 a "cabeça". Assim o Quilombo de Campo Grande, em Mato Grosso, e outros que aglutinavam dezenas, centenas, vezes até milhares de componentes.[9]

Mas, conforme já dissemos, esse desgaste não se limitava à perda do valor do escravo e do seu trabalho. Era muito mais abrangente. Incluía, também, as despesas dos senhores e do aparelho do Estado. Nesse particular, as Câmaras sempre reclamavam falta de dinheiro e verba para dar combate aos quilombolas. Por isso, os governos das províncias criavam verbas para premiar captores. Em 1852, há uma resolução do presidente do Pará criando prêmios de 200$000 depois de executada a diligência e capturados os fugitivos, quantia que seria paga pelo Tesouro Público Provincial. Na mesma resolução, o presidente fica autorizado a dispender até a quantia de doze contos de réis com a destruição dos quilombos e captura dos escravos neles refugiados[10]. Esse fato pode ser generalizado a quase todo o Brasil.

Finalmente, havia a destruição por parte do escravo da propriedade e da lavoura do senhor. Se isso acontecia esporadicamente no Nordeste, na primeira fase do escravismo, como aqueles escravos que, durante a ocupação holandesa, destruíram engenhos e plantações em Pernambuco[II], vamos encontrar esse comportamento, de forma mais sistemática, já no final da escravidão, praticado por escravos fluminenses orientados por abolicionistas radicais. Aliás, o episódio é significativo porque é atípico do comportamento do escravo do resto do Brasil nessa segunda fase do escravismo.

Em Campos de Goitacazes, estado do Rio de Janeiro, os escravos fugitivos incendiavam as fazendas numa atitude radical que gerou pânico entre os senhores. No dia 15 de agosto de 1877, manifestou-se o primeiro incêndio em uma usina do Queimado. Seguiu-se um rosário de sinistros provocados pelos escravos orientados nesse sentido pelos abolicionistas. Segundo um historiador desse período: "O encarregado de incendiar o canavial executava esse atentado sem receio de que pudesse o acusar de o ter feito. Um vidro de óculos, uma lente, era colocado em lugar onde convergindo os raios solares, faziam acender a mecha de véspera aí posta, e às mesmas horas do dia anterior, estando o incendiário longe do lugar, o canavial era preso de chamas."[12]

Depois do primeiro incêndio, não param mais. Pelo contrário. Continuam com maior itensidade. Depõe Júlio Feydit:

> Em 14 de janeiro de 1887, em Guarulhos, foram incendiados os canaviais das fazendas e usinas S. João dos srs. Lima & Moreira; uma fazenda Penha, do sr. Antônio Póvoa, outros dois na fazenda Abadia. Sete dias depois o fogo destruía na freguesia de S. Salvador um canavial do sr. Ferreira Pinto, e no dia seguinte, outro. A 26 de janeiro o sr. Barão de Miranda perdia devido a incêndio um canavial de 1.500 arrobas de açúcar ou 30 caixas; três dias depois, os canaviais das fazendas do sr. Manoel Coelho Batista Cabral ardiam. Além dessas fazendas, a do Outeiro, a 23 de Janeiro, a do sr. Sebastião de Almeida Rebello, tiveram os canaviais incendiados. Em 6 de fevereiro de 1887, ao meio-dia, ardiam as canas da Fazenda Velha; e mais os canaviais na Fazenda Paraíso, pertencente a Guilherme de Miranda e Silva, e também outras três na fazenda do major Crespo.

Em março, na freguesia de S. Sebastião lançaram fogo a um canavial do sr. José Pinto Passanha, sendo o seu prejuízo de 15 a 20 arrobas cada uma.[13]

Como podemos ver, era um estado de conflagração permanente, que transcendia ao simples protesto pacífico costumeiro na segunda fase da escravidão, mas enveredava em um movimento de sublevação regional. O mesmo historiador afirma, ainda, comentando a situação geral nesse período: "Era uma devastação medonha; era uma luta tremenda; os fazendeiros enchiam as fazendas de capangas sob o título de agregados e camaradas, faziam reuniões, tendo em uma delas sido proposto que se comprasse o chefe abolicionista em Campos e se ele não quisesse se vender se pagasse a quem o suprimisse."[14]

Podemos ver, pelo exposto, que em Campos havia um desgaste ponderável na economia escravista daquela região fluminense. Embora tenha sido uma manifestação tópica e já sob a influência ou direção de abolicionistas radicais, o comportamento dos escravos ali demonstra como o desgaste econômico produzido pela rebeldia negra, em vários níveis e durante todo o tempo, não deve ser desprezado na análise da importância do seu comportamento de negação ao sistema.

O Desgaste Político

No particular do desgaste político, a quilombagem despertou na classe senhorial o receio permanente e agudo da propagação da rebeldia, da insubmissão, da violência dos quilombolas das fazendas ou dos insurretos urbanos. Isso porque os negros davam demonstração na prática política (descartamos o conceito de movimentos pré-políticos) de que havia a possibilidade de uma solução alternativa possível mesmo no sistema escravista: a formação de unidades independentes nas quais o trabalho escravo não era praticado.

O exemplo de Palmares e a sua organização política sempre era visto com apreensão pelas autoridades coloniais e imperiais. Durante a existência do Quilombo do Ambrósio, em Minas Gerais, o mesmo raciocínio se verificou. Sabia-se que ali havia uma organização política que ordenava a sua economia de modo comunitário. Segundo se afirma, havia "um modelo de organização e disciplina, de trabalho comunitário". Os negros eram divididos em grupos, ou setores, "todos trabalhando de acordo com a sua capacidade"[15].

No Quilombo do Ambrósio praticava-se a pecuária, através de campeiros e criadores. A parte responsável pela produção agrícola encarregava-se dos engenhos, da plantação de cana e fabricação de açúcar, aguardente, além de mandioca para fazer farinha e azeite como produtos complementares.

Essa preocupação política das autoridades é mais visível ainda durante as insurreições baianas do século XIX. Especialmente na insurreição de 1835 encontramos um bem elaborado plano militar, que não foi totalmente executado pela antecipação do movimento, e uma caixa para finanças, através da qual eles conseguiam recursos financeiros para angariar ou comprar alforria dos seus líderes. As próprias autoridades da Província reconheceram o conteúdo político do movimento.

Outra preocupação das autoridades e dos senhores era a aliança dos quilombolas ou insurretos negros de um modo geral com camadas e grupos oprimidos da sociedade escravista. Os palmarinos praticaram largamente esse costume, o mesmo acontecendo em Minas Gerais. Nessa Capitania, os quilombolas ligavam-se com frequência aos faiscadores e aos contrabandistas de diamantes e ouro, com eles mantendo comércio clandestino. Em face dessa concordata, os contrabandistas prestavam serviços aos quilombolas, informando-os das medidas tomadas pelo aparelho repressor contra eles. Esse contato dos negros fugidos ou aquilombados com outras camadas oprimidas, quer durante a Colônia, quer durante o Império, será uma constante preocupação política e militar das autoridades e da classe senhorial.

A Síndrome do Medo

Finalmente, o desgaste psicológico. Referimo-nos àquele sentimento sociopsicológico que denominamos de *síndrome do medo* e que foi responsável pelo comportamento da classe senhorial durante toda a duração do escravismo. O receio da insurreição, em especial no primeiro período, criava um estado de pânico permanente. O "perigo de São Domingos" (repetidamente mencionado), as possíveis ligações dos escravos brasileiros com os de outros países, a provável articulação em nível nacional dos escravos rebeldes, a obsessão da violência sexual contra mulheres brancas ou outras formas de insurgência, tudo isso levou a que o senhor de escravos se transformasse em um neurótico.

Uma verdadeira paranoia apoderou-se dos membros da classe senhorial e determinou o seu comportamento básico em relação às medidas repressivas contra os negros em geral.

Na primeira fase, as autoridades coloniais e a classe senhorial usam de toda a brutalidade, legislando de forma despótica contra o escravo. Isso vai dos alvarás mandando ferrar escravos à legislação da pena de morte, do açoite, execução sumária "sem apelo algum" dos escravos rebeldes etc. Nessa fase não há nenhum processo de mediação, e a legislação terrorista reflete essa síndrome de forma transparente. Aliás, para respaldar esse conjunto de medidas jurídicas há todo um aparato de repressão brutal e legal. Os escravos têm o seu direito de locomoção praticamente impedido. Os troncos, os pelourinhos, a gonilha, o *bacalhau*, a máscara de flandres, o vira-mundo, o anjinho, o libambo, as placas de ferro com inscrições infamantes, as correntes, os grilhões, as gargalheiras, tudo isso formava o aparelho de tortura ou aviltamento através do qual as leis eram executadas como medida de normalidade social.

A *síndrome do medo* presente nas classes senhoriais tinha apoio material no grande número de escravos negros e na possibilidade permanente da sua rebeldia. Refletia uma ansiedade contínua e, com isso, a necessidade de um aparelho de controle social despótico, capaz de esmagar, ao primeiro sintoma de rebeldia, a possibilidade de essa massa escrava se rebelar. Os senhores de escravos, por isso, especialmente os senhores de engenho onde a massa negra era bem superior à branca e havia escassez de meios de comunicação, estavam sempre a pedir providências acauteladoras ao governo.

Na Bahia, por exemplo, a classe senhorial vivia angustiada com a possível rebeldia dos seus escravos. Quantitativamente, Spix e Martius, quando estiveram em Salvador, por volta de 1824, davam a seguinte estatística populacional a qual bem demonstra a superioridade dos homens de cor sobre os brancos. Apoiados em Balbi, davam, incluindo-se a Capitania de Sergipe, este quadro demográfico:

Brancos	192.000		
Índios	13.000		
Gente livre de cor	80.000	115.000	858.000
Escravos de cor	35.000		
Negros escravos	489.000	538.000	
Negros forros	49.000		

Como se vê, para uma população branca de 192.000 pessoas havia uma grande massa não branca, incluindo-se os índios, de 666.000 pessoas. A desproporção era gritante. Essa posição de ansiedade da classe senhorial se aguçará diante da inquietação da classe escrava que se levantara naquela região a partir de 1807. Os cidadãos e senhores de escravos dirigiram-se, em 1814, diretamente ao rei expondo-lhe os seus temores. Comentando a situação conflitante, a historiadora Maria Beatriz Nizza da Silva assim a expõe:

> Para os senhores da Bahia isso nada tinha de impossível, pois a desproporção numérica era muito grande entre brancos e mulatos, de um lado, e negros do outro. Pelas listas de população mandadas tirar no tempo do Conde da Ponte, antecessor do

Conde dos Arcos, só na cidade se calculava entre 24 a 27 negros para cada homem branco ou mulato. Fora dela, a desproporção aumentava: havia 408 engenhos, calculando-se 100 escravos por engenho e, no máximo, 6 brancos e pardos em cada um. De nada servia argumentar, como se tinha feito, que a rebelião era impossível por serem os negros de nações diferentes e inimigas entre si, pois o que se verificara na insurreição era a aliança dos Aussás aos Nagôs, Calabar etc.[16]

A *síndrome do medo* nos senhores reflete-se nos termos de um documento que enviaram ao rei. Vejamos:

> Senhor,
> Com o mais profundo respeito o Corpo do Comércio, e mais cidadãos da praça da Bahia cheios da maior aflição vão representar a V.A.R. a horrorosa catástrofe, e atentados, que têm acontecido e suplicar a pronta providência que exige o deplorável estado das cousas para a segurança de suas vidas, honras, e fazendas. É notório que há três para quatro anos os negros tentam rebelar--se e matar todos os brancos, e tendo nos anteriores feito duas investidas, agora ao amanhecer do dia 28 de fevereiro em distância somente de uma légua desta cidade deram a terceira, com muito mais estragos, e ousadias, que as outras. Esses ensaios, Senhor, bem prognosticam, que chegará (a não ser se tomarem medidas mui sérias) um dia em que eles de todo acertem e realizem inteiramente o seu projeto, sendo nós as vítimas da sua rebelião e tirania.

E prosseguem, descrevendo a rebelião de 1814:

> Eles começaram na armação de Manuel Inácio, e seguindo pelo sítio de Itapoã até o rio de Joanes com o desígnio de irem incorporando-se com os dos mais engenhos, e armações gritavam liberdade, vivam os negros, e seu rei o… e morram os brancos e mulatos; e a todas as negras, e algum moleque, que os não queriam acompanhar matavam, logo é claro que o partido é que entre si, e que forçosamente deve sucumbir o dos brancos, e pardos.

Ninguém de bom senso, mesmo prescindindo do prognóstico do atual acontecimento, poderá duvidar, que a sorte desta Capitania venha a ser a mesma da Ilha de S. Domingos por dois princípios, 1º pela demonstrada da enorme desproporção de forças, e em uma gente aguerrida, e tão bárbara, que quando acometem não temem morrer; pois que nos seus países se matam pelo festejo, e têm a superstição de que passam ao seu reino, e se chegam mesmo a assassinar por qualquer leve paixão, ou falso pundonor, e muitos nesta insurreição se acharam enforcados pelos matos do rio Vermelho; e o 2º princípio para deduzir a mesma consequência é a relaxação dos costumes, e falta de polícia, que geralmente se observa nesta cidade, pelas muitas larguezas que se lhes tem dado, de sorte que são contínuos os insultos, atacando vergonhosamente a mulheres brancas.

A classe senhorial não satisfeita com as medidas de controle tomadas pelo governo insiste no mesmo documento:

Isso ainda mais é de esperar onde não há castigo; pois que chegou o tempo de até os senhores serem repreendidos pelo governo se o fazem, mesmo com justiça, atendendo-se mais as queixas dos negros, que as razões dos senhores, e chama-se a isto humanidade, e idade de ouro do Brasil; mas assim o é para os negros que têm o privilégio de humanidade, e nós de desumanidade, além de outros muitos fatos, e desgraças, que diariamente nos cercam, e o que mais é para admirar é nesta tão lamentável, e funesta, a indiferença, e indolência do governo, que não satisfeito de por espaço de quarenta dias nenhuma providência dar, ainda permite, e aconselha na sua 1ª e única ordem do dia dez do corrente abril que os negrinhos brinquem com os seus bailes nos dois campos do Barbalho, e Graça, pontos tão perigosos pelo ajuntamento que aí sem serem vistos podem fazer, quando em as circunstâncias atuais nem três se deviam consentir conversar unidos; e em recompensa da barbaridade com que tratavam os dos lugares incendiados, cujas casas chegam a cento e cinquenta e tantas, e assassinados cinquenta e tantos, ainda recomenda na sua dita 1ª ordem que na cidade se impeçam os tais batuques *com toda moderação*. Deverá talvez pedir-lhes de joelhos, que não batuquem, e façam (como até agora) disto sertão de Costa de Mina. Assentar que se devem mandar os negros a divertimentos tão profanos em dias de descanso, e dedicados ao culto do verdadeiro Deus, isto com prejuízo da sociedade, e do sossego público, quanto muitos brancos, como v.g. os soldados, e caixeiros, que não têm domingo, nem dia santo aplicados sempre nos seus serviços e aqueles em guarda, e rondas de dia e de noite, e até mesmo por motivo deles negros, passam sem eles, e até onde pode chegar a relaxação de costumes![17]

Como vemos, a classe senhorial baiana, pelos seus representantes, dirige-se diretamente ao Rei para expor o seu estado de espírito em face da insurgência dos escravos.

Quando o eixo dinâmico (econômico e social) do escravismo se desloca do Nordeste para Minas, Rio de Janeiro e São Paulo, esse mecanismo de defesa senhorial também se *racionaliza*.

Da mesma forma, como o número de escravos já não é mais proporcionalmente tão grande em relação aos brancos, os mecanismos repressivos se modificam, como veremos. Há toda uma *modernização* das classes senhoriais que depois da lei de 1835 passam a procurar elaborar leis protetoras contra a massa escrava. Modernizam as táticas, mas a estratégia de poder, a fim de manter os escravos sob controle, permanece. E a *síndrome do medo* continua, sob novas formas, a condicionar o comportamento dos senhores de escravos. É um *continuum* que acompanha o outro – o da discriminação do negro – em diferentes níveis, mas com fins convergentes. Conforme veremos adiante, o branco foi atingido pela *síndrome do medo*, de forma sistemática e contínua, pela neurose e paranoia da classe senhorial.

Levando-se em consideração que o número de escravos e negros durante muito tempo era superior ao de brancos, podemos ver o estado de pânico permanente dos senhores de escravos. Daí não ser permitido ao escravo nenhum privilégio, pois os espaços sociais rigidamente delimitados dentro da hierarquia escravista somente possibilitavam a sua ruptura e mudança estrutural através da negação do sistema: a insurgência social e racial do escravo.

A *síndrome do medo* estender-se-á, também, à segunda fase do escravismo brasileiro, mas através de mecanismos táticos diferentes. A classe senhorial já não legisla mais através dos seus agentes para reprimir e/ou muitas vezes destruir fisicamente o escravo, mas passa a produzir leis protetoras. A partir da extinção do tráfico e da diminuição da população escrava, começam a suceder-se leis que protegem e beneficiam o escravo, como veremos adiante.

Dessa forma, a *síndrome do medo* deformou psicologicamente a classe senhorial, deu-lhe elementos inibidores para assumir um comportamento patológico e caracterizou a postura sádica dos seus membros.

Depois de 1850, com a extinção do tráfico, temos o início do que chamamos *escravismo tardio*. O comportamento da classe senhorial e do legislador se alteram. Para conservar o escravo, cujo preço aumentara de forma drástica, surgem as primeiras leis *protetoras*. Por outro lado, o escravo negro, que até então lutara sozinho com a sua rebeldia radical contra o instituto da escravidão, começa a ser visto através de uma óptica liberal. As manifestações *humanistas* se sucedem. E as posições que refletiam uma consciência crítica contra a instituição também aparecem, especialmente entre a mocidade boêmia e alguns grupos adeptos de um liberalismo mais radical.

Nesse contexto de mudança da chamada opinião pública, as leis protetoras se sucedem: Lei do Ventre Livre, Lei dos Sexagenários, lei que extingue a pena do açoite, proibição de venda separada de escravos casados e outras que objetivam proteger o escravo valorizado pela impossibilidade de reposição antiga. Nesse sentido, algumas províncias decretam antecipadamente extinta a escravidão em seus territórios. No Amazonas, ela se extingue em 1884 e, nesse mesmo ano, no Ceará e em Porto Alegre.

Paralelamente, a escravidão regionaliza-se e aquelas antigas áreas de prosperidade da sua primeira fase entram em decadência, dando lugar ao florescimento de uma economia nova que se desenvolverá já como o segundo ciclo do escravismo no Brasil.

Rasgos Fundamentais do Escravismo Tardio (1851-1888)

Essa nova fase, para nós, terá os seguintes rasgos fundamentais:

1. Relações de produção escravistas diversificadas regionalmente, mas concentradas na parte que dinamizava uma economia nova, especialmente Rio de Janeiro e São Paulo.

2. Parcelas de trabalhadores livres predominando em algumas regiões, quer nas áreas decadentes quer naquelas que decolaram com o café.

3. Concomitância de relações capitalistas (de um capitalismo subordinado ao capital monopolista) e permanência de relações escravistas (Mina de Morro Velho).

4. Subordinação, no nível de produção industrial, comunicações, estradas de ferro, portos, iluminação a gás, telefone etc. ao capital monopolista, especialmente inglês; no nível de relações comerciais, subordinação ao mercado mundial e sua realização, internamente, em grande parte, por casas comerciais estrangeiras, a mesma coisa acontecendo no setor bancário e de exportação.

5. Urbanização e *modernização* sem mudança nas relações de produção.

6. Tráfico de escravos interprovincial substituindo o internacional. Aumento do seu preço em consequência.

7. Trabalhador livre importado desequilibrando a oferta da força de trabalho e desqualificando o nacional.

8. Empresas de trabalho livre como a colônia de Blumenau.

9. Empresas de trabalho livre e escravo, como no sistema de parceria de Ibicaba em São Paulo.

10. Empresas de trabalho escravo.

11. Influência progressiva do capital monopolista nesse processo.

12. Legislação protetora, substituindo a repressora da primeira fase.

13. Luta dos escravos em aliança com outros segmentos sociais. A resistência passiva substitui a insurgência ativa da primeira fase. Primeiras lutas da classe operária.

Como vemos, no *escravismo tardio* entrecruzam-se relações escravistas e capitalistas. Mas, com uma característica particularizadora: essas relações capitalistas, no que elas têm de mais importante e significativo, não surgiram preponderantemente da nossa acumulação interna, mas foram injetadas de fora, implantadas por todo um complexo subordinador que atuava no polo externo. Com isso, há alterações no comportamento da classe senhorial e dos escravos. As grandes lutas radicais do século XVII até a primeira parte do século XIX entram em recesso. Nessa segunda fase do escravismo, novos mecanismos reguladores influem também no comportamento dos senhores. Uma coisa porém não se altera: o escravo continua como propriedade, como coisa, ou, para usarmos um conceito econômico, ele continua como capital fixo. Na sua essência, a situação do escravo permanece a mesma, com modificações apenas nas táticas controladoras da sua rebeldia por parte dos seus proprietários.

Mesmo assim, há transformações também no comportamento do escravo. Não apenas pelas modificações táticas, mas por manipulações estratégicas da classe senhorial. O tráfico interprovincial desarticula mais uma vez a população escrava, desfazendo muitas vezes o grupo família. A lei que regula e procura proteger a família escrava não permitindo a sua fragmentação na venda, faz-se quase fora do tempo, pois é de 1869. Ela surge como medida *reprodutora* e não protetora, visto que as famílias passam a ser matrizes de novos escravos no momento em que a reprodução desses elementos para o trabalho cativo começa a escassear.

Se na primeira fase do escravismo essa desarticulação verificava-se na África, o mesmo irá acontecer na segunda, quando os escravos são vendidos das outras províncias para São Paulo e Rio de Janeiro. Somente que ela se realiza internamente. A lei que impede essa desarticulação familiar somente chega durante a Guerra do Paraguai, para impedir a total fragmentação do acasalamento escravo, pois a população negra foi aquela que mais sofreu em consequência do conflito.

Paralelamente, há substanciais modificações e diferenciações na economia brasileira. Superpostas às relações de produção escravistas implantam-se, do exterior, relações capitalistas dependentes. O capital monopolista cria um complexo cerrado de dominação naquilo que a economia brasileira deveria dinamizar se tivesse forças econômicas internas capazes de efetuar uma mudança qualitativa a fim de sair do escravismo e entrar na senda do desenvolvimento capitalista autônomo. O escravismo brasileiro, no seu final, já era um anacronismo aberrante e a sua decomposição verifica-se simultaneamente ao início da dominação imperialista. Conforme já dissemos em parte, a grande duração do escravismo brasileiro levou-o a encontrar-se com aquelas forças econômicas de dominação exógenas que não tinham mais interesse em exportar mercadorias, mas capitais.

Depois de ocupado e dominado o mercado interno, a Inglaterra investe capitais para subalternizar estruturalmente a economia brasileira. O representante dos Estados Unidos junto ao nosso governo, ao iniciar-se a segunda metade do século xix, descreveu essa situação da seguinte maneira:

> Em todas as fazendas do Brasil, os donos e seus escravos vestem-se com manufaturas do trabalho livre, e nove décimos delas são inglesas. A Inglaterra fornece todo o capital necessário para melhoramentos internos no Brasil e fabrica todos os utensílios de uso ordinário, de enxada para cima, e quase todos os artigos de luxo, ou de necessidade, desde o alfinete até o vestido caro. Cerâmica inglesa, os artigos ingleses de vidro, ferro e madeira são tão universais como os panos de lã e os tecidos de algodão. A Grã-Bretanha fornece ao Brasil os seus navios a vapor e a vela, calça-lhe e drena-lhe as ruas, ilumina-lhe a gás as cidades, constrói-lhe as ferrovias, explora-lhe as minas, é o seu banqueiro, levanta-lhe as linhas telegráficas, transporta-lhe as malas postais, constrói-lhe as docas, motores, vagões, numa palavra: veste e faz tudo, menos alimentar o povo brasileiro.[18]

Nelson Werneck Sodré, comentando essa realidade, afirma:

> No início da segunda metade do século xix, realmente, o Brasil começa a emergir da prolongada crise que tivera no início com a decadência da mineração, ainda no período colonial. A necessidade estava em aumentar a exportação, conservando a estrutura vigente, isto é, aumentá-la produzindo quantidade maior de produto agrícola de consumo suscetível de desenvolvimento nos mercados externos. Para isso, havia dois fatores favoráveis: a larga disponibilidade de terras e o excesso de oferta da força de trabalho, já concentrada e adaptada ao regime escravista. O fator negativo, na época, consistia na fraca disponibilidade de recursos monetários.[19]

Essa emergência não produz ruptura com a estrutura escravista, mas prolonga-a e reajusta-a aos novos mecanismos internos e externos sempre na direção de sujeição progressiva ao capital externo. Para se ter uma ideia do nível de subalternização econômica do Brasil no final do escravismo tardio e de como todos os nódulos estratégicos da nossa economia àquela época encontram-se dominados pelo capital alienígena, vejamos o levantamento de Humberto Bastos no fim do século XIX:

> Precisamente no fim do Império vamos constatar que as vinte firmas maiores exportadoras de café eram de origem estrangeira, controlando cerca de 70% das exportações, como citarei a seguir: Arbukle Brothers, E. Johnston & Cia., Levering & Cia., Hard Rand & Cia., J.H. Doane & Cia., Philipps Brothers & Cia., Wille Schmilinsk & Cia., Gustav Trunsk & Cia., Norton Megaro & Cia., Andrew Mur & Cia., Karl Valois & Cia., Berle & Cia., Mc Kinnel & Cia., Max Nothmann & Cia., O.S. Nicholson & Cia., Pradez & Fils. Com indicação nacional havia apenas duas grandes firmas na praça do Rio de Janeiro: J.F. de Lacerda & Cia. e Zenha Ramos & Cia. O Brasil tinha o monopólio natural da produção do café. O monopólio comercial, porém, pertencia a firmas estrangeiras.[20]

Da mesma forma como o capital monopolista estrangeiro absorve e domina a comercialização do café, monopoliza, igualmente, ainda em pleno regime escravista, todos os setores estratégicos da nossa economia. Ainda é Humberto Bastos quem informa:

> Num longo período que vai de 1868 a 1888, não se registra em território brasileiro a fundação de fortes empresas nacionais. Notamos, isso sim, a fundação da The Amazon Stean Navegation Co. Ltd., New London and Brazilian Bank Ltd., The Braganza Gold Mining Ltd., The Madeira and Mamoré Railway, The São Pedro Brazil Gás Co. Ltd., The Pitanguy Gold Mining Co., Wilson Sons and Co. Ltd., The Rio Grande do Sui Gold Mining Ltd., The City of Santos Improvements Co. Ltd., The Campos Syndicate Ltd., The Rio de Janeiro Flour Mills and Granaries Ltd., Societé Anonime du Rio de Janeiro, The Singer Manufacturing Co., Brazilian Exploration Co. Ltd.[21]

É o encontro do escravismo tardio com o capitalismo monopolista internacional estrangulando a possibilidade de um desenvolvimento capitalista autônomo no Brasil.

Encontro do Escravismo Tardio
Com o Capital Monopolista

Com isso, ficam traumatizadas e estranguladas as fontes de desenvolvimento capitalista autônomo. A *modernização* avança, a economia se regionaliza, a urbanização se acentua, mas as relações escravistas e as suas instituições correspondentes, finalmente a estrutura social, conserva-se intocável no fundamental embora já com todos os sintomas de decomposição em face da sua incapacidade de dinamismo econômico interno. Por outro lado, progride o estrangulamento das possibilidades de desenvolvimento capitalista nacional em consequência da dominação do capital das metrópoles. Esse processo de decomposição vai encontrar – do ponto de vista interno – uma saída para adiar a sua morte e neutralizar os grupos abolicionistas que se formavam: a Guerra do Paraguai.

O conflito resultou, de fato, dos interesses ingleses na América do Sul, mas, internamente, serviu de anteparo ideológico para sustar a visão crítica que ia se avolumando em relação ao trabalho escravo. Passou-se a invocar o brio patriótico do povo todas as vezes que alguém ou algum grupo queria tocar no delicado assunto. Por outro lado, os escravos passaram a ser recrutados e muitos fugiram dos seus senhores para se alistarem objetivando alcançar a liberdade que lhes era prometida. Ele é também alforriado pelo Império e os chamados escravos da nação são incorporados às tropas brasileiras. Os senhores, por seu turno, para fugirem ao dever de se incorporarem às tropas, enviam em seu lugar escravos da sua propriedade em número de um, dois, três e até mais. Com a deserção quase total da classe senhorial dos seus deveres militares, o exército será engrossado substancialmente por escravos negros (voluntários ou engajados compulsoriamente), capoeiras, negros forros, mulatos desocupados etc.

A Lei n. 1.101 de 20 de setembro de 1860 (Artigo 5º, § 4º), e, depois, o Decreto n. 3.513, de 12 de setembro de 1865, facultavam a substituição do convocado ou recruta por outra pessoa ou pessoas ou o pagamento de uma "indenização" ao governo[22]. Com isso, o exército que foi combater no Paraguai era predominantemente negro. Os negros eram enviados em grande número para a linha de frente e foram os grandes imolados nas batalhas ali travadas. Por essa razão J.J. Chiavenato escreve que:

> As consequências da Guerra do Paraguai foram terríveis para os negros. Os mais fortes, em uma seleção que os tirou do eito para a guerra, morreram lutando. Os negros mortos somaram de 60 a 100 mil – há estimativas que informam até 140 mil. Isso na frente de batalha, no Paraguai. Esses números nunca aparecem nas estatísticas oficiais. Cotejando-se porém estimativas de militares brasileiros – Caxias inclusive – à margem da historiografia oficial, dos observadores estrangeiros, dos próprios aliados argentinos, chega-se com relativa segurança em torno de 90 mil negros mortos na Guerra do Paraguai. Na guerra em si, porque outros milhares morreram de cólera durante a fase de treinamento, de disenteria, de maus-tratos nos transportes.[23]

O que desejamos destacar, em seguida, é a diferença da insurgência negra durante a primeira fase do escravismo e na fase do *escravismo tardio*. E também salientar a mudança de estratégia da classe senhorial em relação à legislação de controle social sobre o escravo que foi praticamente invertida: de uma legislação repressiva terrorista e despótica passou a produzir uma legislação *protetora*.

Os senhores de escravos e suas estruturas de poder correspondentes, com a Guerra do Paraguai, resolveram ou pelo menos adiaram a solução da crise institucional que a escravidão havia criado, apelando para o patriotismo dos abolicionistas e, do ponto de vista da ideologia racial, encontraram oportunidade de *branquear* a população brasileira através do envio de grande quantidade de negros para os campos de batalha, de onde a sua maioria não regressou e muitos dos que voltaram foram reescravizados.

Ao mesmo tempo, o comportamento do negro escravo é bem diferente daquele que proporcionou a formação de Palmares, no século XVII, e as insurreições baianas do século XIX. Nessa segunda fase, já não se aproveitam da guerra para se livrarem dos seus senhores, como fizeram aqueles que iriam formar Palmares durante a ocupação holandesa ou como aqueles negros que durante a luta pela independência, na Bahia, fugiram para as matas, escapando ao controle dos seus senhores. Não há notícias de grandes movimentos de rebeldia escrava durante o período da guerra. É que a própria classe escrava já estava parcialmente desarticulada, passara por um processo de diferenciação muito grande quer na divisão do trabalho quer na localização das suas atividades e, por essas e outras razões, já não tinha mais aquele *éthos* de rebeldia antiga, anestesiada (pelo menos parcialmente) pelas medidas jurídicas decretadas em seu favor.

A rebeldia escrava chega ao seu apogeu até a primeira parte do século XIX. Em seguida é substituída por uma resistência passiva, muitas vezes organizada não por eles mas por grupos liberais que procuram colocar os escravos dentro de padrões não contestatórios ao sistema. Não é por acaso que um ano depois da Guerra do Paraguai é promulgada a Lei do Ventre Livre, que dá àqueles escravos descontentes a esperança de que, através de medidas institucionais, a Abolição chegaria. A classe senhorial manipula mecanismos reguladores novos e arma uma estratégia que consegue deslocar sutilmente o fim do escravismo das lutas dos escravos para o Parlamento[24].

Mas essa estratégia senhorial é desenvolvida em cima de condições econômicas e sociais muito particulares e desfavoráveis. É que o Brasil, ao sair da guerra, é uma nação completamente dependente e endividada, com compromissos alienadores da nossa soberania que produzem descontentamento e inquietação política em diversos segmentos sociais. Por isso procura manobrar, de um lado, tentando impedir um conflito maior entre senhores e escravos, e, de outro, buscando saldar os seus compromissos financeiros internacionais assumidos durante o conflito, especialmente com os Rotschild[25].

A população escrava, por seu turno, sai consideravelmente diminuída da Guerra do Paraguai. Não tem mais o peso demográfico da primeira fase do escravismo. Por outro lado, o aparelho repressor se refina pelo menos aparentemente, os negros escravos estão menos concentrados, a urbanização e a *modernização* prosseguem. Tudo isso diferencia ainda mais o escravo na divisão técnica do trabalho. Seu potencial de rebeldia se vê bloqueado por todas essas razões, enquanto o capital monopolista consegue dominar aqueles setores econômicos que darão prosseguimento à formação de um modelo dependente de capitalismo.

Após a Guerra do Paraguai, a escravidão decompunha-se social e economicamente não apenas naquelas áreas decadentes do Nordeste, mas no centro mesmo daquelas de economia nova e ascendente.

Se, de um lado, os escravos não mais participavam de movimentos radicais armados, de outro, na última fase da escravidão, a simples resistência passiva atuava como agente desarticulador e desestruturador daquelas unidades econômicas que ainda produziam baseadas exclusivamente no trabalho escravo. O movimento abolicionista só se articula nacionalmente em 1883, quando é fundada a Confederação Abolicionista. Esse movimento, que teve diversas alas ideológicas, procurava, na verdade, extinguir a escravidão, mas objetivava igualmente manter os escravos que abandonavam o trabalho sob seu controle.

Desses movimentos da última fase do escravismo, dois são os mais significativos: a atuação dos Caifases e a estruturação do Quilombo do Jabaquara, ambos em São Paulo, sendo que o segundo é um prolongamento do primeiro.

Os Caifases, liderados por Antônio Bento, iniciam-se com um discurso radical, pregando através do seu jornal *A Redenção* a emancipação dos escravos por quaisquer meios, inclusive o revolucionário. Mas já no final a sua direção entra em conciliação com os fazendeiros, inclusive servindo de intermediária entre os escravos fugitivos e os proprietários das fazendas. Não queremos negar que durante algum tempo Antônio Bento tenha sido um elemento valioso para a desarticulação das relações escravistas nessa última fase. O que desejamos caracterizar e destacar é que dentro das condições sociais e históricas em que a transição se realizava, com os polos de mudança já dominados estrategicamente pelos agentes econômicos externos – inclusive com a introdução do trabalhador estrangeiro para substituir o negro –, não havia possibilidades de que o discurso radical fosse posto em prática. Os negros escravos não tinham a hegemonia do processo de mudança. Daí por que o próprio Antônio Bento entrou em contato com fazendeiros paulistas que necessitavam de braços para a lavoura e oferece-lhes os próprios escravos fugidos de outras fazendas. Bueno de Andrada descreveu essa negociação nos seguintes termos:

> Antônio Bento enveredou por um caminho revolucionário mais original. Combinou com alguns fazendeiros, dos quais havia já despovoado as roças, para receberem escravos retirados de outros donos. Cada trabalhador adventício receberia de seus patrões o salário de 400 réis. O processo, sem perturbar completamente a lavoura, libertou turmas e turmas de escravizados e interessou muitos fazendeiros na vitória das nossas ideias. Foi uma bela ideia![26]

Sobre essa solução encontrada pelos abolicionistas paulistas, Robert Conrad escreve que:

> Segundo esse proprietário, que conduziu ele mesmo os proprietários a Bento para negociações, na data da Abolição mais de um terço das fazendas da província de São Paulo já estavam sendo trabalhadas por "escravos" que haviam abandonado outras propriedades. [...] Para os plantadores de café, é claro, este arranjo era vantajoso, já que, a 400 por dia, talvez mesmo uma escala temporária de salário, a renda anual do trabalhador recentemente

libertado era mais ou menos o equivalente do valor de três sacas de café, talvez um oitavo da sua capacidade produtiva.[27]

Como vemos, os escravos que fugiram através da proteção dos Caifases não tiveram liberdade de vender a sua força de trabalho de forma independente, mas ela foi feita através de intermediários que estabeleceram inclusive o valor do salário. Tudo isso estava subordinado à conjuntura de transição sem a participação em primeiro plano daquelas forças sociais interessadas na mudança radical.

Existiam, portanto, mecanismos controladores da insurgência escrava por parte dos próprios abolicionistas. E com isso, os negros fugidos ficaram praticamente à mercê do protecionismo dos abolicionistas brancos.

Com o Quilombo do Jabaquara, prolongamento da atuação dos Caifases, o mesmo acontece. Ele também surge na última fase da campanha, organizado por políticos que eram contra o instituto da escravidão, mas, ao mesmo tempo, tinham receio de uma radicalização independente da grande massa de negros fugidos das fazendas de café. Por isso mesmo, teve particularidades em relação aos quilombos que se organizaram na primeira fase do escravismo. Uma delas é que ele não surgiu lenta e espontaneamente, como acontecia com os quilombos da primeira fase, e era criação dos quilombolas em confronto com a sociedade escravista no seu conjunto. Foi, ao contrário, organizado por um grupo de abolicionistas que tinham objetivos muito claros e metas bem delimitadas. Portanto, os escravos evadidos tiveram, no caso, um papel *passivo* no processo. O seu líder, por outro lado (e talvez por isso mesmo), foi o ex-escravo sergipano Quintino de Lacerda, que não surgiu de uma luta independente dos escravos até conseguir, pela confiança geral, a sua chefia, mas foi indicado pelo grupo organizador de abolicionistas moderados. Como vemos, o quilombo teve a sua formação subordinada às peculiaridades conciliatórias da ideologia abolicionista e não às lutas dos próprios escravos.

A chegada de ondas sucessivas de cativos a Santos, vindos de diversas regiões da Província e que ali se refugiavam, levou os abolicionistas daquela cidade paulista a tomarem uma posição prática no sentido de organizá-los convenientemente. Em 1882, por iniciativa de Xavier Pinheiro, ocorreu uma reunião desses abolicionistas para decidirem o destino que poderiam dar às centenas de negros que chegavam diariamente àquela cidade.

Feita uma coleta entre eles para a organização de um quilombo, conseguiu-se, "num abrir e fechar de olhos", duzentos homens armados. Quintino de Lacerda foi escolhido chefe do quilombo e elemento de ligação entre os negros do reduto e os abolicionistas da cidade. Os abolicionistas escolheram, também, o local do quilombo: "uma área ainda em estado primitivo, coberta de matos e cortada de riachos"[28]. Segundo um historiador da cidade de Santos, a escolha de Quintino de Lacerda para chefe do quilombo deveu-se à necessidade de um líder que "os mantivesse (os negros fugidos) em ordem e arrefecesse os seus ímpetos naturais e compreensíveis"[29]. Como vemos, o quilombo foi organizado como mecanismo controlador de um possível radicalismo no comportamento dos negros fugidos.

Esse quilombo, como vemos, era bem diferente de quantos se formaram na primeira fase da escravidão. Os abolicionistas procuravam tirar os escravos das fazendas, mas não permitiam que eles se organizassem sem a mediação do seu poder de direção sobre eles. Era portanto uma solução intermediária que subordinava os escravos fugidos às correntes abolicionistas.

Daí terem surgido, dentro desse conjunto de forças, contradições e divergências quanto ao tratamento que deveria ser dado a esses negros. Joaquim Xavier Pinheiro, abolicionista e inspirador da fundação do quilombo, embora no seu início tenha ajudado com dinheiro o movimento, explorou posteriormente o trabalho dos quilombolas em proveito próprio. Possuidor de uma caieira, empregava os escravos refugiados no Jabaquara sem remuneração na sua empresa, a troco de comida e esconderijo. Os demais abolicionistas sabiam do fato mas fingiam ignorá-lo, pois, para eles, a sua contribuição à causa justificava aquele procedimento.

Sem acesso à terra, o negro se marginalizou nacionalmente depois da Abolição. Em relação ao Nordeste, Manoel Correia de Andrade escreve com acerto que:

> A Abolição, apesar de ter sido uma medida revolucionária, de vez que atingiu em cheio o direito de propriedade, negando indenização aos desapropriados, não tendo sido complementada por medidas que democratizassem o acesso à propriedade da terra, não provocou modificações substanciais nas estruturas existentes. As mesmas famílias, ou mesmo grupos dominantes continuaram a dirigir a economia da área açucareira, apenas substituindo o que em parte já haviam feito, o uso da mão de obra escrava pelo uso da mão de obra assalariada.[30]

Os mecanismos seletores e discriminadores foram os mesmos. Tanto no Nordeste quanto nas demais regiões.

Como vemos, a rebeldia negra, na fase conclusiva da Abolição, ficou subordinada àquelas forças abolicionistas moderadas que procuraram subalternizar o negro livre de acordo com padrões de obediência próximos aos do escravo. Era o início da marginalização do negro após a Abolição que persiste até hoje. Os próprios abolicionistas se encarregaram de colocá-lo "no seu devido lugar".

Operários e Escravos em Lutas Paralelas

É uma característica desse escravismo tardio o cruzamento de relações escravistas e capitalistas. Se isso se verificava no nível das classes dominantes, vamos encontrar o mesmo fenômeno no nível da classe trabalhadora, isto é, a existência de movimentos de resistência escrava e movimentos de trabalhadores livres, de operários.

Os escravos ainda lutavam pela extinção do cativeiro e já os operários, paralelamente, partiam para uma posição reivindicativa, inclusive organizando greves. Isso bem demonstra a heterodoxia desse modo de produção na sua última fase, o encontro de contradições entre senhores e escravos e capitalistas e operários.

Nesse sentido, Hermínio Linhares registra uma greve de tipógrafos em 1858, apenas oito anos, portanto, após a extinção do tráfico negreiro. Diz ele nesse sentido:

> A greve dos tipógrafos em 1858 foi a primeira greve do Rio de Janeiro, talvez do Brasil. O trabalho dos tipógrafos não era regularizado, principalmente nos grandes jornais, começavam a trabalhar às três horas da tarde e só largavam alta noite e às vezes terminavam de madrugada. Em dezembro de 1855 resolveram pedir o aumento de dez tostões diários, sendo prontamente atendidos. Decorridos dois anos, nos primórdios de dezembro de 1857, como o custo de vida tivesse subido muito, pediram novo aumento. Não especificaram quanto desejavam, pelo contrário, declararam que se satisfaziam com qualquer quantia, mesmo pequena. Os empregadores, alegando ser necessário estudar o problema, pediram que aguardassem resposta até o início do ano. Nos primeiros dias de janeiro veio a resposta: o aumento não era possível. Em 8-1-1858 os tipógrafos dos jornais *Diário do Rio de Janeiro*, *Correio Mercantil* e *Jornal do Comércio*, que eram os grandes jornais da época, não satisfeitos com a resposta dada, exigiram aumento de dez tostões diários. Os patrões se negaram. Foi desencadeada a primeira greve organizada do Rio. No dia 9-1-1858 não houve jornais. No dia 10, domingo, os tipógrafos lançaram o seu jornal – *Jornal dos Tipógrafos*. Nele se defendiam e ao mesmo tempo atacavam os proprietários dos jornais; além disso, o jornal era igual aos demais, possuindo todas as sessões clássicas da época. Assustados, os proprietários dos jornais pediram ao chefe de polícia providências enérgicas; este chamou uma comissão de vinte grevistas, que tão bem se houve na defesa das suas reivindicações que o chefe de polícia nada pode fazer. Foram feitos apelos pelos proprietários ao Ministro da Justiça que também nada conseguiu. Em desespero, correram ao Ministro da

Fazenda; este ordenou que os tipógrafos da Imprensa Nacional fossem postos à disposição das três folhas. Tais tipógrafos, porém, solidários com seus colegas, se negaram a trabalhar. Foram necessárias muitas ameaças, medidas de repressão etc., para que eles ocupassem o lugar dos grevistas. Quando terminou a greve, os tipógrafos foram acusados de elementos perturbadores, de anarquistas.[31]

Ainda está por se fazer um levantamento dos movimentos dos trabalhadores livres no período escravista e as possíveis convergências ou divergências com as lutas dos escravos. Na greve que estamos registrando, encontramos, ainda em Hermínio Linhares: "Como fosse difícil a impressão de seu jornal (dos grevistas), um grupo de tipógrafos se ofereceu e trabalhou de graça. No n. 14, lê-se: 'Já é tempo de acabarem as opressões de toda casta; já é tempo de se guerrear por todos os meios legais toda exploração do homem pelo mesmo homem.' A Imperial Associação Tipográfica Fluminense deu onze dos doze contos de réis que tinha em caixa para auxiliar o jornal."[32]

Queremos destacar aqui, nessa perspectiva de possível conexão de lutas operárias com as dos escravos, que foi exatamente essa Imperial Associação Tipográfica Fluminense que, ao ser informada de que entre os seus associados tinha um que era escravo designou uma comissão para libertá-lo.

Do ponto de vista em que nos colocamos em relação ao escravismo tardio, o exemplo é significativo, pois demonstra como já existiam escravos trabalhando como operários e se associando a entidades de trabalhadores livres e, em contrapartida, a iniciativa de uma dessas entidades no sentido de modificar o *status* do seu associado, concedendo-lhe o título de cidadão.

As greves e movimentos reivindicatórios dos operários durante o escravismo ainda não foram levantadas sistematicamente por pesquisadores. Há, porém, diversas informações esparsas. Escreve Fernando Henrique Cardoso:

Em época anterior à greve dos chapeleiros, em 1884, houve um movimento reivindicatório levado adiante pelos trabalhadores de uma estrada de ferro. Reclamavam a obrigação que lhes era imposta de gastar os salários nos armazéns da própria companhia, onde pagavam o dobro do preço corrente no mercado pelos gêneros de que necessitavam para viver. No decorrer do movimento reivindicatório enviaram um memorial à Companhia onde diziam: "Somos pobres e temos que nos sujeitarmos aos caprichos desses senhores, por infelicidade nossa. Isso não é justo. Impõe-se-nos como obrigação gastarmos de 15$000 a 20$000 por mês, podendo nós gastarmos muito menos. Isto é duro. Depois, se algum trabalhador resiste e não gasta nos tais armazéns é logo despedido. À digna diretoria levamos os nossos queixumes, esperando que ela providencie no sentido de que se dê liberdade e proteção aos trabalhadores."[33]

Esses movimentos de trabalhadores livres que coexistem com os escravos bem demonstram como o escravismo tardio do Brasil demonstrava, na sua estrutura, dois níveis de contradições na área das relações de trabalho. Uma era entre os senhores de escravos e a escravaria que se revoltava, outra era aquela que existia entre patrões e operários que reivindicavam maior valorização da sua força de trabalho. De permeio, influindo em uma e na outra, o capital monopolista internacional garroteava o desenvolvimento autônomo da nossa economia e a colocava em situação de dependência como está até hoje.

NOTAS

APRESENTAÇÃO

1. Professor associado da Universidade de São Paulo, docente do curso de Jornalismo e dos Programas de Pós Graduação em Integração da América Latina (Prolam) e Mudança Social e Participação Política (Promuspp); coordenador cientifico do Centro de Estudos Latino-Americanos Sobre Cultura e Comunicação (Celacc); e membro da Rede Antirracista Quilombação.

2. A respeito da influência do pensamento de Moura na construção da Unegro em São Paulo, ver a dissertação de mestrado de Maria Letícia Cotta Calderano, *Concepções e Práticas do Exercício do Poder: A Experiência Vivida Pela Unegro*. Campinas: Unicamp, 2002. Importante informar que a Unegro foi fundada antes, em 1988, na cidade de Salvador, na Bahia, mas a influência de Moura na entidade ocorre a partir da sua constituição como

entidade nacional que começa com a criação do núcleo de São Paulo.

3. Fábio Nogueira, *Clóvis Moura: Trajetória Intelectual, Resistência e Práxis Negra*. Salvador: Editora da Uneb, 2016.

4. Cedric Robinson, *Black Marxism: The Making of the Black Radical Tradition*, Chapel Hill: UNC Press, 2000.

5. A respeito dos conceitos de colorblindness, ver Eduardo Bonilla-Silva *Racism without Racists*. New York: Rowman and Littlefield, 2000 Ver também a obra de Michelle Alexander, *A Nova Segregação: Racismo e Encarceramento em Massa*, S. Paulo: Boitempo, 2018 − nesta obra a autora faz a relação da "cegueira racial" como base para um mecanismo de nova segregação racial nos EUA expressa principalmente pelo encarceramento em massa de jovens negros e negras.

PREFÁCIO

1. Este texto integra o Projeto Clóvis Moura, das Rebeliões da senzala ao Dicionário da escravidão negra: história, sociabilidades e militância (1959-2004). Processo Fapesp 2016/20111-0.

2. Professor Adjunto da Universidade Federal de São Paulo e docente do Departamento de Educação e do Programa de Mestrado Profissional em Ensino de História; diretor de Relações Institucionais da ABPN-Associação Brasileira de Pesquisadores/as Negros/as (2018-2020).

3. MOURA, Clóvis. 100 anos de Abolição. (projeto de pesquisa). CEDEM-UNESP. Fundo Clóvis Moura.

4. João Baptista Pereira Borges, Prefácio, *Dicionário da Escravidão Negra no Brasil*, São Paulo: Edusp, 2004, p. 9.

5. Em *Sociologia do Negro Brasileiro*, São Paulo: Ática, 1988, p. 251.

6. Ver entrevistas concedidas por Clóvis Moura à revista *Movimento da União Nacional dos Estudantes*, 1981; e ao jornal *A Notícia − Santa Catarina*, 2001.

7. *Raízes do Protesto Negro*, São Paulo: Global, 1983, p. 9.

8. Dennis Oliveira, Prefácio:Uma Análise Marxista das Relações Raciais, em C. Moura, *Dialética*

Radical do Negro, 2. ed., São Paulo: Fundação Maurício Grabois / Anita Garibaldi, 2014, p.15.

9. MOURA, Clóvis. O negro no mercado de trabalho. São Paulo: Conselho de Participação e Desenvolvimento da Comunidade Negra do Estado de São Paulo, 1986.

10. MOURA, Clóvis. Da insurgência negra ao escravismo tardio. Estudos Econômicos, São Paulo, v. 17, n. especial, p.37-59,1987

11. Ibidem, p.45.

12. O volume 3 Especial Escravidão, número 1, da revista *Acervo* foi publicado em 1988. Além do já citado artigo de Clóvis Moura trazia os seguintes artigos: "Historiografia e a Formação Social escravista Mineira", de Douglas Cole Libby; "O Pará e o Movimento Abolicionista", de Rosa Elizabeth Acevedo Marin; "A Escravidão Negra na Província de Goiás: 1822-1888", de Gilka Vasconcelos Ferreira de Salles e Elizabeth Agel da Silva Dantas; "A Escravatura no Amazonas", de Robério Braga; "Abolição e Crise na Província do Rio de Janeiro: Um Balanço das Principais Perspectivas de Pesquisa", de Francisco Carlos Teixeira da Silva; Rio Grande do Sul: "A Abolição da Escravatura

em Nome da Ordem e do Progresso", de Margareth M. Bakos; "Análise das Fontes Para o Estudo da Escravidão na Paraíba", de Daiane Soares de Galizza; "O Capitalismo no Comércio Proibido de Escravos", de Luís Henrique Dias Tavares.

13. *Acervo*, Rio de Janeiro, v. 3, n. 1, jan-jun 1988, p.109-119.

14. Relação completa de autores e textos: "O Protesto Negro", de Florestan Fernandes; "Escravidão e Barbárie", de Hélio Santos; "Um Debate Sobre a Questão do Negro no Brasil", de Elide Rugai Bastos; "Identidade Negra: Descaminhos", de Gilberto A. Ferreira; "Literatura e Consciência", de Octavio Ianni; "Escola e Dominação: Sistema Educacional Reprovado", de Rachel de Oliveira; "Negro: Entre o Trabalho Forçado e o Trabalho Restrito", de Miguel W. Chaia; "Estratégia do Imobilismo Social Contra o Negro no Mercado de Trabalho", de Clóvis Moura; "Mudanças na Divisão Social do Trabalho e (Re)produção da Desigualdade Racial", de Rosa Maria Porcaro e Tereza Cristina N. Araujo; "Racismo no Trabalho: Comentários Sobre Algumas Experiências Práticas", de Maria Aparecida Silva Bento Teixeira; "Negro, Profissão Lazer", de Tania Regina Pinto; "Negro, Sociedade, Constituinte", de Glória Moura; "Estrutura do Governo Paulista: Pesquisa e Análise", de Flávio Maia.

15. *Princípios*, São Paulo, n.15, 1987, p. 02.

16. Abolição (Debates), *Resgate*, v.1, 1990, p.107-109.

17. Idem, p.107.

18. Ibidem.

19. Ibidem.

20. Reconhecimento internacional assinalado, dentre outros, por Eugene Genovese (*Da Rebelião à Revolução*, São Paulo: Global, 1983, p. 83), que escreveu: "Clóvis Moura em seu notável livro Rebeliões da Senzala, fornece uma boa análise sobre o preço pago pelos quilombolas brasileiros, especialmente os de palmares, por sua consolidação econômica". Sobre essa citação de Genovese, o próprio Clóvis Moura em entrevista concedida à revista Princípios, em 1995, afirmou: A primeira edição do livro teve pouca repercussão. Da crítica universitária não tive uma linha. Só começou a ser citado no Brasil depois que passou a ter referência nos Estados Unidos. Aí começaram a citar aqui. O Eugene

Genovese, por exemplo, cita meu livro em um livro dele, chamando-o de excelente. Aí todo mundo se dá conta: 'Oh, precisamos encontrar esse livro!' Aí começam a citar."

21. Recentemente, Michel Löwy (*O Marxismo na América Latina: Uma Antologia de 1909 aos Dias Atuais*, São Paulo: Fundação Perseu Abramo, 2012), incluiu *Rebeliões da Senzala* na antologia dos textos mais importantes para a compreensão da história econômica e social da luta de classes na América. Os textos reproduzidos foram justamente sobre Palmares, p. 109-114, 123-128.

22. A composição completa da congregação que, por unanimidade, lhe concedeu o título de especialista por notório saber era formada pelos as seguintes docentes: Rolando Morel Pinto, Maria Beatriz Marques Nizza da Silva, Eduardo D'Oliveira França, Myrian Ellis, Erwin Theodor Rosenthal, Carlos Drumond, João Paulo Gomes Monteiro, Isaac Nicolau Salum, João Baptista Borges Pereira, Paulo Vizioli, Edgar Carone, Italo Caroni, Pasquale Petrone, Alfredo Bosi, Juarez Rubens Brandão Lopes, Leôncio Martins Rodrigues Neto, Aziz Nacib Ab'Saber, Maria Helena Oliva Augusto e Rifka Berezin. E os discentes estavam representados por: Esther Império Hamburger e Marcela Stockler Coelho de Souza. Fonte: Ata da 107ª Reunião da Congregação da Faculdade de Filosofia, Letras e Ciências Humanas da USP.

23. Posteriormente regulamentado pela Lei das Diretrizes e Bases da Educação de 1996.

24. São Paulo: Imprensa Oficial, 1984.

25. Ata da Centésima sétima reunião da Congregação da Faculdade de Filosofia, Letras e Ciências Humanas da Universidade de São Paulo.

26. C. Moura, Organizações Negras, em Paul Singer; Vinicius de Caldeira Brant (orgs.), *São Paulo: O Povo em Movimento*, 4. ed., Petrópolis /São Paulo: Vozes /Cebrap, 1983, p.143-176.

27. Cleber Santos Vieira, Imprensa e Resistência Negra em Clóvis Moura: De Documento Histórico a Grupo Específico de Autodefesa (1959-1983), *Revista Patrimônio e Memória* (Unesp), v. 14, p. 365-386, 2018.

28. Depoimentos gravados pelo autor em 15 de junho de 1975, cf. C. Moura, Imprensa, p.16.

I. TEORIAS À PROCURA DE UMA PRÁTICA

I OS ESTUDOS SOBRE O NEGRO COMO REFLEXO DA ESTRUTURA DA SOCIEDADE BRASILEIRA

1. *História da Literatura Brasileira*, 5 v., 5. ed., Rio de Janeiro: José Olympio, 1953, v. 1, p. 137-238.

2. Guerreiro Ramos, O Problema do Negro na Sociologia Brasileira, *Cadernos do Nosso Tempo*, n. 2, jan.-jun. 1954. Ver também idem, *Introdução Crítica à Sociologia Brasileira*, Rio de Janeiro: Andes, 1957.

3. G. Ramos, O Problema do Negro na Sociologia Brasileira, op. cit.

4. Diz Robert Edgar Conrad: "Os mais vistosos, notórios e ricos participantes do tráfico ilegal eram, naturalmente, os próprios mercadores de escravos, proprietários de frotas de navios, de dispendiosas e ostentosas casas na cidade e propriedades de campo, de depósitos na costa do Brasil e barracões na África, chefes de um exército de seguidores e subordinados, e frequentemente amigos íntimos da elite de plantadores e governadores. Pelas razões mencionadas acima, a sociedade brasileira não menosprezava esses negociantes de seres humanos. De fato, os novos contrabandistas desenvolveram uma aura romântica em torno de muitos contemporâneos por seu desafio aos britânicos bem como por suas atividades irregulares e perigosas. Legalmente aqueles que se ressentiam da interferência britânica e suspeitavam da sua motivação (que na verdade estava longe de ser pura) para aqueles que acreditavam que os mercadores de escravos realizavam um serviço essencial ao Brasil e a sua economia agrícola, os traficantes eram homens honrados merecedores de títulos e condecorações, e da amizade e respeito dos políticos

mais poderosos." (*Tumbeiros*, São Paulo: Brasiliense, 1985, p. 120.)

5. *O Encaminhamento Político do Fim da Escravidão*, dissertação de mestrado, Campinas, Unicamp, 1983. (Mimeografado.)

6. *Instituições Políticas do Brasil*, 2 v., Rio de Janeiro: José Olympio, 1949, v. 2, p. 205.

7. Idem, *Evolução do Povo Brasileiro*, 4. ed., Rio de Janeiro: José Olympio, 1956, p. 158. Sobre a conexão entre o pensamento racista de Oliveira Vianna e a sua defesa do autoritarismo, é importante a consulta do trabalho de Jarbas Medeiros "Introdução ao Estudo do Pensamento Político Autoritário Brasileiro 1914/1915", especialmente o item 5 "Racismo & Elites" do capítulo II, "Oliveira Vianna" (*Revista de Ciência Política*, v. 17, n. 2, jun. 1974). Ver também, em particular, Evaldo Amaro Vieira, *Oliveira Vianna & O Estado Corporativo*, São Paulo: Grijalbo, 1976, passim.

8. *Região e Tradição*, Rio de Janeiro: José Olympio, 1941, p. 174-177.

9. *O Estado Autoritário e a Realidade Nacional*, Rio de Janeiro: José Olympio, 1938, p. 230-234.

10. *História da Literatura Brasileira: Seus Fundamentos Econômicos*, 3. ed., Rio de Janeiro: José Olympio, 1960, p. 195.

11. *O Negro na Literatura Brasileira*, Rio de Janeiro: O Cruzeiro, 1958, p. 110. Cf. também, no mesmo sentido, porém com posições mais radicais do que Sayers, David Brookshaw, *Raça e Cor na Literatura Brasileira*, Rio Grande do Sul: Mercado Aberto, 1983, passim.

2 SINCRETISMO, ASSIMILAÇÃO, ACOMODAÇÃO, ACULTURAÇÃO E LUTA DE CLASSES

1. A Antropologia e a Colonização da África, *Estudos Afro-Asiáticos*, Centro de Estudos Afro-Asiáticos, n. 1, p. 44s.

2. Clóvis Moura, *A Sociologia Posta em Questão*, São Paulo: Ciências Humanas, 1978, p. 51.

3. Stanislas Adotevi, *Négritude et négrologues*, Paris: Union Générale d'Éditions, 1972. Chamamos a atenção em especial para o capítulo que inicia a segunda parte do livro, "Regard sur Fethnologie", no qual seu pensamento sobre o assunto é particularmente exposto.

4. A Ciência dos Povos e os Interesses dos Povos (Contra o "Colonialismo Científico" na Etnologia), *Ciências Sociais Contemporâneas* (*Academia de Ciências da URSS*). n. 2, 1978, passim.

5. *Sobre Educação, Política e Sindicalismo*, São Paulo: Autores Associados/Cortez, 1982, p. 29.

6. Ibidem. Ainda nesse sentido de uma antropologia aplicada para *racionalizar* o colonialismo e o neo-colonialismo, é interessante registrar a opinião de um dos mais abalizados teóricos atuais da antropologia social, o inglês E.E. Evans-Pritchard:

"Como os antropólogos sociais ocupam-se principalmente das sociedades primitivas, é evidente que a informação que recolhem e as conclusões a que chegam têm algumas relações com os problemas da administração e educação dessas comunidades. Compreende-se facilmente, pois, que se um governo colonial quiser administrar uma comunidade através dos seus chefes, necessitará saber quem são, quais as suas funções, autoridade, privilégios e obrigações. [...] A importância da antropologia social para a administração colonial tem sido reconhecida, de forma geral, já desde o princípio do século [xx]. O Ministério das Colônias e os governos coloniais demonstram um interesse crescente pelos estudos e pesquisas nesse campo. [...] Os governos coloniais estão de acordo em relação ao fato de que é muito útil que os seus funcionários possuam um conhecimento elementar geral de antropologia. [...] A partir da última guerra, o Ministério das Colônias tem demonstrado um maior interesse pela antropologia social. Ordenou e financiou pesquisas desse tipo em grande número de territórios coloniais. [...] Além de encontrar-se em uma situação mais favorável que as pessoas leigas para descobrir os fatos, os antropólogos têm às vezes possibilidades de avaliar corretamente os efeitos de uma medida administrativa, pois a sua preparação acostuma-os a esperar repercussões em locais em que o leigo não suspeita. Por isso, podem ser solicitados para ajudar os governos coloniais, não apenas para mostrar-lhes os fatos que permitirão a eles estabelecer rapidamente um plano de ação, como, também, para antecipar os possíveis efeitos que qualquer medida possa ocasionar." (*Antropologia Social*, Buenos Aires: Nueva Vision, 1957, p. 96-103.)

7. M. Tragtenberg, op. cit., p. 29.

8. Intelectuais e Universitários na Contra Insurreição, *Opinião,* Rio de Janeiro, n. 204, out. 1976.

9. *Sincretismo Religioso Afro-Brasileiro*, São Paulo: Nacional, 1955, p. 114-115.

10. A Percepção Ideológica dos Fenômenos Sincréticos, *Revista de Cultura Vozes*, Rio de Janeiro, n. 7, v. 71, set. 1977, p. 23s.

11. Um fato que comprova como a religião dominadora não permite o sincretismo no seu universo teológico com religiões "inferiores" e "pagãs" foi a proibição pelo Vaticano da Missa dos Quilombos de autoria de dom Pedro Casaldaliga e Pedro Terra. Sobre essa proibição, afirma com propriedade Martiniano J. da Silva: "Por estar mostrando uma realidade inquestionável é que a *Missa dos Quilombos* passou a ser perseguida de todos os lados: enquanto a Censura Federal no Rio vetou quatro faixas de fita musical da missa, a Cúria Romana, por intermédio do seu setor mais ortodoxo, proibia a celebração. Como se vê, as raízes repressivas e discriminatórias contra o povo negro ainda está partindo do estrangeiro, alcançando especialmente os segmentos mais progressistas e democráticos, inclusive da Igreja – mais precisamente dos bispos, como já citado, e dos dirigentes da Conferência Nacional dos Bispos, CNBB. É certo que a cúpula mais ortodoxa e intolerante da Igreja Católica, com sede no Vaticano, e inúmeros acólitos dispersos pelo mundo, nunca morreu realmente de amores por iniciativas como a dos fundadores da *Missa dos Quilombos,* por exemplo. Então, esses religiosos, assim como a *Missa dos Quilombos* e o *Cristo Negro,* estão sempre vigiados pelos governos, quando não são colocados em xeque ou mesmo no banco dos réus pela Congregação Para a Doutrina da Fé (o ex-Tribunal do Santo Ofício, ex- Inquisição, entidade localizada no Vaticano, responsável pelo zelo da ortodoxia religiosa)." (Martiniano J. da Silva, *Racismo à Brasileira: Raízes Históricas,* Goiânia: O popular, 1985, p. 123-124.) Outros exemplos desse sincretismo de uma só via nos são dados por Abdias Nascimento. Escreve ele: "Uma recente amostra da 'abertura' católica ao sincretismo teve lugar em São Paulo, há cerca de dois anos (o livro do qual tiramos a citação é de 1978, CM), quando a Secretaria de Turismo instituiu o Dia de Oxóssi e o Dia de Ogum. O arcebispado de São Paulo, em coro com *O Estado de S. Paulo,* denunciaram a iniciativa como profundamente atentatória ao espírito cristão, não poupando palavras de desprezo às religiões africanas.". Queremos registrar um derradeiro fato documentado pela *Folha de S. Paulo* a 13 de fevereiro de 1977, em reportagem intitulada "Padre Não Quis Ver Xangô". Resumindo os acontecimentos, a reportagem relata as providências tomadas pelos membros de um candomblé para a realização de

uma missa, na Igreja do Rosário. "Um templo mais do que apropriado para a cerimônia projetada. Mas apesar de sua antiga e profunda relação com a comunidade negra, o templo não estava disponível para aquela celebração, conforme divulgou a reportagem, que trazia o expressivo subtítulo: 'Proibida na Igreja, a Missa Foi Rezada no Terreiro'. 'Missa com iê-iê-iê pode, com candomblé, não'. Assim o ogan do terreiro do Ache lie Oba, José da Silva, comentou ontem a decisão do padre Rubens de Azevedo, da Igreja do Rosário, no Largo do Paissandu, de não oficiar a missa em comemoração à inauguração do maior terreiro de candomblé do Brasil. Um pouco antes, ele havia recebido de volta os 190 cruzeiros pagos pela missa, que seria acompanhada por órgãos e violinos. [...] O cancelamento da missa, entretanto, não impediu que os seguidores do candomblé se dirigissem para o Largo do Paissandu e, junto ao monumento à Mãe Preta, depositassem um ramalhete de rosas. Por advertência de um tenente do DSV, as filhas de santo, trajadas à maneira baiana, desistiram de entoar os cânticos da seita." (Abdias Nascimento, *O Genocídio do Negro Brasileiro*, São Paulo: Perspectiva, 2016, p. 137-138.) Como vemos, o processo sincrético somente é permitido pela religião dominante na medida em que contribui para fazer com que os membros da religião dominada entrem num processo de *conversão*. Quando o oposto se verifica, os mecanismos de repressão ideológica são acionados ativamente porque aí trata-se de *heresia*.

12. Aqui cabe, em relação aos teólogos que se ocupam das religiões afro-brasileiras, aquela consideração que Marx usou em relação aos economistas. "Eles (os economistas) se parecem muito com os teólogos, eles também estabelecem duas espécies de religião. Toda religião que não é a sua é uma invenção dos homens, enquanto a sua própria é uma emanação de Deus." (Karl Marx, *Miséria da Filosofia*, São Paulo: Flama, 1946, p. 112.)

13. Avaliação Teológica-Crítica do Sincretismo, *Revista de Cultura Vozes*, Rio de Janeiro, n. 7, 1977, p. 53s.

14. Ibidem.

15. Poderão dizer que estamos apresentando casos extremos, os quais não caracterizam ou

representam a produção antropológica e sociológica brasileira atual, pois, em muitos casos, antropólogos se empenham em discussão de problemas concretos relevantes, como o da invasão de terras indígenas e outros correlatos. Concordamos, mas o painel de discussão que estamos propondo permite-nos aventar a hipótese de uma posição mais paternalista do que científica, isto é, esses cientistas sociais se posicionam mais em razão da sua condição de cidadãos do que como cientistas. Por outro lado, não queremos minimizar, em absoluto, o trabalho desses cientistas, os quais, trabalhando nas condições mais adversas, sofrendo muitas vezes perseguições em todos os níveis da sua atividade, querem resgatar o que restou das nossas culturas indígenas. Não queremos fazer a injustiça a esses homens de ciências que abandonam os gabinetes e vão atuar nas áreas pioneiras do trabalho antropológico e sociológico. Na área de estudos sobre o negro, porém, o que se vê é uma repetição de trabalhos de laboratório para justificar títulos universitários.

16. A Arma da Teoria, *Obras Escolhidas*, 2 v., Lisboa: Seara Nova, 1978, v. I, p. 223.

17. *Antropologia Social*, Rio de Janeiro: Zahar, 1965, p. 165. Para se ter uma visão da diferença entre o cultural e o social e a possibilidade de haver mudança cultural sem mudança social: Cf. Bernhard J. Stern, Concerning the Distinction Between the Social and the Cultural, *Historical Sociology*, New York, The Citadel, 1959.

18. Culturas Negras: Problemas de Aculturação no Brasil, *O Negro no Brasil*, Rio de Janeiro: Civilização Brasileira, 1940, p. 147. Ver, do mesmo autor, nesse sentido, Aculturação Negra no Brasil: Uma Escola Brasileira, *Revista do Arquivo Municipal*, São Paulo, v. 85, n. 8, 1942, p. 129s; e *Aculturação Negra no Brasil*, São Paulo: Nacional, 1942. Mas é em seu livro *O Negro Brasileiro* que se poderá ver a junção do método histórico-cultural e a psicanálise com mais facilidade.

19. O conceito de *transculturação* de Ortiz também não é satisfatório, mas, de qualquer maneira, já exprime uma visão crítica sobre *aculturação*.

20. O "Cultural Scientist" Gerard Kubik fala ao "Vê & Cê", *Vida e Cultura*, Luanda, n. 46, maio 1982.

302 NOTAS

3 MISCIGENAÇÃO E DEMOCRACIA RACIAL: MITO E REALIDADE

1. Marvin Harris encontrou nada menos de 492 diferentes termos de identificação racial no Brasil. Cf. M. Harris, *Referencial Ambiguity in the Calculus of Brazilian Racial Identity*, em Norman, E. Whitten; John F. Szwed (ed.), *Afro-American Anthropology: Contemporary Perspective on Theory and Research*, New York: The Free Press, 1970, p. 75-86.

2. Cf. Clóvis Moura, *Saco e Vanzetti, o Protesto Brasileiro*, São Paulo: Brasil Debates, 1979, passim. As conclusões do professor Sidney Sérgio Fernando Sólis foram expostas em encontro da Secneb, em Salvador, 1984.

3. Imigração e Relações Raciais, *Revista Civilização Brasileira*, Rio de Janeiro, n. 8, 1966, p. 89.

4. *A Vida no Brasil ou Diário de uma Visita ao País do Cacau e das Palmeiras*, 2 v., Rio de Janeiro: Conquista, v. l, p. 188.

5. Fonte: Heitor Ferreira Lima, *História Político-Econômica e Industrial do Brasil*, São Paulo: Companhia Editora Nacional, 1970.

6. Fonte: Emília Viotti da Costa, *Da Senzala à Colônia*, São Paulo: Difel, 1966.

7. Heitor Ferreira Lima, *Formação Industrial do Brasil*, Rio de Janeiro: Fundo de Cultura, 1961, p. 264.

8. *Pernambuco e as Capitanias do Norte do Brasil*, São Paulo: Nacional, v. 4, p. 67.

9. *O Negro na Bahia*, Rio de Janeiro: José Olympio, 1946, p. 119.

10. Debret registra, através dos seus desenhos e do seu texto, escravos e negros livres, no Rio de Janeiro, exercendo as profissões mais diversas como barbeiro ambulante, barbeiro com loja, vendedor de cestas, vendedor de aves, vendedor de samburás, de palmito, serrador de tábuas, caçador, vendedor de carvão, vendedor de capim e leite, vendedor de milho, trabalhador no serviço de moendas portáteis, fabricador e vendedor de alua, manuê e *sonhos*, negro calceteiro, vendedor de ataçaça (sic), de angu, marceneiro, carregador de cangalha (pipas), transportador de café, vendedor de café torrado, puxador de "carros", construtor de jangadas de madeira, construtor de carretas de madeira, negro trovador, transportador de telhas, "cirurgião negro", lavadeira, trabalhador de pedreira, carregador de cadeirinhas, vendedor de flores, vendedor de arruda e carregador de liteiras. Toda a movimentação da sociedade urbana do Rio de Janeiro, como vemos, era feita pelo negro escravo ou livre. (Jean Baptiste Debret, *Viagem Pitoresca e Histórica ao Brasil*, 2 v., São Paulo: Martins, 1940, passim.)

11. C. Moura, *Brasil: Raízes do Protesto Negro*, São Paulo: Globo, 1983, p. 31. Essa tática de dividir etnicamente os brasileiros para melhor governá-los é uma constante. Debret já assinalava no seu tempo: "O governo português estabeleceu, por meio de onze denominações usadas na linguagem comum, a classificação geral da população brasileira pelo seu grau de civilização: 1. *Português da Europa*, português legítimo *ou filho do Reino*; 2. *Português nascido no Brasil*, de ascendência mais ou menos longínqua, *brasileiro*; 3. *Mulato*, mestiço de branco com negra; 4. *Mameluco*, mestiço das raças branca e índia; 5. *Índio puro, habitante* primitivo, mulher *china*; 6. índio civilizado, *caboclo, índio manso*; 7. índio selvagem, estado primitivo, *gentil, tapura, bugre*; 8. *Negro da África, negro de nação*, negrinho; 9. *Negro nascido no Brasil, crioulo*, 10. *Bode*, mestiço de negro com mulato; *cabra*, a mulher; 11. *Curiboca*, mestiço de raça negra com índio." A esse sistema classificatório valorativo, feito de acordo com o seu "grau de civilização", Debret, apoiado em Ferdinand Denis, dá a sua realidade quantitativa afirmando em nota que "essa população, segundo dados autênticos transmitidos pelo senhor Ferdinand Denis, cujas informações são dignas de fé, eleva-se hoje a 4 741 558 dos quais 2 543 889 homens livres, 1 136 669 escravos e 800 000 selvagens conhecidos". A nota de Debret foi escrita depois de 1839, data em que ele regressa à Europa. O que desejamos ressaltar aqui é que já existia uma escala de valores nesse sistema classificatório, fato que persiste até os nossos dias: quanto mais próximo do branco, mais valorizado socialmente, mais civilizado. (J.B. Debret, op. cit., v. 1, p. 87.)

12. *Negros, Estrangeiros*, São Paulo: Brasiliense, 1985, p. 90-91.

13. *A Raça Africana e Seus Costumes*, Salvador: Progresso, 1955, p. 87-89.

303

14. Francisca Laide de Oliveira et al., *Aspectos da Situa-ção Socioeconômica de Brancos e Negros no Brasil*, pesquisa realizada pelo Departamento de Estudos de Indicadores Sociais (Deiso), 1979.

15. Ibidem.

16. José Octávio de Arruda Mello, Alberto Torres e o Conceito de Raças no Brasil, *Ensaio*, São Paulo, n. 13, 1984, p. 132-133.

17. *Preto no Branco*, Rio de Janeiro: Paz e Terra, 1976, p. 63. Esse pensamento racista das elites brasileiras poderá ser registrado, também, no seguinte pensamento de Afrânio Peixoto: "Haveria um perigo ao nosso embranquecimento: era se libertarem os Estados Unidos dos seus pretos em nós, por exemplo, na Amazônia como se pensou... Felizmente, para nós, eles ficarão nos Estados Unidos culturalmente preferíveis... O exemplo da Libéria não é convidativo. Têm eles, os *yankees*, de aguentar com os seus pretos e de esclarecê-los... Nós, mais duzentos anos, já teremos feito isso." (*Clima e Saúde*, São Paulo: Nacional, 1938, p. 143-144.)

18. *Formação Econômica do Brasil*, Rio de Janeiro: Fundo de Cultura, 1959, p. 166.

19. Ibidem. p. 167. (Grifo é nosso.) Ao contrário de Celso Furtado, Nelson Werneck Sodré compreendeu bem os mecanismos dessa passagem do escravismo para o trabalho livre, a marginalização do trabalhador nacional e os estereótipos criados contra ele, especialmente contra o negro. Escreve: "Não existindo industrialização que suporte a transição do trabalho servil para o trabalho assalariado, o que se nota é uma brusca subversão, um hiato tremendo, um traumatismo profundo, ocasionado por uma massa enorme de indivíduos que necessitam, de certo momento em diante, assegurar a própria subsistência e a da prole, medicando-se e vestindo-se. A lenta assimilação pela coletividade dessa massa de desaproveitados e de deserdados é um dos fenômenos mais curiosos da nossa formação social e tem consequências profundas que ficaram na consciência da gente brasileira. Surge então o mito da vadiação do negro, da sua indolência, do seu primitivismo, da sua desambição, que o tornariam um peso morto na sociedade brasileira, um elemento de inércia. [...] O negro passou a ser a fonte de todos os males. O símbolo

da preguiça brasileira, da sua falta de aplicação no trabalho, da sua ausência de perseverança, da sua desambição individual, que refletia, na sociedade como uma inércia, como uma corrente, como um peso, a impedir-lhe o desenvolvimento. Passou a constituir, também, o assunto em voga, o receptáculo dos vícios nacionais. Uma quadrinha antiga dizia: 'Branco quando morre/Ah! meu Deus, porque morreu! Negro quando morre,/Foi cachaça que bebeu...'" (*Panorama do Segundo Império*, São Paulo: Nacional, 1939, p. 43-44.)

20. Celso Furtado coloca como uma das causas do ócio do ex-escravo o fato de este não possuir hábitos familiares. Devemos afirmar que é mais um estereótipo que os fatos desmentem. Os hábitos familiares a que ele se refere são os da família nuclear legalizada através do casamento religioso, único permitido na época. Escreve, nesse sentido, Maria Beatriz Nizza da Silva, que "contrair matrimônio representava, para amplas camadas da população, sobretudo negros e pardos forros, mas também brancos pobres, uma despesa ou um trabalho tal com papéis que a maioria preferia viver em concubinato estável, constituindo família e vivendo como marido e mulher. A tendência para o concubinato não pode, portanto, ser encarada apenas como uma questão de 'libertinagem', mas também como a resultante de obstáculos econômicos à celebração do casamento". *Sistema de Casamento no Brasil Colonial*, São Paulo: A. Queiroz/Edusp, 1984, p. 55.) A mesma autora, referindo-se ainda à época da Colônia, aduz outras razões como, por exemplo, o serviço militar que impedia o estabelecimento de uma família legal, dentro da religião e das leis da época. Sobre o casamento de escravos comparado com a população livre que não conferiam com o pensamento de Furtado ver: Itaci dei Nero da Costa; Horácio Gutierrez, Nota Sobre Casamentos de Escravos em São Paulo e no Paraná (1830). Separata da revista *História: Questões e Debates*, Curitiba, v. 5, n. 9, dez. 1984.

21. Seguindo a esteira do estereótipo de Celso Furtado, sem apresentar novos dados, escreve Maurício Vinhas de Queiroz: "Bem verdade que, excetuados os sertanejos nordestinos expulsos pela seca – que sempre se revelaram trabalhadores dispostos e decididos – a massa de 'vadios' constituída por negros

forros ou libertos dificilmente poderia ser desde logo engajada no processo industrial e submetida à rígida disciplina da fábrica, pois – como antigos escravos – prezavam como um dos mais altos valores o 'ócio', ao qual sacrificavam a possibilidade de condições de vida um pouco melhores." (*O Surto Industrial de 1880-1895, Debate e Crítica*, São Paulo, n. 6, jul. 1975, p. 97.) Esse raciocínio não fica muito equidistante do de Oliveira Vianna quando afirma que "depois da Abolição o grande agricultor não conta com o operário rural. Este apenas consente em lavrar as terras da fazenda alguns dias na semana, dois ou três. O resto do tempo é para o gozo de sua indolência proverbial". (*Populações Meridionais do Brasil*, Brasília: Edições do Senado Federal, 2005, v. 27, p. 195.) Esse é um filão ideológico que possui um espectro tão largo que vai de Oliveira Vianna a Celso Furtado, passando por outros sociólogos e historiadores de tendências liberais. Filosofia que persiste até hoje quando se diz que o brasileiro é preguiçoso, ou seus trabalhadores indolentes e relapsos, o que vem causar o maior número de acidentes no trabalho, além da falta de interesse pelas empresas onde são empregados. Um exemplo da persistência deste veio ideológico vemos nas posições atuais (1987) do engenheiro Braz Juliano ao procurar diagnosticar as causas das enchentes na capital paulistana. Para ele, essas calamidades devem ser consideradas fenômenos *culturais* e não naturais. Presidente da Associação Brasileira de Defesa do Meio Ambiente, afirma que "a cultura do biótipo luso-brasileiro que se formou no Brasil (que ele chama de BLB) gerou uma ocupação desordenada da cidade, principalmente de várzeas e áreas verdes, especialmente pela população de baixa renda, notadamente nordestinos". Por isso ele sugere a proibição da vinda de migrantes do Nordeste para a cidade de São Paulo e propõe ao mesmo tempo que se atraiam imigrantes estrangeiros. (*Folha de S. Paulo*, 17 fev. 1987.)

22. Reflexão sobre a transição do escravismo para o capitalismo urbano-industrial e a questão racial no Rio de Janeiro. *Estudos Afro-Asiáticos*, Rio de Janeiro, n. 12, ago. 1986, p. 71s.

23. Ibidem. Queremos destacar, nesse estudo, a abordagem de um problema pouco referido como fator

de marginalização massiva do negro nessa passagem. É que quando há um interesse social de integração da mão de obra na passagem das relações pré-capitalistas para capitalistas, com um projeto de absorção da mão de obra escrava no novo sistema de produção, como ocorreu na manufatura-fábrica Cia. Luz Steárica (Rio de Janeiro), ela se processa sem o trauma atribuído ao negro de não ter capacidade para essa transição. Foi apenas uma microiniciativa, mas que demonstra que o mito do ócio do ex-escravo não se coaduna com a realidade. Apenas não houve uma perspectiva de investimento maciço e racional em macroprojetos desse tipo pelas instituições oficiais quer na passagem para a industrialização, quer no setor agrário a fim de integrar socialmente o negro que saía da senzala.

24. *Migração e Colonização no Brasil*, Rio de Janeiro: José Olympio, 1958, p. 21.

25. *Escravidão e Trabalho "Livre" no Nordeste Açucareiro*, Pernambuco: ASA, 1985, p. 37-38.

26. Apud José Arthur Rios, *Aspectos Políticos da Assimilação do Italiano no Brasil*, São Paulo: Fundação Escola de Sociologia e Política de São Paulo, 1959, p. 12.

27. Ibidem.

28. Ibidem.

29. Apud Paula Beiguelman, *A Formação do Povo no Complexo Cafeeiro: Aspectos Políticos*, São Paulo: Pioneira, 1968, p. 85.

30. Ibidem.

31. Ibidem.

32. O comportamento do fazendeiro em relação ao trabalhador se modifica à medida que os níveis de conflito se aguçam. Procuram sempre aquele trabalhador que é mais dócil e adaptado à disciplina das fazendas. Escreve José Arthur Rios: "Em 1913 ocorreu um conflito entre italianos e brasileiros, nas fazendas dos arredores de Ribeirão Preto, que revestiu o caráter de luta de classes. Os colonos italianos, vencendo os obstáculos que sempre os impediram de unir-se, conseguiram declarar-se em greve. Reclamavam contra os salários em vigor, recusando-se a começar a colheita se não obtivessem um aumento que os compensasse da desvalorização da moeda. Os fazendeiros pediram

a intervenção da polícia que não conseguiu convencer os grevistas a voltarem ao trabalho. Três colonos foram presos por terem respondido agressivamente ao delegado que ameaçava expulsá-los.

Conta-se que, ao aparecer o delegado com um automóvel cheio de soldados, um colono gritou-lhe que teria sido melhor se o trouxesse cheio de víveres. Enquanto isso, os jornais atacavam o cônsul de Ribeirão Preto que responsabilizavam pelos acontecimentos e teciam louvores à imigração japonesa, mais paciente e submissa. Teriam louvado *coolies* se os houvesse, ou escravos, se ainda restasse algum." (Op. cit., p. 43.)

33. Emília Viotti da Costa descreve o mecanismo protecionista da imigração estrangeira da seguinte maneira: "Nos meados do século, quando as primeiras tentativas de introdução de imigrantes nas fazendas de café, os fazendeiros haviam financiado as passagens, mas pouco a pouco, a partir dos anos setenta, o governo provincial chamou a si essa responsabilidade. Nos anos 80, o governo dispendeu somas vultosas com a imigração, sendo que as maiores quantias foram relativas aos anos de 1884-1885 e 1885-1886. A partir do momento em que o Estado começou a financiar as passagens dos imigrantes, os riscos envolvidos na experiência foram socialmente divididos por todos, mas os benefícios couberam diretamente aos fazendeiros. A partir de então, estes puderam enfrentar a transição para o trabalho livre mais facilmente." (*A Abolição*, São Paulo: Global, 1986, p. 58-59.)

34. Op. cit., p. 87.

35. Sobre os Escravos Índios e Negros no Brasil, *Para Todos*, Rio de Janeiro, n. 17, jun. 1952, p. 29.

36. Sobre uma das formas de mercantilização do imigrante por especuladores, escreve Zita de Paula Rosa: "A instabilidade do imigrante nas fazendas foi vinculada à 'onda de especulação' que se desenvolve. Denúncias feitas evidenciavam que, a princípio, a especulação se restringia às vizinhanças da Hospedaria dos Imigrantes na Capital, que praticamente centralizava os ser viços de distribuição dos estrangeiros nas propriedades agrícolas. Algumas vezes eram os próprios fazendeiros ou seus representantes que procuravam engajar os imigrantes, mediante promessa de melhor remuneração pelo trabalho agrícola e de concessão de vantagens. Outras vezes, eram 'indivíduos inescrupulosos' que, utilizando-se de recurso escuso – como documentação forjada ,– retiravam do estabelecimento famílias inteiras, negociando-as, posteriormente, com fazendeiros, com grandes lucros.

Com o tempo, a 'onda de especulações' passou a atingir não apenas os imigrantes que chegavam, mas também aqueles que já estavam colocados nos estabelecimentos agrícolas. Ilustra essa situação o quadro delineado por Gabriel Prestes, na 46ª Sessão Ordinária de 5 de julho de 1893, ao referir-se às dificuldades de engajamento dos trabalhadores. [...] as mais das vezes, ficam os fazendeiros privados de trabalhadores em número suficiente, mesmo quando a hospedaria dos imigrantes se acha regorgitante. Outras vezes consegue o fazendeiro engajar os trabalhadores de que carece para perdê-los pouco depois, em vista de procedimento irregular de outros lavradores ou de agentes intermediários que exploram com as dificuldades dos lavradores. A desorganização provocada pela mobilidade do imigrante nas unidades agrícolas, em decorrência da ação dos especuladores, não atingia apenas a cultura extensiva, mas também o plantio de cereais." (Imigração: Um Tema Controvertido na Voz dos Plenipotenciários da Oligarquia Cafeeira, *Revista de História*, São Paulo, n. 15, jul.-dez. 1983, p. 27.)

37. *Cafeicultura: Homens, Mulheres e Capital (1850-1981)*, São Paulo: Brasiliense, 1986, p. 40.

38. Ibidem, p. 42.

39. Ibidem, p. 44.

40. Darrell E. Levi, *A Família Prado*, São Paulo: Cultura 70/Livraria Editores, 1977, p. 175.

41. José Gonçalves Salvador, *Os Magnatas do Tráfico Negreiro*, São Paulo: Pioneira/Edusp, 1981, passim. Esse livro não foi valorizado de acordo com a sua importância.

42. *O Negro Livre no Ideário das Elites*, dissertação de mestrado, Campinas, Unicamp, 1985, p. 416. (Mimeografado.)

43. Apud Luiz Mott, O Escravo nos Anúncios de Jornal em Sergipe, *Anais do V Encontro Nacional de Estudos Populacionais*, out. 1986, v. I, p. 9.

44. Orlando Huguenin, Negro Não Pode Ser Padre, *Panfleto*, Rio de Janeiro, n. 1, jun. 1958, p. 59s.

45. *O Estado de S. Paulo*, 10 maio 1965. No particular de filosofia racial, a do jornal *O Estado de S. Paulo* é idêntica. Em editorial definindo a sua posição contrária ao voto dos analfabetos, àquela época sugerido pelo marechal Castelo Branco, que ocupava a presidência da República, escreve que havia necessidade de se sustar tal iniciativa "para que tudo se conserte e amanhã venha o povo brasileiro a beneficiar-se daquilo que nem o sr. João Goulart no seu delírio demagógico ousou oferecer às nossas massas ignaras. [...] refere-se à concessão do voto à totalidade dos candangos, dos habitantes dos mocambos do Recife e Fortaleza e das favelas do Rio de Janeiro. Todos são brasileiros e dos melhores, afirmava o sr. João Goulart, e por isso mesmo no entender daqueles que têm hoje nas suas mãos os destinos do movimento de 31 de março, assiste-lhes o direito de intervir na discussão dos mais transcendentes assuntos coletivos. [...] Não teve S. Exa. (o marechal Castelo Branco) o tempo necessário para formar o seu espírito no contato permanente com as disciplinas sociológicas e não é estranhável, portanto, a sua dificuldade em perceber que, pelo caminho que vem trilhando, o Brasil não tardará a ser dominado pela massa amorfa insatisfeita das populações nordestinas, oriundas do choque de três mentalidades antagônicas e que por isso são hoje vítimas de um psiquismo mórbido, que as impede de se integrarem no espírito de uma coletividade realmente evoluída. Serão esses homens – descritos em *Os Sertões* e analisados por toda uma admirável literatura que nos revela aglomerados populacionais brasileiros num estado de primitivismo só comparável às mais baixas camadas do velho Hindustão –, serão precisamente eles que pelo número anularão qualquer espécie de ação que pudessem vir a exercer nos destinos do país os habitantes do Estado da Guanabara, de São Paulo, do Paraná, de Santa Catarina e do Rio Grande do Sul". (A UDN e a Situação, *O Estado de S. Paulo*, 18 jun. 1964.)

46. Apud *O Genocídio do Negro Brasileiro*, São Paulo: Perspectiva, 2019, p. 95.

47. *Jornal da Tarde*, São Paulo, 22 mar. 1977.

48. Em ficha datada de 20 de março de 1975, registramos o seguinte flagrante: "Dois ou três dias depois de Geisel haver recebido hostilmente os membros do clube que o foram convidar para participar das comemorações do 13 de Maio junto ao Monumento da Mãe Preta (SP), travou-se discussão na sede da União Brasileira de Escritores (SP) sobre o fato, tendo a maioria dado razão a Geisel. As razões apresentadas eram uma mescla de oportunismo político e preconceito de cor. A. levantou o problema de que os negros, quando se reúnem como *negros*, estão fazendo um papel segregacionista e que, por isso, Geisel tinha razão. E.O., escritor negro presente, tentou rebater esse pensamento, mas não conseguiu, pela agressividade de um dos presentes, C.P.C., o qual, de dedo em riste, agrediu-o com uma verborragia que encobria o seu preconceito, dizendo disparates como o de que o presidente só podia falar assim porque ele fala vendo o futuro e não o que está acontecendo atualmente e que os negros nada mais têm a ver com a África. Como E.O. tivesse dado os originais de um livro seu para ser refeito pelo C.P. C., este se aproveitou da ocasião para ridicularizar as ideias ali expostas. A.S., que é juiz, dizia, querendo dar uma caiação 'científico-jurídica': 'não há mais negros no Brasil, todos são brasileiros'. Disse que os negros não podiam reunir-se *como negros* e sim como brasileiros. O escritor P.M. ficou de lado, dando apenas apartes irônicos, mas de qualquer maneira contra o negro no fundamental. Finalmente o C.P.C. confessou-me, diante de uma pergunta minha, que o Clube Assai, do qual é funcionário, clube típico de classe média paulista, não aceita negros no seu quadro social, citando inclusive o caso de uma proposta que foi apresentada à diretoria e que foi recusada porque 'esse homem é negro'. A.S., o juiz, por seu turno afirmou que não contrata empregada negra como doméstica em sua casa 'porque tem cheiro ruim e não toma banho'. Isso mostra como mesmo entre a intelectualidade 'esclarecida', diante de um fato concreto, o racismo se manifesta."

4 O NEGRO COMO GRUPO ESPECÍFICO OU DIFERENCIADO EM UMA SOCIEDADE DE CAPITALISMO DEPENDENTE

1. Sobre o que entendemos por *função*, fazemos nossas as seguintes palavras de Radcliffe-Brown, embora discordando completamente da sua posição de antropólogo que se destacou pelo esforço de subordinar as conclusões da antropologia aos interesses do Império Britânico, tentando aplicar essa ciência à administração das populações nativas subordinadas ao colonialismo inglês: "Hesito em usar o termo *função* que nos últimos anos tem sido tantas vezes usado numa infinidade de sentidos, muitos dos quais bastante vagos. Em lugar de ser usado para auxiliar a fazer distinções, como cabe aos termos científicos, é usado agora para confundir coisas que deviam ser distinguidas. Porque ele tem sido empregado, muitas vezes, em lugar de palavras bastante comuns como 'uso', 'finalidade' e 'significação'. Parece ser mais sensato e conveniente, assim como mais científico, falar do uso ou dos usos de um machado ou estaca de cavar; o significado de uma palavra ou símbolo; o fim de um ato de legislação, em lugar de usar a palavra função para essas coisas diversas. 'Função' é um termo técnico bastante útil em filosofia e, por analogia, o seu uso nessa ciência seria um meio muito conveniente de expressar um importante conceito em ciência social. Segundo Durkheim e outros, eu defino a função social como modo de agir socialmente padronizado, ou modo de pensar em sua relação à estrutura social, para cuja existência e continuidade contribui. Analogicamente, num organismo vivo, a função fisiológica da batida do coração ou da secreção dos sucos gástricos é a sua relação à estrutura orgânica cuja existência e continuidade contribui. É nesse sentido que lido com coisas tais como a função social da punição do crime ou a função social dos ritos funerais dos ilhéus de Andanan." (Alfred R. Radcliffe-Brown, Sobre Estrutura Social, *Sociologia: Revista Didática e Científica*, São Paulo, v. 4, n.3, 1942, p. 229.)

2. T.E. Skidmore, O Negro no Brasil e nos Estados Unidos, *Argumento*, São Paulo, n. 1, 1974 p. 25 s.

3. Sobre as instituições paralelas nos Estados Unidos ver *Early Negro Writing (1760-1837)*, seleção e introdução por Dorothy Porter, Boston: Beacon, 1971. Através desse livro podemos ver o nível de organização e dinamismo dessas *instituições paralelas* negras nos Estados Unidos durante a escravidão.

4. Arthur Ramos, O Espírito Associativo do Negro Brasileiro, *Revista do Arquivo Municipal de São Paulo*, v. 47, maio 1938, p. 105-122.

5. Esse comitê formou-se na onda da chamada redemocratização de 1945. O negro continuou se organizando, destacando-se, entre essas *organizações paralelas*, a Associação Cultural do Negro, em São Paulo. O golpe militar de 1964, por seu turno, traumatizou essas organizações, assim como todo o movimento democrático e popular do Brasil. Significativamente, o último jornal da imprensa negra regular encerra suas atividades no ano do golpe. Depois disso, os grupos negros tiveram dificuldades cada vez maiores, até quando, em 1978, deram uma virada radical e articularam um ato contra a discriminação racial nas escadarias do Teatro Municipal de São Paulo, quando foi criado o Movimento Negro Unificado Contra a Discriminação Racial. Mas, durante a ditadura, nenhum grupo específico negro teve acesso aos órgãos governamentais, especialmente para expor e protestar contra a violência policial, discriminação racial e perseguição pura e simples dos órgãos de repressão pelo motivo único de o cidadão ser negro.

6. *O Negro no Rio de Janeiro*, São Paulo: Nacional, 1953, p. 33.

7. Cf. Análise Funcional das Relações Intergrupais, *Sociologia: Revista Didática e Científica*, São Paulo, v. 4, n. 2, 1942, p. 121s.

8. Ibidem.

9. Em consequência disso, quando afirmamos que esses grupos negros são *específicos* (religiosos ou com outros objetivos centrais), não queremos dizer – conforme já ficou claro – que são compostos somente de negros puros, na sua acepção de antropologia física, mas, também, de pardos (mulatos, curibocas, caboclos), os quais, em consequência do conjunto de situações sociais em que estão imbricados, são *marcados* como negros pela

308   NOTAS

sociedade *branca*, e, ao mesmo tempo, reconhecem e aceitam uma ligação total ou parcial com as suas matrizes africanas, ou assimilaram os seus valores culturais mais relevantes. Dessa maneira, em muitos centros de umbanda, poderá não existir esse reconhecimento em primeiro plano – nível de consciência explícito – em consequência de um processo já muito adiantado de *branqueamento*, embora ele exista de forma subjacente. Em outros, todavia, esse reconhecimento consciente poderá existir. Ouvimos, por exemplo, no Centro Caboclo Viramundo, que estudamos durante dois anos, cantarem o seguinte *ponto*:

– Aqui é roda
de negro só
se branco vier
leva cipó.

ou:

– Negro somente trabalhando
branco somente olhando.

O próprio chefe do centro – Geraldo – confessou-me que "era de candomblé". No entanto, esclareceu-me, infelizmente "no interior de São Paulo não dá para praticá-lo". Disse-me que era da linha "gegê [sic.] nagô" e que sentia muito ter de trabalhar somente com caboclos e o Preto Velho. Conversamos, e quando eu disse que havia estado na África e que me haviam pedido informações sobre o funcionamento de casas de religiões de origem africana no Brasil, mostrou-se cético dizendo-me que "os de lá não precisam saber de nada daqui, porque já sabem tudo".

São esses grupos compostos por pessoas que aceitam, mesmo de forma diluída, as suas matrizes africanas e criam uma subideologia grupal que denominamos *específicos*.

10. Em 1938, Edison Carneiro fez uma pesquisa com quarenta filhas de santo do Engenho Velho, em Salvador, objetivando identificar a sua situação social e econômica fora do candomblé. Quanto às profissões obteve os seguintes resultados: modistas 6; vendedoras ambulantes 16; domésticas 18. Escreve, concluindo, esse antropólogo: "Profissões humildes, como se vê. As domésticas incluíam no seu número senhoras casadas ou amasiadas, que se ocupavam pessoalmente dos serviços caseiros, e empregadas pagas para cozinhar, lavar e engomar ao ínfimo preço que então se pagava na Bahia – de 20 a 30 cruzeiros por mês, se bem que com casa e comida. As vendedoras ambulantes eram as mulheres de tabuleiro à cabeça que vendiam acarajé, mungunzá, bananas etc., nas esquinas da cidade, e as poucas que se estabeleceram com barracas nos mercados públicos e aí vendiam *fato*, as vísceras do boi. Não se deve tomar a profissão de modista – prossegue Carneiro – como profissionalmente importante. Essas filhas, às vezes muito hábeis, tinham a sua freguesia entre a gente pobre e só raramente cosiam vestidos de seda; não trabalhavam em *ateliers*, mas em casa, e de encomenda. Dificilmente alcançavam uma renda mensal de cem cruzeiros". (*Candomblés da Bahia*, Rio de Janeiro: Conquista, 1961, p. 120.) Era esse pessoal de profissões chamadas humildes que constituía o total das filhas de santo do candomblé pesquisado. No entanto, seu *status* na hierarquia do candomblé era dos mais importantes. Na linha feminina, dentro do grupo religioso, elas se sentiam com um *status* de prestígio abaixo apenas das mães de santo e da mãe-pequena. Essa dualidade de *status* e de papéis dos membros do grupo na sociedade global e no candomblé explica, num certo grau, a sua persistência no tempo e a sua vitalidade.

11. A origem do Clube Flor de Maio, de São Carlos, interior de São Paulo, como de quase todos do seu interior, foi a impossibilidade da comunicação negra local ingressar em clubes ou em outras organizações *brancas*. Em face disso, toda a barragem era (como é até hoje) acobertada pelos brancos que alegavam serem os negros cachaceiros, arruaceiros, desordeiros, maconheiros e as negras prostitutas. O Flor de Maio foi fundado em 1927, com um regulamento quase ascético. O nome *flor* queria dizer que somente aqueles negros que fossem flores poderiam nele ingressar. Somente podia ser sócio quem fosse casado, não se aceitando associados amigados. O clube realizou, por isso, uma série de casamentos, alguns em sua sede, de negros queriam ser sócios mas viviam irregularmente dentro dos padrões jurídicos com as

suas companheiras. Fundou, depois, uma escola primária e fez funcionar um grupo teatral, tendo representado várias peças. Eles mesmos faziam os cenários. Conseguiram a doação de um terreno e construíram, em regime de mutirão, a sede própria do clube onde funcionam. Até hoje a sociedade local vê o clube através de uma série de racionalizações negativas, ideologizando-o como um antro de marginais e prostitutas, o que não é verdade. (Informações prestadas ao autor pelo senhor Benedito Guimarães, em 1977, quando ele era presidente do clube.)

12. Nesse sentido, escreve Virgínia Leoni Bicudo: "O objetivo dos associados [refere-se a uma associação de negros] era, em primeiro plano, a conquista de melhores condições econômicas. Porém, ainda que o programa da Associação focalizasse os aspectos econômicos para a obtenção de melhores condições materiais, não podemos concluir que tal tivesse sido o único objetivo dos agremiados. É que os dirigentes do grupo viam na ascensão econômica o meio de alcançar recursos materiais para conseguir a elevação nos níveis intelectual e moral, e, assim aparelhados, se empenharem na luta pela conquista de reivindicações econômicas e físicas, mas visavam também a elevação do nível moral e intelectual do preto, cuidando da instrução, da educação e do desenvolvimento da consciência de cor.
Segundo os dados colhidos, a 'Associação dos Negros' teve como propósito reunir os pretos a fim de prepará-los para lutar contra os obstáculos à ascensão social em consequência da cor." (Atitudes Raciais de Pretos e Mulatos em São Paulo, *Sociologia: Revista Didática e Científica*, São Paulo, v. 9, n. 3, 1947, p. 209.)

13. *O Animismo Fetichista dos Negros Baianos*, Rio de Janeiro: Civilização Brasileira, 1935, p. 187.

14. Ibidem, p. 194.

15. Cf. C. Ott, A Transformação do Culto da Morte da Igreja do Bonfim em Santuário de Fertilidade, *Afro-Ásia*, Salvador, n. 8-9, jun.-dez. 1969, p. 35s.

16. Ibidem.

17. Cf. ibidem. Para termos uma visão do aproveitamento do prestígio da festa do Bonfim pela sociedade global e seus estratos deliberantes, vamos transcrever trecho de matéria de jornal baiano,

noticiando como transcorreu a *lavagem* em um período crítico para a sociedade brasileira no seu conjunto, isto é, durante a participação do Brasil na Segunda Guerra Mundial. Havia, em todas as camadas e grupos sociais brasileiros – com exceção daquela minoria que se beneficiava economicamente com o conflito –, uma ansiedade profunda que se manifestava em um desejo básico: a volta à paz. Pois bem: as comemorações dos festejos do Bonfim e a lavagem da igreja, até pouco antes proibida pelas autoridades eclesiásticas, aconteceram direcionadas para a realização desse desejo latente ou manifesto de quase todos os brasileiros, especialmente baianos. Essas pessoas e grupos incorporaram subjetivamente a imagem e o ritual da lavagem, até então denunciado como pagão, ao imperante desejo de paz. Vejamos como o mais tradicional órgão de comunicação escrita baiano noticiou o evento: "Fez-se hoje a 'lavagem do Bonfim', uma das partes da maior festa religiosa da Bahia. Por muitos anos deixara ela de se realizar, voltando porém, ultimamente, a efetuar-se com grande entusiasmo, embora sem os excessos que haviam determinado a sua suspensão [...] Anunciando a próxima partida do cortejo para a lavagem do Bonfim, às 5 horas houve uma alvorada na Praça Municipal, ouvindo-se uma estridente clarinada, seguida de uma salva de morteiros. Desde pouco depois das 7 horas começou a afluência ao Largo da Conceição da Praia, dos devotos e curiosos que concorreram, todos os anos, para a tradicional lavagem.

Gente de todas as cores e condições, movida pelo intuito de participar da romaria, que encheu pouco a pouco o vasto espaço da praça. Foram chegando alegorias singelas, sobre carroças e caminhões enfeitados, burricos carregados com barris de água, 'baianas' ricamente vestidas.

Às nove horas formou-se o cortejo que desfilou do Largo da Conceição até a Igreja do Bonfim. Uma multidão formada por alguns milhares de pessoas cercava a comprida fila de carroças, caminhões e animais enfeitados que, a passo lento, movia-se alegre e ruidosamente rumo ao Bonfim.

Abriam o préstito em que predominavam motivos regionais, sugeridos pela tradição, alguns

310 NOTAS

caminhões cheios de populares e enfeitados de plantas nativas.

Em seguida, uma banda de música da Força Policial, executando marchas e, após, em ordem, carroças adornadas de verde e amarelo e cavaleiros vindos dos subúrbios com animais vistosamente ajaezados, um grupo de queimadeiros, ostentando palmas de licuri e formados em colunas por quatro filhas de santo do terreiro de Joãozinho da Gomeia, levando à cabeça potes e quartilhas com flores. Finalmente, cerca de dez caminhões cheios de povo que sambava, cantando músicas de carnaval e como advertência [...] a carrocinha da Secretaria da Segurança Pública, alguns ônibus e povo. [...] Em uma carroça, enfeitada de verde e amarelo, viam-se recortes de cartolina representando apetrechos e peças do Exército Nacional, glorificando, assim, numa manifestação espontânea da alma popular [...] Continuam com esplendor e com a presença números de fiéis cada vez maior, enchendo o majestoso templo e com todas as tribunas ocupadas, as novenas em louvor ao Senhor de Bonfim que domina a cidade do alto da sua colina. Do púlpito, vários oradores têm se estendido sobre a significação do culto, dos milagres e das graças alcançadas [...] Por tudo nota-se que a alma confiante da Bahia não é indiferente na compreensão e na confiança ao amor de Deus para que nos dê a paz tão almejada na hora presente." (*A Tarde*, Salvador, 20 dez. 1944.)

Como se vê, nos momentos em que há crise de confiança no futuro e dúvida no presente, o baiano abandona a pureza do catolicismo tradicional, ortodoxo, *puro*, apelando para a festa do Bonfim, que nada mais é do que uma manifestação pública das religiões oprimidas frente aos estratos deliberantes, estruturas de poder e órgãos de repressão com um conteúdo simbólico de protesto e poder.

18. Geraldo Brandão, *Notas Sobre a Dança de São Gonçalo de Amarante*, São Paulo: [s.n.], 1952, p. 41.

19. Cf. *As Religiões dos Oprimidos*, São Paulo: Perspectiva, 1974, p. 212. Aliás, esse excelente e penetrante trabalho de Lanternari abre novas perspectivas para compreender-se a função social dos cultos das populações oprimidas pelo colonialismo, recolocando o problema desses movimentos proféticos e messiânicos do mundo colonial dentro de

novos padrões de análise. Fugindo ao rebarbativo e esotérico da sociologia acadêmica, Lanternari coloca-nos frente a frente com os mecanismos opressores e as formas ideológicas encontradas pelas populações oprimidas para enfrentar a situação.

20. Era pelo menos como os tratava o Caboclo Caeti todas as vezes que descia no Centro Caboclo Viramundo, em São Paulo: "Isso é coisa que *burro da terra* pode curar."

21. Cf. José Pires Rego Jr. et al., *Atendimento Médico de um Subúrbio de Belém*, *Revista da Universidade Federal do Pará*, n. 1, série 11, 2º semestre de 1971, p. 461.

22. Ibidem, p. 476.

23. Ibidem.

24. *Jornal da Tarde*, São Paulo, 29 nov. 1974.

25. "Embora não seja exatamente um orixá, Exu pode manifestar-se como um orixá. Nesse caso, porém, não se diz que a pessoa é filha de Exu, mas tem um *carrego* de Exu, uma obrigação para com ele por toda a vida. Esse *carrego* se entrega a Ogunjá, um Ogum que mora com Oxóssi e Exu e se alimenta de comida crua, para que não *tome conta* da pessoa. Se, apesar disso, se manifestar, Exu pode dançar no candomblé, mas não em meio aos demais orixás. Isso aconteceu, certa vez, no candomblé do Tumba Juçara (Ciriáco), no Bêiru: a filha dançava jogando-se no chão, com os cabelos despenteados e os vestidos sujos. A manifestação tem, parece, caráter de provação. Esse caso do candomblé de Ciriáco é o único de que tenho notícia acerca do aparecimento de Exu nos candomblés da Bahia." (Edison Carneiro, *Candomblés da Bahia*, Rio de Janeiro: Conquista, 1961, p. 83.)

Como vemos pelo depoimento de Carneiro, o caso é raríssimo e o seu excepcionalismo serve para corroborar o que estamos afirmando. O esclarecimento é necessário porque não são apenas adeptos dos candomblés, mas mesmo antropólogos que chegam a confundir Exu com um orixá. É, por exemplo, o caso do próprio Arthur Ramos, incontestavelmente um dos maiores pesquisadores sobre o problema da etnografia religiosa do negro brasileiro. Diz ele: "*Exu* é outro *orixá*. É o representante das potências contrárias ao homem.

311

Os afro-brasileiros assimilaram-no ao demônio dos católicos; mas, o que é interessante, temem-no, respeitam-no (ambivalência), fazendo dele objeto de culto." (*O Negro Brasileiro*, 2. ed., São Paulo: Nacional, 1940, p. 45.)

Roger Bastide, por seu turno, informa que, em alguns lugares, Exu é identificado com São Bartolomeu (Recife), atribuindo isso ao fato de o santo ser mensageiro. (*O Candomblé da Bahia*, São Paulo: Nacional, 1961, p. 222.) Parece-nos superficial essa analogia. Devemos considerar que, para o nordestino especialmente, São Bartolomeu é o representante das forças aziagas e maléficas, sendo o seu dia considerado o mais desfavorável do ano. O seu dia, que é comemorado a 24 de agosto, exige uma série de proteções, pois "o diabo está solto". Sobre o assunto, aliás, existe um vasto repositório de lendas, registradas em *estórias* e mesmo na literatura de cordel. Do poeta popular Leandro Gomes dos Santos são estes versos: "A 24 de agosto/Data esta receosa/Por ser em que o diabo pode/ Soltar-se e dar uma prosa/Se deu o famoso parto/Da vaca misteriosa." (Apud Luiz da Câmara Cascudo, *Dicionário do Folclore Brasileiro*, 2. ed., Rio de Janeiro: Edições de Ouro, 1969, p. 181.) Cf. também o folheto de cordel *Poder de São Bartolomeu*, Caruaru: Dila, [s.d.]. Seria relevante um trabalho que analisasse até que ponto São Bartolomeu penetrou nos xangós do Recife, num processo sincrético com Exu, segundo a constatação de Bastide.

26. Op. cit., p. 81.

27. O processo de diferenciação de Exu acompanha a sua evolução de prestígio. Deixa de ser um só, perde a sua unidade como divindade inicial para ser representado de diversas formas. Em consequência, temos, de um lado, o Exu pagão e os Exus batizados que se comportam de forma mais convencional nas *jiras* e, de outro, a sua diversificação mais acentuada. Surge, também, a Pombagira, que configura, por seu turno, um símbolo de libertação sexual e social da mulher reprimida. Assim como nas religiões mais difundidas do Ocidente, especialmente o cristianismo, à medida que uma das suas divindades adquire maior prestígio no panteão, diferencia-se, diversifica-se. Na umbanda, e especialmente na quimbanda, o mesmo processo

se verifica. Jesus Cristo diferenciou-se no catolicismo em diversas personalidades – Coração de Jesus, Bom Jesus da Lapa, Senhor do Bonfim, Bom Jesus dos Navegantes e inúmeros outros – e Maria passou pelo mesmo processo, adquirindo vários nomes: Nossa Senhora das Dores, Nossa Senhora da Boa Morte, Nossa Senhora do Perpétuo Socorro, Nossa Senhora Aparecida e muitas outras, todas com os seus devotos especiais. Na quimbanda, o mesmo fenômeno se verificou. Exu passou a ter diversas designações: Exu Sete Caminhos, Exu Batará, Exu Buzanini, Exu Tranca Mata, Exu Tranca Rua, Exu Caveira etc. Além disso, há o Zé Pilintra, que é um Exu já com forma de brasileiro: é reproduzido, não por um fetiche, mas de terno branco, gravata vermelha, chapéu também branco e um livro nos pés. Esse processo de diferenciação e, ao mesmo tempo, de ampliação das áreas e níveis do poder de Exu, está continuando, fazendo com que em muitas tendas de umbanda o poder da quimbanda esteja forçando o Exu a penetrar no recinto já branqueado e institucionalizado da primeira.

Um exemplo extremo desse processo de diferenciação e ampliação da força de Exu nos é dado por Yvonne Maggie Alves Velho nas pesquisas que fez no Rio de Janeiro. Registrou a existência do Exu de Duas Cabeças, representado por "um homem com a cabeça inclinada para um dos lados. Usa uma capa vermelha e um tridente. A cabeça inclinada e as mãos em forma de garra é do Exu que tem uma cabeça de Jesus e a outra de Satanás". (*Guerra de Orixá*, Rio de Janeiro: Zahar, 1975, p. 162.) Ainda essa autora registrou o seguinte *ponto cantado* no mesmo terreiro: "Exu que tem duas cabeças/Ah ele olha sua banda com fé/Uma é de Satanás no Inferno/Outra é de Jesus de Nazaré/ Uma é de Satanás no Inferno/Outra é de Jesus de Nazaré." (Op. cit., p. 93.)

28. Declaração feita ao autor.

29. Ibidem.

30. A ligação entre o Diabo e a utopia é feita da seguinte forma a partir das posições católicas por Giovani Papini: "O Diabo, para combater o cristianismo, que promete a felicidade eterna só depois da morte, tinha pois de recorrer, entre outros ardis,

ao de fazer acreditar aos homens que se pode preparar ou obter, no futuro, uma espécie de paraíso na terra, um reino de felicidade terrena.

Daí resulta, claro está, que todos os que imaginam e prometem um convívio perfeito e feliz nesta vida, seja embora num futuro remoto, isto é, os utopistas, os visionários, os messiânicos materialistas, os sonhadores de um Éden social, todos os que em suma anunciam ou sonham, no lugar do Reino dos Céus, um reino humano terreno, são inspirados, que o saibam ou não, pelo Demônio. O qual escogitou fantasmagorias para que os homens não cuidem no seu verdadeiro destino supraterreno e sejam conduzidos, portanto, a abandonar o cristianismo." (*O Diabo*, Lisboa: Livros do Brasil, [s. d.], p. 142.)

31. Georges Lapassade; Marco Aurélio Luz, *O Segredo da Macumba*, Rio de Janeiro: Paz e Terra, 1972, p. 25-26.

32. *Ludwig Feuerbach y el Fin de la Filosofía Clássica Alemana*, Moscou: Línguas Estrangeiras, 1946, p. 12.

33. E. Carneiro, op. cit., p. 131.

34. Ibidem.

35. Octávio da Costa Eduardo, estudando uma comunidade negra no Brasil, visualizou, indiretamente, a necessidade de um estudo que abarcasse os dois aspectos do problema, propondo a junção do ponto de vista comparativo com um ponto de vista que ele chama funcionalista. Nesse trabalho – aliás excelente – ele afirma: "O primeiro inclui um estudo das origens tribais desses contos [refere-se a contos de origem africana coligidos na comunidade estudada], das razões por que se conservaram, das modificações que sofreram aqui no Brasil e a comparação desse material com o folclore negro em outras partes do Brasil e do continente americano. O segundo compreende um estudo do papel que esses contos desempenharam na vida do grupo e das suas relações com outros aspectos da sua cultura." (Aspectos do Folclore de uma Comunidade Rural, Separata da *Revista do Arquivo Municipal*, São Paulo, Departamento de Cultura, n. 144, 1951, p. 14-15.)

36. *O Conceito de Nação nos Candomblés da Bahia*, Dakar, 1974. (Mimeografado.)

37. No terreiro da mãe de santo Elizabeth, no bairro de São Miguel (São Paulo), tivemos oportunidade de ver o alvará de funcionamento emoldurado e colocado ao lado esquerdo do altar, em uma moldura de tamanho e feitio idênticos à do Bom Jesus da Lapa, que ficava ao seu lado direito e na mesma altura. Parece-nos de importância o fato, pois o altar do candomblé é para as divindades apenas. No particular, esse a que estamos nos referindo já se encontrava em adiantado processo de sincretismo com a umbanda. O fato que registramos não seria uma forma inconsciente de escravizar as forças institucionalizadas que lhe davam proteção? Parece um caso de transferência de papéis do plano profano para o sagrado. Nesse caso específico, de um terreiro de candomblé já em franco e adiantado processo de sincretismo, o fato poderá ser atribuído exatamente a esses momentos de transição sincrética e reflexo da desintegração dos valores mágicos anteriores e sua substituição por outras forças protetoras das instituições da sociedade profana.

38. Edison Carneiro assim define escola de samba: "Chama-se *escola de samba*, atualmente, uma associação popular que tem por objetivo principal a sua apresentação, como conjunto, no carnaval carioca. Outrora era o ponto de subúrbio do morro – como Terreiro Grande do Salgueiro – onde os habitantes se reuniam para suavizar, com a música, as durezas da vida.

O nome *escola* decorre não somente da popularidade de comando dos tiros-de-guerra, como também da circunstância de se *aprender* a cantar e dançar o samba. Essa última palavra, corruptela de *semba*, a umbigada com que se transmite a voz de dançar no samba de roda – o *batuque* angolense conhecido em Pernambuco, em São Paulo e especialmente na Bahia –, passou a designar a música urbana herdeira do lundu e da modinha, impregnada de ritmos fundamentais africanos. Com efeito, durante muitos anos, as canções das escolas compunham-se apenas de estribilho ou refrão, sobre o qual se improvisava (*versava*), enquanto o solista, exercitando a sua iniciativa, sapateava, deslizava ou rodopiava sambando. O grupo constituía-se, desse modo, numa *escola* de samba. Com a experiência de cerca de trinta anos, as escolas

313

começaram a apelidar os seus componentes de *acadêmicos* ou *normalistas* do samba." (*A Sabedoria Popular*, Rio de Janeiro: INL, 1957, p. 113-114.)

39. Ibidem, p. 117.

40. Entrevista concedida ao periódico *Crítica*, Rio de Janeiro, v. I, n. 29, 1975.

41. Ibidem.

42. Ibidem.

43. Uma prova de que as *escolas de samba* perderam o *éthos* que as transformava em *grupos específicos* são as declarações de Martinho da Vila sobre o assunto: "Olha, esse negócio de escola voltar à origem já era, porque não se vai mais conseguir mesmo. Você quer um exemplo? Compositor, antes, fazia o samba para a escola cantar, para ver todo mundo levar seu samba para a avenida. Hoje, compositor faz samba pequeno, diferente, comercial, porque sabe que só assim vai gravar. Ele quer faturar. Não importa que o samba-enredo esteja sendo deturpado." Diz ainda

Martinho que "escola de samba virou meio de promoção social. Durante o carnaval, qualquer diretor de samba tem acesso ao governador, ao palácio e há muito interesse em jogo para permitir que as escolas voltem ao que elas já foram um dia. Até sambistas já não têm mais 'camisa'. É de quem paga mais. Hoje quem paga melhor leva o melhor mestre-sala e a melhor porta-bandeira. Tem até preço de passe. [...] Pode acontecer até mesmo de escola de samba virar veículo de propaganda, patrocinada por empresas. Na hora em que uma escola dessas estiver no sufoco e abrir as pernas, não vai ter quem segure. Pode ser que as grandes não cedam por enquanto. Mas, quem garante isso a longo prazo?" (*Vida e Morte das Escolas de Samba*, entrevista a Sérgio Macedo, *Crítica*, Rio de Janeiro, v. I, n. 29, 1975.)

44. *No Mundo do Samba: Da Conservação das Escolas de Samba no Futuro*, Petrópolis: Imprensa Vespertino, 1969, p. 9.

II. A DINÂMICA NEGRA E O RACISMO BRANCO

I SOCIOLOGIA DA REPÚBLICA DE PALMARES

I. No processo historiográfico de mitificação de Zumbi, é significativo este trecho de Mário Martins de Freitas no particular: "O Zumbi que enriquece a lenda palmarina e que se atirou do alto do rochedo com os seus trezentos e cinquenta vassalos, conforme consta da fé de ofício de vários oficiais do Terço Paulista, não é o mesmo Zumbi morto valorosamente no dia 20 de novembro de 1695 por uma partida do mesmo terço sob o comando de André Furtado de Mendonça. Mesmo que seja uma lenda na legítima expressão do termo não deve ser destruída, quanto mais tratando-se de um fato histórico já cristalizado por quase três séculos de existência!" (*Reino Negro de Palmares*, Rio de Janeiro: Biblioteca do Exército, 1954, v. 2, p. 770.) Esse processo está sendo acompanhado por outro, no sentido inverso, de desmitificar Zumbi e colocá-lo como personagem histórica. Nessa particular, os trabalhos de Décio Freitas foram importantes para se conseguir estabelecer uma biografia de Zumbi. O historiador Joel Rufino dos Santos foi quem publicou, em forma de livro,

pela primeira vez, a sua biografia. (*Zumbi*, São Paulo: Moderna, 1986.)

2. Unesco, *La Tradition Orale Africaine: Selécion et formulation de quelques thèmes*, 1974, p. 13-14. Dossier Documentaire.

3. Ao que estamos informados, infelizmente não se fez nenhuma tentativa de pesquisa arqueológica na região de Palmares. Parece-nos que o emprego de técnicas arqueológicas poderia abrir novas perspectivas e possivelmente esclarecer muitos aspectos da sua realidade ainda obscuros. No particular, os professores Carlos Magno Guimarães e Ana Lúcia Duarte Lanna, da Universidade Federal de Minas Gerais, executaram um trabalho pioneiro de prospecção aplicando técnicas da arqueologia para estabelecer uma série de rasgos da cultura material e não material dos quilombos mineiros. Embora seja uma pesquisa piloto, veio demonstrar como muito se lucraria com a aplicação desse método na Serra da Barriga. Os pesquisadores acima conseguiram uma série interessante de informações sobre o Quilombo

314 NOTAS

do Ambrósio, Quilombo do Cabeça e da Lapa do Quilombo, ou Quilombo da Serra Luanda, inclusive localizando desenhos rupestres como exemplares de uma arte quilombola. (Cf. C.M. Guimarães; Lanna, A.L.D. Lanna, Arqueologia de Quilombos em Minas Gerais, *Pesquisas: Estudos de Arqueologia e Pré-História Brasileira*, São Leopoldo: Instituto Anchietano de Pesquisas, (31), 1980.)

4. *O Quilombo dos Palmares*, São Paulo: Brasiliense, 1947, p. 28.

5. *Palmares: A Guerra dos Escravos*, Porto Alegre: Movimento, 1973, p. 40.

6. Documento de autor desconhecido existente na Torre do Tombo, Portugal, transcrito por Alfredo Brandão em "Documentos Antigos Sobre a Guerra dos Negros Palmarinos", comunicação apresentada ao 2º Congresso Afro-Brasileiro, realizado em Salvador, 1937, e reproduzido no volume *O Negro no Brasil*, Rio de Janeiro: Civilização Brasileira, 1940, p. 277.

7. Sebastião da Rocha Pitta, *História da América Portuguesa*, 3. ed., Salvador: Progresso, 1950, p. 294.

8. E. Carneiro, op. cit., p. 75.

9. Carta do governador Fernão de Souza Coutinho de 1º de junho de 1671 sobre "O Aumento dos Mocambos dos Negros Levantados Que assistem Palmares", apud Ernesto Ennes, *As Guerras dos Palmares*, São Paulo: Nacional, 1938, p. 133.

10. Y.P. de Castro, op. cit., p. 4.

11. Sobre a influência das línguas banto no português literário do Brasil, ver Benjamim Pinto Bull, *Les Apports linguistiques du kimbundu au brasilien*, Dakar, comunicação apresentada ao colóquio Negritude e América Latina, 1974. (Mimeografado.)

12. Y.P. de Castro, *Os Falares Africanos na Interação Social do Brasil Colônia*, Salvador: UFBA, 1980, p. 15.

13. Idem, *Os Falares Africanos na Interação Social dos Primeiros Séculos*. (Mimeografado.)

14. Essa tese foi por nós exposta no I Simpósio Nacional dos Quilombos dos Palmares, realizado pela Universidade Federal de Alagoas em novembro de 1981, quando apresentamos a comunicação "Esboço de uma Sociologia da República de Palmares". A hipótese está atualmente sendo confirmada no fundamental.

15. *Palmares: A Guerra dos Escravos*, 5. ed. reescrita, revista e ampliada, Porto Alegre: Mercado Aberto, 1984, p. 41-42.

16. E. Carneiro, op. cit., p. 48.

17. A Posse Útil da Terra Entre os Quilombolas, *Estudos Sociais*, Rio de Janeiro, (3/4), dez. 1958, p. 396-398.

18. Ibidem.

19. Interessante se fazer um comentário sobre a inexistência da pecuária entre os palmarinos, já que, em quilombos de outras regiões, ela existia. Um exemplo é o Quilombo do Ambrósio. Mais intrigante torna-se o fato ao saber-se que na região da República de Palmares a pecuária era largamente praticada.

20. D. Freitas, op. cit., p. 44.

21. Ibidem, p. 38.

22. Ibidem.

23. *Capítulos Inéditos da História do Brasil*, Rio de Janeiro: Organização Simões, 1954, p. 126-127.

24. Ibidem, p. 102.

25. Essa influência poderá ser constatada em Edison Carneiro, *Negros Bantos*, Rio de Janeiro: Civilização Brasileira, 1937, especialmente a parte que trata dos candomblés de caboclos. Mais modernamente, Carmen Ribeiro publicou um trabalho muito interessante sobre o atual estado desse movimento de interação: Religiosidade do Índio Brasileiro no Candomblé da Bahia: Influências Africanas e Europeias, *Afro-Ásia*, Salvador, n. 14, dez. 1983, p. 60-80.

26. Op. cit., p. 296-197.

27. *O Quilombo dos Palmares*, p. 42-43.

28. Ibidem.

29. Ibidem.

30. *Brasil Terra e Gente (1871)*, Rio de Janeiro: Conquista, 1975, p. 164.

31. Apud Ernesto Ennes, *As Guerras nos Palmares*, São Paulo: Nacional, 1938, p. 106.

2 O NEGRO VISTO CONTRA O ESPELHO DE DOIS ANALISTAS

1. Dentre eles, ver, por exemplo, Presença Africana na Amazônia, *Afro-Ásia*, n. 12, 1976, p. 145s.

2. Devemos destacar em particular os trabalhos de Luiz Mott, Yeda Pessoa de Castro, Waldir Freitas de Oliveira, J.J. Reis, Vivaldo da Costa Lima, Pierre Verger e da própria Kátia de Queiroz Matoso.

3. João Batista Borges Pereira, Estudos Antropológicos das Populações Negras na Universidade de São Paulo. Separata da *Revista de Antropologia*, São Paulo, (24), 1981, p. 63. Afirma Borges Pereira no seu texto: "assim, pode-se afirmar que, atualmente, esses estudos estão sendo desenvolvidos sistematicamente na área da antropologia e episodicamente na de sociologia, ao passo que na área de ciência política nenhum trabalho se propõe a explorar o tema". Desse programa da USP, já foram editados até agora (1986) os seguintes volumes pela Faculdade de Filosofia, Letras e Ciências Humanas: Renato S. Queiroz, *Caipiras Negros no Vale do Ribeira: Um Estudo de Antropologia Econômica*, 1983; Carlos M.H. Serra, *Os Senhores da Terra e os Homens do Mar* e *Antropologia Política de um Reino Africano*, 1983; Irene Maria F. Barbosa, *Socialização e Relações Raciais: Um Estudo de Família Negra em Campinas*, 1983; Solange M. Couceiro, *O Negro na Televisão de São Paulo: Um Estudo de Relações Raciais*, 1983; Yeda Marques Britto, *Samba na Cidade de São Paulo (1900-1930): Um Exercício de Resistência Cultural*, 1986; e Ana Lúcia E.F. Valente, *Política e Relações Raciais: Os Negros e as Eleições Paulistas de 1982*.

4. Por outro lado, uma produção não acadêmica vem questionando, do ponto de vista político, a situação do negro, como os trabalhos de Abdias Nascimento, Martiniano J. da Silva, Jacob Gorender e Luiz Luna para exemplificar alguns.

5. *Ser Escravo no Brasil*, São Paulo: Brasiliense, 1982.

6. *Manuscritos Econômicos e Filosóficos*, São Paulo: Abril, 1978, p. 41.

7. K. de Q. Matoso, op. cit., p. 48.

8. Ibidem, p. 41.

9. Trabalho Assalariado e Capital, K. Marx; F. Engels, *Obras Escolhidas*, São Paulo: Alfa Ômega, [s.d.], v. 1, p. 63.

10. K. de Q. Matoso, op. cit., p. 41.

11. Cf. *A Afro-América: A Escravidão no Novo Mundo*, São Paulo: Brasiliense, 1982.

12. Ibidem.

13. Ibidem.

14. Ibidem.

15. Para se ter uma visão da conexão das lutas dos escravos brasileiros com as de outros países, ver C. Moura, *Quilombos: Resistência ao Escravismo*, São Paulo: Ática, 1987.

16. Luiz R.B. Mott, A Revolução dos Negros do Haiti e o Brasil, *Mensário do Arquivo Nacional*, Rio de Janeiro, v. 13, n. 1, 1982.

17. Ibidem.

18. Ibidem.

19. Ibidem.

20. C.F. Cardoso, op. cit.

21. Estamos nos referindo ao trabalho de Emílio Hardt-Terré, especialmente o seu livro *Negros e Índios: Un Estamento Social Ignorado del Peru Colonial*, Lima: Juan Mejía Baca, 1973. Suas pesquisas no particular começaram bem antes, tendo-se notícia de uma intitulada "La Ciudadela de Huadca", publicada no jornal *El Comercio*, datada de 1960. De um modo geral, porém, evidencia-se hoje que a situação do escravo negro, passada a fase genocídica da ocupação e conquista, era inferior à do índio. Basta que se vejam as datas da Abolição da escravidão indígena e negra em toda a América Latina. A primeira precedeu sempre à segunda. Quanto à América do Norte, Eugene Genovese escreve: "os contatos entre negros e índios incluíam a posse de escravos, por estes últimos, bem como a miscigenação. Durante as décadas de 1820 e 1830 os índios figuravam entre os maiores senhores de escravos da Geórgia e, subsequentemente, Greenwood Leflore, o chefe Choctaw mestiço de branco, notabilizou-se como um dos maiores fazendeiros do Mississípi, com quatrocentos escravos. John Ross, o famoso chefe Cherokee, possuía cerca de cem escravos em 1860. Por volta dessa data os escravos negros representavam 12,5% da população do território indígena, apesar de a maioria viver em pequenas fazendas.

316 NOTAS

Alguns índios, sobretudo os Chicasaw, passavam por senhores impiedosos, mas a maior parte deles gozava entre brancos e negros de uma reputação de generosidade". (*Da Rebelião à Revolução*, São Paulo: Global, 1983.)

22. C.F. Cardoso, op. cit.
23. Idem, O Modo de Produção Colonial na América, em Téo Araújo Santiago (org.), *América Colonial*, Rio de Janeiro: Pallas, 1975, p. 98-99.
24. Ibidem.

3 A IMPRENSA NEGRA EM SÃO PAULO

1. Tivemos oportunidade de proferir palestra na Escola de Comunicação e Arte da USP sobre o tema "A Imprensa Negra em São Paulo", em nível de pós-graduação, abril de 1981, mas junto à disciplina "Estudo de Problemas Brasileiros", não fazendo parte do currículo.
2. *A História da Imprensa no Brasil*, Rio de Janeiro: Civilização Brasileira, 1966, passim.
3. R. Bastide, A Imprensa Negra em São Paulo, *Estudos Afro-Brasileiros*, São Paulo: Perspectiva, 1973, p. 131s.
4. Depoimento gravado em 15 de junho de 1975.
5. *A Imprensa Negra em São Paulo*, dissertação de mestrado na USP. (Mimeografado.)

6. Ibidem.
7. *O Alfinete*, São Paulo, 3 set. 1918.
8. Depoimento gravado em 15 de junho de 1975.
9. Aos Frentenegrinos, *A Voz da Raça*, 18 set. 1933.
10. Op. cit.
11. Ibidem.
12. Depoimento gravado em 15 de junho de 1975.
13. Ibidem.
14. Depoimento gravado em 15 de junho de 1975.
15. Depoimento gravado em 15 de junho de 1975.
16. *A Descoberta do Frio*, São Paulo: Populares, 1979, p. 30, nota de rodapé.

4 DA INSURGÊNCIA NEGRA AO ESCRAVISMO TARDIO

1. A Rebeldia Negra e a Abolição, *Afro-Ásia*, publicação semestral do Centro de Estudos Afro-Ocidentais, Salvador, n. 6-7, jun.-dez. 1968, p. 102-103.
2. *Cultura e Opulência do Brasil*, Salvador: Livraria Progresso, 1950, p. 55.
3. Ibidem, p. 86.
4. Ibidem, p. 57.
5. *Economia Cristã dos Senhores no Governo dos Escravos*, São Paulo: Grijalbo, 1977, p. 139.
6. *Le Capital*, Paris: A. Costes, 1949, v. II, p. 91.
7. Vejamos como a lei é detalhista, igualando-se à resposta do Rei ao Conselho Ultramarino quando define o que é quilombo, entrando, também, na minúcia do número: "quilombo era toda habitação de negros fugidos que passem de cinco, em parte desprovida, ainda que não tenham ranchos levantados nem se achem pilões neles". A resposta é de 1740.
8. *Coleção das Leis do Governo do Império do Brasil*, 1835, p. 5-6.
9. *Da Fuga ao Suicídio: Aspectos de Rebeldia dos Escravos no Brasil*, Rio de Janeiro: Conquista, 1972, p. 35.

10. Vicente Salles, *O Negro no Pará*, Rio de Janeiro: FGV/UFP, 1971, p. 217.
11. Vejamos a situação descrita por José Antônio Gonçalves de Mello: "Desde 1638 há referência a quilombos que constituíam uma grande ameaça para as populações e os bens da colônia. Havia também pequenos aldeamentos ou bandos de negros que roubavam e matavam pelos caminhos: os 'boschnegers', contra os quais eram empregados capitães de campo brasileiros, já que os holandeses eram considerados incapazes para tal função. [...] Outros quilombos surgiram no período da dominação holandesa, mas são poucas as informações sobre eles. Um deles estava situado na 'Mata Brasil' e os seus elementos corriam a região em bandos, roubando e matando. O governo holandês castigava-os exemplarmente: eram enforcados ou queimados vivos [...] Mas a guerra empreendida pelos holandeses no período 1630-1635 desorganizou completamente a vida da colônia. Todos os negros aproveitaram a oportunidade para fugir. Pela leitura dos documentos vê-se que parou quase

completamente o trabalho nos engenhos. Uma relação dos engenhos existentes entre o rio das Jandadas e o Una, feita pelo conselheiro Schott, mostra-nos a verdadeira situação dessas propriedades, exatamente na zona mais rica da Capitania, e a zona Sul. Eram canaviais queimados, casas-grandes abrasadas, os cobres jogados aos rios, açudes arrombados, os bois levados ou comidos, fugidos todos os negros. Só não haviam fugido os negros velhos e molequinhos." (*Tempo de Flamengos*, Rio de Janeiro: José Olympio, 1947, p. 206-30.)

12. Júlio Feydit, *Subsídios Para a História dos Campos dos Goitacases*, Rio de Janeiro: Esquilo, 1979, p. 361. Devemos assinalar a técnica sofisticada usada para o incêndio, o que demonstra a participação pelo menos indireta de abolicionistas junto aos escravos fugidos, pois o uso de lentes para tais atos pressupõe uma intenção de impunidade que o quilombola tradicional não tinha.

13. Ibidem, p. 362.

14. Ibidem.

15. Vejamos como um historiador do Quilombo do Ambrósio descreve a divisão do trabalho naquele reduto: "Foi um modelo de organização, de disciplina, de trabalho comunitário. Os negros, cerca de mil, eram divididos em grupos ou setores, trabalhando todos de acordo com a sua especialidade. Havia os excursionistas ou exploradores, que saíam em grupos de trinta, mais ou menos, assaltavam fazendas ou caravanas de viajantes; havia os campeiros ou criadores, que cuidavam do gado; havia os caçadores ou magarefes; os agricultores que cuidavam das roças e plantações; os que tratavam dos engenhos, fabricação de açúcar, aguardente, azeite, farinha etc. Todos trabalhavam nas suas funções. [...] As colheitas eram conduzidas aos paióis da comunidade." (Waldemar de Almeida Barbosa, *Negros e Quilombos em Minas Gerais*, Belo Horizonte: [s.n.], 1972, p. 31.)

16. *A Primeira Gazeta da Bahia: Idade d'Ouro do Brasil*, São Paulo: Cultrix/MEC, 1978, p. 101.

17. Doc. na Biblioteca Nacional do Rio, seção de manuscritos 11, 24, 6, 53, apud Maria Beatriz Nizza da Silva, op. cit.

18. Apud Nelson Werneck Sodré, *Brasil: Radiografia de um Modelo*, Petrópolis: Vozes, 1975, p. 43.

19. Op. cit., p. 46.

20. Apud Ivan Pedro de Martins, *Introdução à Economia Brasileira*, Rio de Janeiro: José Olympio, 1961, p. 100-101.

21. Ibidem.

22. Julio José Chiavenato, *Os Voluntários da Pátria: e Outros Mitos*, São Paulo: Global, 1983, p. 33.

23. Idem, *O Negro no Brasil: Da Senzala à Guerra do Paraguai*, São Paulo: Brasiliense, 1980, p. 203-204.

24. Nabuco, o mais conspícuo abolicionista no Parlamento, dizia no particular: "A propaganda abolicionista, com efeito, não se dirige aos escravos. Seria uma cobardia, inepta e criminosa, e, além disso, um suicídio político para o partido abolicionista, incitar à insurreição ou ao crime, homens sem defesa, e que a lei de Linch, ou a justiça pública, imediatamente haveria de esmagar. Cobardia, porque seria expor outros a perigos que o provocador não correria com eles; inépcia, porque seria fazer os inocentes sofrerem pelos culpados, além da cumplicidade que cabe ao que induz outrem a cometer o crime; suicídio político, porque a nação inteira − vendo uma classe, essa a mais influente e poderosa do Estado, exposta à vindita bárbara e selvagem de uma população mantida até hoje ao nível dos animais e cujas paixões, quebrando o freio do medo, não conheceriam limites no modo de satisfazer-se − pensaria que a necessidade urgente era salvar a sociedade a todo custo por um exemplo tremendo, e isso seria o sinal de morte do abolicionismo. [...] A emancipação há de ser feita, entre nós, por uma lei que tenha os requisitos externos e internos, de todas as outras. É assim, no Parlamento e não nas fazendas ou quilombos do interior, nem nas ruas e praças das cidades, que se há de ganhar, ou perder, a causa da liberdade. Em semelhante luta, a violência, o crime, o descontentamento de ódios acalentados, só pode ser prejudicial ao lado de quem tem por si o direito, a justiça, a preocupação dos oprimidos e os votos da humanidade toda." (Joaquim Nabuco, *O Abolicionismo*, São Paulo: Nacional, 1938, p. 5-6.)

25. Vejamos como um historiador da Guerra do Paraguai descreve a situação econômica do Brasil após o conflito: "O Brasil ficou economicamente exaurido. Terá que recorrer aos empréstimos ingleses. Entre 1871 e 1889, contrai dívidas que montam a 45.504.100

libras. Seu comércio exterior está dominado por capitalistas britânicos. O café, seu principal produto de exportação, foi monopolizado pelas seguintes firmas: Phillips Irmãos, Schwind Mc Kinnel, Ed. Johnson and Co., Wright and Co., Boje & Cia. Apenas um nome brasileiro, o último da lista. Em 1875, do volume de comércio de toda a América Latina com a Inglaterra, 32% das exportações e 40% das importações cabe ao Brasil Império. Nesse setor, o Brasil ocupa o primeiro lugar, com larga diferença em relação aos outros. Os investimentos ingleses, nesse ano, incluindo os empréstimos não-amortizados, atingem a casa de 31.289.000 libras." (Leon Pomer, *Paraguai: Nossa Guerra Contra Esse Soldado*, 2. ed., São Paulo: Global, [s.d.], p. 50.)

26. Apud Robert Conrad, *Os Últimos Anos da Escravatura no Brasil*, Rio de Janeiro: Civilização Brasileira/MEC, 1975, p. 310.

27. R. Conrad, op. cit.

28. Francisco Martins dos Santos, *História de Santos*, São Paulo: Revista dos Tribunais, 1937, v. 2, p. 12.

29. Ibidem.

30. *Escravidão e Trabalho "Livre" no Nordeste Açucareiro*, Recife: ASA, 1985, p. 39-40.

31. *Contribuição à História das Lutas Operárias no Brasil*, São Paulo: Alfa-Ômega, 1976.

32. Antes dessa greve de 1858 há notícias de um movimento reivindicativo mais remoto. "Trata-se do movimento dos acendedores de luz. Esses homens ameaçaram a cidade de deixá-la às trevas caso não fossem satisfeitas as exigências que faziam. Sabe-se que interveio a polícia e a ameaça dos acendedores de luz foi à força afastada." (Maurício Vinhas de Queiroz, As Primeiras Lutas Operárias no Brasil, *Revista do Povo*, n. 2, 1946.)

33. Proletariado no Brasil: Situação e Comportamento Social, *Revista Brasiliense*, São Paulo, n. 41, 1966, p. 108.

Este livro foi impresso na cidade de São Bernardo do Campo,
nas oficinas da Paym Gráfica e Editora,
para a Editora Perspectiva